Zu diesem Buch

Bei Ausbruch des Ersten Weltkriegs befindet sich Romain Rolland in der Schweiz; in Genf stellt er sich dem Internationalen Roten Kreuz zur Verfügung und arbeitet in der Kriegsgefangenenauskunftsstelle. Er wird erst 1937 nach Frankreich zurückkehren.

In leidenschaftlichen Aufrufen, Artikeln und Briefen wendet er sich gegen die Kriegshysterie und den Chauvinismus der Deutschen und Franzosen. Berühmt werden sein «Offener Brief an Gerhart Hauptmann» vom August 1914, der Artikel «Kriegsliteratur» und die «Unabhängigkeitserklärung des Geistes» vom Juni 1919.

Neben der engen Bindung an die deutsche Kultur, in Rom vermittelt durch die Bekanntschaft mit Malwida von Meysenburg, ist damit das zweite Leitmotiv im Werk Rollands angeschlagen: der Haß auf den Krieg, der die Völker voneinander entfernt und die Liebe zerstört. Die Aufsatzsammlungen «Über dem Getümmel» (1915) und «Die Vorläufer» (1919), die 1946 unter dem Titel «Der freie Geist» in deutscher Übersetzung zusammengefaßt werden, und das zwischen 1914 und 1919 geführte Kriegstagebuch «Das Gewissen Europas» (1952) legen davon beredtes Zeugnis ab.

Der Erzähler Rolland greift das Antikriegsmotiv in «Pierre und Luce» (1920), dem siebenbändigen Roman «Die verzauberte Seele» (1922/33) und in seinem Hauptwerk «Johann Christof» (1904/12) auf; im Buch *Johann Christof in Paris* nimmt die Schilderung der Vorkriegsgesellschaft breiten Raum ein.

Der Roman «Clerambault», im August 1915 in Thun

konzipiert, wo er bereits mehrere Theaterstücke, Teile des «Johann Christof» und den «Meister Breugnon» geschrieben hat, wird im Sommer 1920 beendet und erscheint im selben Jahr im Pariser Verlag Ollendorff.

Obwohl die «Geschichte eines freien Gewissens im Krieg» heftige Kritik am bestehenden Wirtschafts- und Gesellschaftssystem übt, stößt gerade dieses Werk auf erbitterte Ablehnung sowohl im bürgerlichen Lager als auch bei den linken Sozialisten, die Rolland Pazifismus, Individualismus und Skeptizismus vorwerfen.

Um die Jahreswende 1921/22 veröffentlicht die Zeitschrift «Clarté» Artikel gegen den Roman, die Rolland wegen ihrer persönlichen Herabsetzung als «Hinrichtung» empfindet. Henri Barbusse, Gründer jener Clarté-Gruppe, des radikalen Flügels der linksorientierten französischen Intellektuellen, führt die Kontroverse fort, während die «Rollandisten» in «Clerambault» das «Evangelium der Gewissensfreiheit» sehen. Rolland selbst sagt in der Einleitung: «Der Gegenstand dieses Buches ist nicht der Krieg», sondern «das Versinken der Einzelseele im Abgrund der Massenseele». Für ihn gleicht der Krieg einer «kosmischen Krise», einem «Phänomen kollektiver Pathologie».

Agénor Clerambault, Dichter, Idealist und zunächst Kriegsbefürworter, wandelt sich allmählich zum Kriegsgegner und wird schließlich auf offener Straße von einem Fanatiker erschossen.

Rowohlt Jahrhundert

Herausgegeben von Bernd Jentzsch
Band 51

ROMAIN ROLLAND

CLERAMBAULT

GESCHICHTE
EINES FREIEN GEWISSENS
IM KRIEG

AUS DEM FRANZÖSISCHEN
ÜBERSETZT VON
STEFAN ZWEIG

ROWOHLT

Titel der französischen Originalausgabe:
Clérambault

Übersetzung der fremdsprachigen Textstellen
am Schluss des Bandes

Veröffentlicht im Rowohlt Taschenbuch Verlag GmbH,
Reinbek bei Hamburg, November 1988

Umschlaggestaltung Peter Wippermann
(Foto des Autors: Bilderdienst Süddeutscher Verlag)
Satz Garamond (Linotron 202)
Gesamtherstellung Clausen & Bosse, Leck
Printed in Germany
1480-ISBN 3 499 40051 0

KEINE IRDISCHE Rechtfertigung entschuldigt das Kapitulieren der Vernunft vor der öffentlichen Meinung.

An den Leser

Dieses Werk ist kein Roman, sondern das Bekenntnis einer freien Seele inmitten der Qual, die Geschichte ihrer Irrungen, Ängste und Kämpfe. Man möge keine Selbstschilderung darin erblicken – werde ich eines Tages über mich selbst schreiben wollen, so wird es ohne Decknamen und Maske geschehen. Einige meiner Anschauungen habe ich allerdings in meinem Helden zum Ausdruck gebracht, doch sein Wesen, sein Charakter und seine Lebensumstände gehören ihm ganz allein zu. Ich wollte in diesem Werke das innere Labyrinth schildern, das eine schwache, unentschiedene, erregbare und verführbare, aber doch aufrichtige und in ihrem Wahrheitswillen leidenschaftliche Natur langsam vorwärtstastend durchirrt.

In einigen Kapiteln deutet das Werk auf die Art der «Meditationen» unserer altfranzösischen Moralisten, der stoischen Essays zu Ausgang des 16. Jahrhunderts zurück. In jenen Zeiten, die den unsern glichen, ja sie sogar an tragischem Grauen noch übertrafen, schrieb inmitten der Kämpfe der Liga der erste Präsident Guillaume du Vair mit unerschütterlicher Seele seine erhabenen Dialoge *Über die Standhaftigkeit und die Tröstung im allgemeinen Mißgeschick*. Während die Belagerung von Paris ihren Höhepunkt erreicht hatte, hielt er in seinem Garten Zwiesprache mit seinen Freunden Linus, dem Weitgereisten, mit Musée, dem ersten Rektor der medizinischen Fakultät, und dem Schriftsteller Orphée. Und den Blick noch erfüllt von den tragischen Bildern, die sie auf der Gasse gesehen – arme Menschen, die vor Hunger gestorben waren, Frauen, die schrien: die Landsknechte verzehrten im Temple ihre Kinder –, versuchten sie ihren bedrückten Geist zu jenen Höhen zu erheben, von denen man die geistige Welt der Jahrhunderte umfängt und das Überdauernde jeder Prüfung sieht. Als ich in den Kriegsjahren jene Dialoge überlas, fühlte ich mich mehr als einmal diesem guten Franzosen nahe, der schrieb: *Es heißt ein Unrecht an dem Menschen begehen, der geschaffen ist, alles zu sehen und alles zu erkennen, wenn man ihn an eine einzelne Stelle der Erde bindet. Jedes Stück Erde ist Land für den Vernünftigen... Gott hat uns die Erde gegeben, daß wir sie alle in Gemeinschaft genießen, freilich mit der Pflicht, anständige Menschen zu bleiben...*

Paris, Mai 1920 R. R.

Einleitung*

Gegenstand dieses Buches ist nicht der Krieg, obzwar der Krieg es überschattet. Sein wirkliches Thema ist das Versinken der Einzelseele im Abgrund der Massenseele. Und dies ist für mein Empfinden ein für die Zukunft der Menschheit viel entscheidenderes Phänomen als die vorübergehende Oberherrschaft einer oder der anderen Nation.

Mit Absicht habe ich alle politischen Fragen in den Hintergrund gestellt: ihnen steht gesonderte Betrachtung zu. Aber wie immer auch man den Ursprung des Krieges begründe, mit welchen Thesen und Gründen man ihn erklären möge – keine irdische Rechtfertigung entschuldigt das Kapitulieren der Vernunft vor der öffentlichen Meinung.

Die allgemeine Entwicklung zur Demokratie, die von einem abgestorbenen Begriff, dem ungeheuerlichen der Staatsräson, gedeckt ist, hat die Geistigen Europas verleitet, sich zu dem Glaubensartikel zu bekennen, es gäbe

* Diese Einleitung wurde im Dezember 1917 mit einer Episode des Romans in Schweizer Zeitungen veröffentlicht. Eine beigegebene Notiz erklärte den ursprünglichen Titel des Romans *Einer gegen alle*:
Dieser Titel, der sich, nicht ohne Ironie, an jenen La Boëties Gegen Einen *durch Umkehrung anschließt, möge nicht zur Ansicht verleiten, der Autor habe die Anmaßung,* einen *Menschen der ganzen Menschheit entgegenzustellen. Er ruft nur zu dem heute so notwendigen Kampf des persönlichen Gewissens gegen die Masse auf.*

für den Menschen kein höheres Ideal, als Diener der Gemeinschaft zu sein. Und diese Gemeinschaft nennt man: Staat.

Ich aber scheue mich nicht, zu sagen: wer sich zum blinden Diener einer so blinden – oder verblendeten – Gemeinschaft erniedrigt, wie es die Staaten von heute sind, in denen eine Handvoll Menschen in ihrer Unfähigkeit, die Vielfalt der Völker zu begreifen, durch die Lügen der Presse, den unersättlichen Mechanismus des vereinheitlichten Staatswesens den Mitmenschen ihre eigenen Narrheiten, Leidenschaftlichkeiten und Geschäfte als ihre Gedanken und Taten aufzwingt – wer dies tut, der dient nicht in Wahrheit der Gemeinschaft, sondern er knechtet und erniedrigt sie mit sich selbst. Wer den anderen von Nutzen sein will, muß vorerst frei sein. Auch Liebe ist wertlos, solange sie die eines Sklaven ist.

Freie Seelen, starke Charaktere – das tut heute der Welt am meisten not! Auf den verschiedensten Wegen – leichenhafte Unterwerfung durch die Kirchen, dumpfe Unduldsamkeit der Vaterländer, abstumpfender Unitarismus im Sozialismus – kehren wir zur Form des Herdenlebens zurück. Nur langsam hat sich der Mensch dem heißen Lehm der Erde entrungen. Nun scheint es, als ob seine tausendjährige Anstrengung erschöpft sei, und er läßt sich wieder in das Weiche zurücksinken. Die Massenseele schluckt ihn auf, der entnervende Atem der Tiefe reißt ihn mit sich... Auf darum! Rafft euch zusammen, ihr, die ihr glaubt, daß der Kreislauf noch nicht erfüllt sei! Wagt es, euch von der Herde abzusondern, die euch fortzieht! Jeder Mensch muß, so er ein wahrer Mensch ist, lernen, allein innerhalb aller zu stehen, allein für alle zu denken – wenn es not tut, sogar auch gegen alle! Aufrichtig denken heißt *für* alle denken, selbst wenn man *gegen* alle denkt. Die Menschheit bedarf derer, die ihr aus Liebe Schach bieten und sich gegen sie auflehnen, wenn es not tut! Nicht indem ihr der Menschheit zuliebe euer Gewissen und eure Gedanken fälscht, dient ihr der Menschheit, sondern indem ihr ihre Unantastbarkeit gegen gesellschaftlichen Machtmißbrauch verteidigt; denn sie sind Organe der Menschheit. Werdet ihr euch untreu, so seid ihr untreu gegen sie.

Siders, März 1917 R. R.

Erster Teil

AGÉNOR CLERAMBAULT SASS IM SCHATTEN DER Laube seines Gartens von Saint-Prix und las seiner Frau und den Kindern seine neue Ode vor, die Ode *Ara Pacis Augustae*, die er zu Ehren des Friedens über den Menschen und Dingen geschrieben hatte und in der er die nahe Erfüllung der Weltbrüderlichkeit verkünden wollte.

Es war ein Juliabend. Auf den Gipfeln der Bäume lag letzter rötlicher Schein, und durch den leuchtenden Dunst, der wie ein Schleier über die Hügelhänge, die grauen Ebenen und die Fernen geworfen war, flammten die Fensterscheiben von Montmartre als goldene Funken. Die Abendmahlzeit war eben zu Ende. Clerambault, auf den noch nicht abgeräumten Tisch gestützt, ließ im Sprechen seinen Blick voll naiver Freude von einem zum anderen seiner drei Zuhörer hinwandern, denn er war sicher, bei ihnen einen Widerglanz seiner Zufriedenheit zu finden.

Seine Frau Pauline hatte einige Mühe, dem Flug seiner dichterischen Bilder zu folgen: Vorlesen ließ sie immer unaufhaltsam vom dritten Satze an in einen Zustand von träumerischer Schläfrigkeit versinken, in dem die häuslichen Sorgen einen ganz ungebührlichen Platz einnahmen. Gewissermaßen lockte die Stimme des Vorlesenden die Häuslichkeiten hervor, sich zu regen, wie Kanarienvögel im Käfig. Vergeblich mühte sie sich, auf den Lippen Clerambaults den Worten zu folgen, deren Sinn sie nicht mehr wahrnahm, und sie sogar mit den eigenen Lippen nachzusprechen. Es half nichts: ihre Augen bemerkten doch unbewußt ein Loch im Tischtuch, ihre Hände krümelten die Brotreste auf dem

Tisch zusammen, ihr Nachdenken beschäftigte sich mit irgendeiner widerspenstigen Rechnung, bis dann plötzlich der Blick Clerambaults sie zu ertappen schien. Dann klammerte sie sich hastig an die letzte, gerade gehörte Silbe und redete sich in eine Begeisterung hinein, indem sie irgendein Stück Vers nachstammelte (niemals hatte sie auch nur einen Vers ganz richtig zitieren können):

«Wie hast du das gesagt, Agénor? Geh, wiederhole noch einmal diesen Satz... Ach, wie das hübsch ist.»

Ihre Tochter, die kleine Rosine, schob die Augenbrauen zusammen, Maxime, der große Bursche, zog eine spöttische Grimasse und sagte gereizt:

«Mama, unterbrich doch nicht immer.»

Aber Clerambault lächelte und tätschelte zärtlich die Hand seiner guten Frau. Er hatte sie aus Liebe geheiratet, als er sehr jung, arm und unbekannt war, sie hatten gemeinsam all die bitteren ersten Jahre durchgelebt. Sie stand nicht ganz auf seinem geistigen Niveau, und dieser Unterschied milderte sich mit den Jahren durchaus nicht, aber Clerambault liebte und respektierte seine alte Gefährtin. Sie gab sich mit wenig Erfolg viele Mühe, mit ihrem großen Mann, der ihr Stolz war, gleichen Schritt zu halten; er wiederum hatte für sie eine besondere Nachsicht. Der kritische Geist war nicht seine Stärke, und er befand sich gerade dadurch, trotz zahlreicher Irrtümer in seinen Ansichten, im Leben sehr wohl; denn da er sich immer zugunsten der andern irrte, die er im schönsten Licht sah, wußten ihm seine Mitmenschen, allerdings mit einiger Ironie, reichen Dank dafür. Er störte sie nicht in ihrer wilden Jagd nach Erfolg, und seine provinzlerische Reinheit war für die Blasierten ein so erfrischendes Schauspiel wie der Anblick eines Stückes Grün inmitten eines Pariser Häusergeviertes.

Maxime machte sich ein wenig über diese Schwäche seines Vaters lustig, ohne deshalb seinen Wert zu verkennen. Dieser hübsche Bursche von neunzehn Jahren hatte mit seinen hellen und lachenden Augen im Pariser Milieu rasch die

Fähigkeit der geschwinden, klaren und spöttischen Beobachtung angenommen, die sich mehr auf die äußeren Nuancen der Dinge und Menschen richtet als auf die Ideen: ihm entging nirgendwo das Komische, selbst nicht bei jenen, die er liebte.

Aber das geschah ganz ohne Böswilligkeit, und Clerambault war der erste, seiner jungen Frechheit zuzulächeln. In Wirklichkeit verminderte sie in nichts die Verehrung Maximes für seinen Vater, sie war nur gewissermaßen ihre Würze: die jungen Burschen müssen ja auch, um den lieben Gott gern haben zu können, ihn manchmal am Bart ziehen dürfen!

Rosine blieb still, wie es ihre Art war, und es wäre schwer gewesen, ihre Gedanken zu erraten. Sie hörte mit vorgeneigtem Körper, gekreuzten Händen und aufgestützten Armen zu. Es gibt Naturen, die zum Empfangen geschaffen scheinen wie die schweigende Erde, die sich jedem Korn eröffnet: viele, die sich darin versenken, bleiben schlafend, und man vermag nicht zu unterscheiden, welche Frucht tragen werden. So war die Seele dieses jungen Mädchens. Die Worte des Vorlesenden spiegelten sich nicht so sichtlich in ihr wie in den klugen und beweglichen Gesichtszügen Maximes, aber ein leichtes Rot auf ihren Wangen und der feuchte Glanz der von den Wimpern überschatteten Augen bezeugten eine innere Glut und Verwirrung wie auf jenen Bildern der florentinischen Jungfrauen, die das magische Ave des Erzengels erweckt.

Clerambault verkannte sie nicht. Wenn sein Blick den kleinen Kreis der Seinen umwanderte, blieb er mit besonderer Freude auf dem blonden geneigten Haupte ruhen, das dieser zärtlichen Betrachtung wohl bewußt war.

So bildeten die vier an diesem Juliabend einen reinen Ring von Zärtlichkeit und Glück, dessen Mittelpunkt der Vater war, das Idol der Familie.

Er wußte, wer er war, und seltsamerweise machte dieses Wissen um sich ihn nicht antipathisch. Er hatte so viel Freude daran, zu lieben, hatte so viel Zärtlichkeit für alle in Nähe und Ferne ständig bereit, daß er es nur natürlich fand, wenn man ihm diese Liebe zurückgab. Eigentlich war er ein großes Kind. Seit kurzem zur Berühmtheit gelangt, nach einem Leben von keineswegs goldener Mittelmäßigkeit, hatte er an jener vergangenen Zeit zwar nicht gelitten, aber die neue, die hellere, tat ihm wohl, und er genoß sie. Daß er das fünfzigste Jahr überschritten hatte, sah man ihm kaum an. Zwar glänzten schon einige weiße Haare in seinem dikken, blonden, gallischen Schnurrbart, aber sein Herz war jung geblieben mit seinen Kindern. Statt mit dem Strom seiner Generation zu gehen, gab er sich jeder neuen Welle hin, das Schönste des Lebens schien ihm im leidenschaftlichen Schwung seiner Erneuerung mit jeder neuen Jugend zu bestehen, und er kümmerte sich nicht um die Gegensätze, mit denen immer die neue Jugend sich gegen die frühere stellt, denn diese Gegensätze lösten sich ganz auf in seinem mehr enthusiastischen als logischen Gefühl, das überall Schönheit sah und immer von ihr trunken war. Dazu kam noch ein besonderes Bestreben nach Güte, das zwar nicht recht mit seinem ästhetischen Pantheismus zusammenstimmte, aber das seinem eigensten tiefsten Wesen entsprang.

Er hatte sich zum Wortführer aller edlen und menschlichen Ideen gemacht, sympathisierte mit den radikalsten Parteien, den Arbeitern, den Unterdrückten, dem Volke – das er übrigens nicht kannte, denn er war ein reiner Bourgeois, voll von humanen und verschwommenen Ideen. Noch mehr als das Volk vergötterte er die Menge, er liebte sich in ihr zu baden, er genoß es als höchstes Glück, sich in der Gesamtseele aufzulösen (wenigstens glaubte er es von sich). Diese letzte Neigung war nun allerdings eine ziemlich verbreitete unter den Intellektuellen von damals, die Mode unterstrich hier, wie gewöhnlich, nur einen besonders ausgeprägten Zug des Zeitgefühls. Die Menschheit entwickelte sich in dieser Epoche immer bewußter dem Ideal eines Ameisenhaufens entgegen, und selbstverständlich drückten die empfindsamsten Wesen, die Künstler und die Intellektuellen, als erste die Symptome dieser Entwicklung aus. In ihrer Neigung erblickte man zunächst ein bloßes Spiel und verkannte den Gesamtzustand, für den diese Symptome nur das Merkzeichen waren.

Die demokratische Entwicklung der Welt seit vierzig Jahren hatte viel weniger in der Politik die Herrschaft des Volkes verwirklicht als in der Gesellschaft den Triumph der Mittelmäßigkeit. Gegen diese Nivellierung des Geistigen hatte im ersten Augenblick die Elite der Künstler ganz richtig reagiert. Aber zu schwach, um gegen sie anzukämpfen, hatte sie sich mit bewußter Übersteigerung ihrer Verachtung und ihrer Isolierung in das Abseits zurückgezogen: sie predigte eine seltene, eine artistische Kunst, die unzugänglich blieb für die Masse und nur aufgetan für Eingeweihte. Nun gibt es nichts Fruchtbareres als die Flucht in die Einsamkeit, wenn man in sie ein vollwirkendes Gewissen, einen Überfluß des Gefühls, eine strömende Seele mitbringt. Aber welch ein Abstand zwischen diesen literarischen Cenaclen des 19. Jahrhunderts und jenen fruchtbaren Eremitagen, in die sich die mächtigen Gedanken einstens flüchteten! Diese neuen Abseitigen waren mehr damit beschäftigt, ihr geistiges Kleingeld aufzuzehren statt es zu erneuern; um es rein zu erhalten, hatten sie die Münze aus dem allgemeinen Umlauf gezogen, was zur Folge hatte, daß sie bald jeden Wert verlor. Das Leben der Gesamtheit ging an ihnen vorbei, ohne sich um sie zu kümmern, die Kaste dieser Künstler wurde siech und bleichsüchtig bei ihren raffinierten Spielen. Gewaltige Windstöße zur Zeit der Dreyfus-Krise entrissen einige Stärkere unter ihnen der Erstarrung, und kaum daß sie aus ihrem Orchideengarten ins Freie traten, berauschte sie der Wind der Welt. Mit ebensolcher Übertreibung, wie ihre Vorgänger sie an die Abseitigkeit von der Menge wandten, stürzten sie sich in die große vorüberströmende Flut. Sie glaubten, daß das Volk das Heil sei, das Gute, das Wahre, das Schöne, und trotz aller Enttäuschungen, die sie bei ihren vergeblichen Versuchen der Annäherung erlebten, inaugurierten sie eine neue Strömung in der europäischen Kunst und im europäischen Geistesleben. Sie setzten ihren Stolz darein, sich Interpreten der Massenseele zu nennen, in Wirklichkeit aber waren es nicht sie, die eroberten, sondern die erobert wurden. Die Massenseele hatte Bresche geschossen in den Elfenbeinturm, und die matten Persönlichkeiten der Denker kapitulierten; um vor sich selbst ihre Abdankung zu verbergen, nannten sie sie eine freiwillige Hingabe. In ihrem Bedürfnis, sich selbst zu überzeugen, fabrizierten ihre Philosophen und Ästheten eigene Theorien, die als Gesetz beweisen sollten, daß man sich dem allgewaltigen Leben hingeben sollte, statt es zu lenken oder auch nur bescheiden seinen eigenen braven Weg gelassen hinzugehen. Man trieb einen Kult damit, nicht mehr sein eigenes Ich zu sein, keine eigene Vernunft, keinen eigenen individuellen Willen mehr zu haben (die Freiheit galt diesen Demokratien als alte abgetane Sache), man prahlte damit, nur mehr ein Blutkügelchen in den Adern des blind dahinwirkenden Stromes zu sein – die einen sagten, des Stromes der Rasse, die andern, des Stromes des Instinkts oder des universellen Lebens. Und diese ansprechenden Theorien, aus denen die Geschickteren in der Kunst und Philosophie ihr Teil zu ziehen wußten, standen 1914 in schönster Blüte.

Sie hatten auch ganz das Herz des naiven Clerambault gewonnen. Nichts paßte besser zu seinem zärtlichen Herzen und zu seiner geistigen Unsicherheit, denn für den, der sich nicht selbst besitzt, ist es leicht, sich hinzugeben; den andern, dem All, der Vorsehung, dieser unbekannten und undefinierbaren Macht, lädt man die ganze Last auf, für einen zu denken und für einen zu wollen. Der große Strom zog vorbei, und die trägen Seelen, statt ihren Weg selbst am Ufer hinzuziehen, fanden es viel einfacher und viel berauschender, sich einfach von ihm tragen zu lassen... Wohin? – Darüber nachzudenken, mühte sich keiner ab. Schön im Warmen in ihrem Okzident, kamen sie niemals auf die Idee, daß die Zivilisation einmal alle ihre Errungenschaften auch verlieren könne. Der Gang des Fortschritts schien ihnen ebenso selbstverständlich wie die Umdrehung der Erde, denn diese Überzeugung erlaubte ihnen ja, ruhig zuzusehen und mit gekreuzten Armen alles geschehen zu lassen. Man gab sich dem Schicksal einfach hin, das unterdessen den Abgrund höhlte und sie unten erwartete.

Aber als guter Idealist sah Clerambault selten auf seine Füße. Das hinderte ihn zwar nicht, sich blindlings in die Politik zu mengen, wie es ja die Leidenschaft der Literaten zu jener Zeit war. Er gab gern seinen Senf dazu, wenn ihn Journalisten, die gerade ein paar Spalten brauchten, darum angingen, und ging ganz ernsthaft mit aufrichtigem Wichtigkeitsgefühl in ihre Netze. Im ganzen ein guter Dichter und guter Mensch, gescheit und zugleich ein wenig beschränkt, ein reines Herz und schwacher Charakter, der Bewunderung und dem Tadel sowie allen Einflüsterungen seines Milieus zugänglich, zwar unfähig zu irgendeinem häßlichen Gefühl des Neides und des Hasses, unfähig aber auch, es bei andern zu vermuten, kurzsichtig für das Böse, weitsichtig für das Gute im Chaos der menschlichen Gefühle, war er so recht der Typus eines Schriftstellers, der geschaffen ist, den Lesern zu gefallen, weil er ihre Fehler übersieht und ihre kleinen Tugenden verschönt. Denn selbst diejenigen, die nicht darauf hineinfallen, sind solchen Schriftstellern dankbar, denn man will das scheinen, was man nicht ist, und liebt die Welt von Augen gesehen, in denen das Mittelmäßige des Lebens schön wird.

Diese allgemeine Sympathie, die Clerambault beglückte, war nicht minder schön für die drei Menschen zu genießen, die in diesem Augenblick bei ihm weilten. Sie waren stolz auf ihn, als wäre er ihr Werk, denn was man bewundert, ist immer ein wenig so, als hätte man es selbst getan. Und wenn man dazu noch einem solchen Mann, einem so verehrten Wesen zugehört, von seinem eigenen Blute ist, dann unterscheidet man nicht mehr genau, inwieweit man von ihm stammt oder er von einem. Die beiden Kinder und die Frau Agénor Clerambaults betrachteten ihren großen Mann mit den zärtlichen und zufriedenen Augen des Besitzers, und er, der sie mit seinem glühenden Wort und seinem hohen Wuchs mit den ein wenig erhobenen Schultern überragte, ließ es ruhig geschehen. Er wußte, daß der Besitz Herr des Besitzers ist.

Clerambault endete seine Vorlesung mit einer Schillerschen Vision der nahenden brüderlichen Menschheitsfreude. Maxime, trotz seiner Ironie von Enthusiasmus hingerissen, brach in Beifall zu Ehren des Dichters aus und trommelte allein seinen begeisterten Applaus. Pauline erkundigte sich geräuschvoll, ob Agénor sich beim Sprechen nicht zu sehr erhitzt habe. Rosine, die einzig Schweigsame in der allgemeinen Erregung, legte heimlich die Lippen auf die Hand des Vaters.

Das Dienstmädchen brachte die Post und die Abendblätter. Keiner hatte Eile, sie zu lesen. Im Augenblick, da sie aus so strahlender Zukunftswelt traten, schienen ihnen die Nachrichten aus dem irdischen Tag nicht sehr eilig; dennoch löste Maxime die Schleife von dem großen bürgerlichen Tagesblatt, überlas mit einem Blick die vier gedrängten Seiten und rief, die letzten Nachrichten überfliegend:

«Donnerwetter, es gibt Krieg!»

Keiner hörte auf ihn. Clerambault wiegte sich in den letzten Schwingungen seiner verflogenen Worte, Rosine war in stiller Begeisterung. Nur die Mutter, deren Denken auf nichts dauernd achtgeben konnte und wie eine Fliege nach allen Richtungen hinflatterte, um auf gut Glück etwas aufzulesen, hörte das letzte Wort und sagte erregt:

«Maxime, sag doch keine Dummheiten.»

Maxime protestierte und zeigte in der Zeitung die Kriegserklärung Österreichs an Serbien.

«An wen?»

«An Serbien.»

«Ach so», atmete die gute Frau erleichtert auf, als ob sie sagen wollte: Was da droben im Mond vorgeht...

Aber Maxime gab nicht nach und bewies – doctus cum libro –, daß im nächsten Augenblick dieser ferne Brand den Funken ins Pulverfaß werfen könnte. Clerambault, der langsam aus seinem angenehmen Mattigkeitsgefühl zu erwachen begann, erklärte sofort, daß nichts geschehen werde.

«Ein Bluff, so wie man schon Dutzende seit dreißig Jahren im Frühjahr und im Sommer gesehen hat... Eisenfresser, die mit dem Säbel klirren... Keiner glaubt an den Krieg, keiner will ihn... Ein Weltkrieg ist ja unmöglich, das ist heute genug bewiesen. Er ist nicht mehr als ein Schreckgespenst, und man sollte es endlich aus dem Gehirn der freien Demokratien austreiben.»

Und Clerambault verbreitete sich in ausführlichen Worten über das Thema...

Die Nacht war still, sanft und vertraulich. In den Feldern zirpten die Grillen, ein Glühwürmchen leuchtete im Gras, ferne donnerte leise ein Zug. Die Glyzinen dufteten, ein Springbrunnen tropfte murmelnd nieder, und vor dem mondlosen Himmel drehte sich der Scheinwerfer vom Eiffelturm.

Die beiden Frauen gingen in das Haus zurück. Maxime, müde vom langen Sitzen, lief im Garten mit seinem jungen Hunde um die Wette, durch die offenen Fenster hörte man, wie Rosine am Klavier mit zurückhaltendem Gefühl Schumann spielte. Clerambault, allein zurückgeblieben, langhingestreckt in seinen Strohsessel, atmete, voll Glück, zu leben und Mensch zu sein, mit dankbarem Herzen die Güte dieser Sommernacht.

Sechs Tage später.

Clerambault hatte den Nachmittag im Walde verbracht. Wie der Mönch in der Legende konnte er, am Fuße einer Eiche hingelehnt, dem Vogelsang mit offenem Mund lauschend, ein Jahrhundert wie einen Tag hinrinnen lassen. Erst als es Abend wurde, entschloß er sich heimzukehren. Im Eingang trat Maxime, ein wenig blaß und gezwungen lächelnd, auf ihn zu und sagte:

«Papa, es geht los.»

Er erzählte ihm die letzten Neuigkeiten: Die russische Mobilisation, den Kriegszustand in Deutschland. Clerambault sah ihn an, ohne ihn zu verstehen. Seine Gedanken waren so weit weg von diesen traurigen Torheiten! Er versuchte, die Tatsachen abzustreiten, aber sie waren unwiderleglich. Alle setzten sich zu Tisch. Aber Clerambault konnte nichts essen.

Er suchte nach Vernunftsgründen, um die Folgen dieser beiden verbrecherischen Handlungen zu entwerten: das richtige Gefühl der öffentlichen Meinung, die guten Absichten der Regierungen, die so oft wiederholte Ankündigung der sozialistischen Partei, die entschlossenen Worte Jaurès'. Maxime ließ ihn ruhig reden, seine Gedanken waren ganz woanders: wie sein junger Hund mit gespitztem Ohr horchte er hinaus auf jede Regung der Nacht... Und es war eine so reine, eine so zärtliche Nacht. Alle, die diese letzten Abende im Juli 1914 und jenen noch schöneren des 1. August erlebt haben, bewahren in ihrer Erinnerung den wunderbaren Glanz der Natur, die mit ihren zärtlichen Armen und einem schönen Lächeln des Mitleids die unselige Menschheit umfing, die damals schon bereit war, sich gegenseitig zu zerreißen.

Es war schon fast zehn Uhr. Clerambault hatte aufgehört zu sprechen. Sie schwiegen alle mit schwerem Herzen, irgendwie beschäftigt oder bemüht, es zu scheinen, die Frauen mit einer Handarbeit, Clerambault mit einem Buche, das er aber nur mit den Augen überflog. Maxime war auf die Terrasse getreten und rauchte. An die Rampe gelehnt, sah er auf den schlafenden Garten und die magische Welle von Mondlicht im Dunkel der Alleen.

Das Läuten des Telefons ließ sie alle aufschrecken. Man verlangte Clerambault. Er ging mit schweren Schritten, bedrückt und zerstreut, zum Apparat. Anfangs verstand er nicht.

«Wer spricht – Ach, Sie sind's, lieber Freund?» (Ein Pariser Kollege telefonierte ihm aus der Redaktion seines Blattes.)

Clerambault verstand noch immer nicht:

«Ich verstehe nicht... Jaurès? – Wirklich Jaurès? – O mein Gott...!»

Maxime, der, von einer geheimen Ahnung getrieben, von fern dem Gespräche zuhörte, stürzte an den Apparat, um das Hörrohr aus der Hand des Vaters zu nehmen, das Clerambault mit einer verzweifelten Geste hatte sinken lassen.

«Hallo! Hallo! – Was sagen Sie? Jaurès ermordet...!»

Ausrufe der Trauer und des Zornes antworteten sich durch den Draht. Maxime ließ sich die Details sagen, die er mit geknickter Stimme den Seinen wiederholte. Rosine hatte Clerambault an den Tisch zurückgeführt. Wie zerbrochen setzte er sich hin. Der Schatten eines ungeheuren Unglücks lastete wie das antike Schicksal über dem Hause. Es war nicht nur der Freund, dessen Hingang das Herz bedrängte – sein gutes, heiteres Antlitz, seine herzliche Hand, die Stimme, die alles Trübe hinwegfegte... es war Trauer auch um die letzte Hoffnung der bedrohten Völker, um den einzigen Mann, der (sie glaubten es wenigstens mit kindlichem und rührendem Vertrauen) den drohenden Sturm hätte beschwichtigen können. Nun, da er gefallen war, stürzte, gleichsam als ob Atlas, der Träger, hingesunken wäre, der Himmel ein.

Maxime lief an den Bahnhof. Er wollte Neuigkeiten von Paris holen und versprach, noch in der Nacht zurück zu sein. Clerambault blieb im einsamen Haus zurück, aus dem man von fern die große Lichtausstrahlung der Stadt sehen konnte. Er hatte sich nicht von dem Sessel gerührt, in den er in einem Zustand von Starre gesunken war. Die Katastrophe war unterwegs, jetzt gab es keinen Zweifel mehr, sie war schon da. Seine Frau versuchte ihn zu veranlassen, schlafen zu gehen, er wollte nichts davon hören. Seine Lebensidee war in Trümmer, nichts Festes, nichts Sicheres konnte er mehr unterscheiden, keine Ordnung machen, keinem Gedanken folgen. Sein inneres Haus war eingestürzt, und inmitten des Staubes, der sich aus dem Schutt erhob, vermochte er nicht zu erkennen, was noch aufrechtgeblieben, und es schien ihm: nichts! Ungeheuerliche Massen von Leiden – das war alles. Und Clerambault betrachtete sie mit stumpfem Blick, ohne die Tränen zu fühlen, die über seine Wangen herabrollten.

Maxime kam nicht zurück. Die Aufregung von Paris hatte ihn gepackt. Um ein Uhr nachts kam Frau Clerambault, die sich schon schlafen gelegt hatte, ihren Mann holen, und es gelang ihr, ihn in ihr gemeinsames Schlafzimmer zu führen. Er legte sich sofort zu Bett. Aber kaum, daß Pauline eingeschlafen war (die Unruhe hatte sie müde gemacht), stand er wieder vom Bette auf und kehrte in das Nachbarzimmer zurück. Er stöhnte, er seufzte, seine Qual war so drückend und dicht, daß sie ihm keinen Raum zum Atmen ließ. Mit dem prophetisch überreizten Gefühl des Künstlers, der oft deutlicher das Kommende als das Gegenwärtige sieht, umfing er alles, was geschehen würde, mit erschreckten Blicken und gekreuzigtem Herzen. Dieser unvermeidliche Krieg zwischen den größten Völkern der Welt schien ihm der Bankbruch der Zivilisation, Vernichtung seiner heiligsten Hoffnung auf die menschliche Brüderlichkeit. Mit Entsetzen erfüllte ihn die Vision dieser tollen Menschlichkeit, die ihre kostbarsten Schätze, ihre Kräfte, ihr Genie, ihre höchsten Werte dem bestialischen Götzen des Krieges hinopferte. Ein moralisches Sterben war es für ihn, eine schmerzhafte Gemeinschaft mit den Millionen Unglücklicher. Wozu also, wozu die Mühe von Jahrhunderten! Die Leere erdrückte ihm das Herz. Er fühlte, daß er nicht mehr leben könne, wenn sein Glauben an die menschliche Vernunft und die gegenseitige Liebe zerstört würde, wenn er zugeben müßte, daß sein Credo des Lebens und der Kunst, daß all sein Hoffen ein Irrtum und die wahre Lösung des Welträtsels ein dumpfer Pessimismus sei, und er fühlte sich zu schwach, zu feige, dieser Wahrheit in das Gesicht zu sehen. Voller Grauen wendete er die Augen ab. Aber das Ungetüm war da und fauchte ihm ins Gesicht. Und Clerambault betete (er wußte nicht, zu wem, und nicht, um was), daß *es* nicht geschehen möge, daß *es* nicht wahr sei. Alles lieber als eine solche Wahrheit! Doch die mörderische Wirklichkeit stand hinter der Tür, die sich auftat. Clerambault kämpfte die ganze Nacht, um ihr den Eingang zu sperren...

Am Morgen aber begann allmählich irgendein Urinstinkt in ihm zu keimen, der aus einer unbekannten Tiefe kam und die Verzweiflung abzulenken suchte in das dumpfe Verlangen, eine genaue und sichere Ursache für dieses Unglück zu finden, sie in irgendeinem Menschen oder einer Gruppe von Menschen festzustellen und dann auf diese den ganzen Zorn über das Unglück der Menschheit zu entladen... Nur ein kurzes Aufflammen war es, aber dennoch schon erste ferne Ausstrahlung einer fremden, dunkeln, gewalttätigen und finsteren Seele, die in ihn eindringen wollte – der Massenseele...

Sie nahm deutlichere Formen mit der Ankunft Maximes an, der von ihrem Dunst durchdrungen war, den er in der Nacht in den Straßen von Paris eingesogen. Alle Falten seiner Kleider, jedes Haar seines Körpers war davon durchdrungen. Überreizt, exaltiert, wollte er sich nicht niedersetzen, er dachte nur daran, schon abzureisen. Heute würde ja das Mobilisationsdekret erscheinen. Der Krieg war sicher, er war notwendig. Er war eine Wohltat. Man mußte einmal Schluß machen. Die Zukunft der Menschheit stand auf dem

Spiel, die Freiheit der ganzen Welt war bedroht. *Sie* hatten die Ermordung Jaurès' ausgedacht, um das überfallene Vaterland uneinig zu machen und zu revolutionieren, aber die ganze Nation stand wie ein Mann hinter den Führern. Die herrlichen Tage der großen Revolution würden sich erneuern... Clerambault widersprach keiner Behauptung, kaum, daß er sagte:

«Meinst du? Bist du wirklich sicher?»

Aber es war gleichsam eine geheime Bitte, Maxime möchte ja sagen und noch mehr sagen. Die neuen Nachrichten vermehrten das Chaos noch und trieben es zum Äußersten. Aber gleichzeitig begannen sich die verstörten Geisteskräfte auf einen bestimmten Punkt hin zu ordnen. Es war wie das erste Bellen des Hundes, auf das hin sich die Herde zusammenrottet.

Clerambault hatte nur mehr ein Verlangen: sich der Herde anzuschließen, sich zu reiben an den Menschenwesen, seinen Brüdern, so wie sie zu fühlen, so wie sie zu handeln. Obwohl er vom vorigen Abend noch erschöpft war, ging er trotz des Protestes seiner Frau mit Maxime fort, um den Zug nach Paris zu nehmen. Sie mußten lange am Bahnhof, lange im Zuge warten. Die Geleise waren verstellt und die Waggons überfüllt. In der allgemeinen Erregung fanden die Clerambaults eine gewisse Entlastung. Er fragte, er hörte zu: Alle verbrüderten sich, und alle, ohne zu wissen, was sie dachten, wußten, daß sie dasselbe dachten: daß dasselbe Rätsel, dieselbe Qual sie bedrohte. Aber man war nicht mehr allein, um ihrer Herr zu werden oder ihr zu unterliegen, und das beruhigte, das erleichterte ein wenig. Sie fühlten alle die gegenseitige Wärme. Es gab keinen Unterschied der Klassen mehr, keine Bürger und Arbeiter, man sah nicht auf die Kleider und Hände, man sah sich nur in die Augen, wo dieselbe Flamme des Lebens leuchtete, wo derselbe Schauer des Todes schattete. Und alle diese armen Leute waren so sichtlich den Ursachen der Katastrophe fremd, daß das Gefühl ihrer Unschuld sie ganz einfältig zwang, den Schuldigen anderswo zu suchen. Auch das war eine Wohltat, eine Erleichterung für ihr Gewissen.

Als Clerambault in Paris ankam, atmete er leichter; statt der Todesqual der vergangenen Nacht fühlte er eine stoische und männliche Melancholie.

Aber er stand erst vor der ersten Stufe.

Das Dekret der allgemeinen Einrückung war soeben an die Türen der Gemeindehäuser angeschlagen worden. Schweigend lasen es die Leute, lasen es noch einmal und gingen, ohne ein Wort zu sagen, weiter. Nach der angstvollen Erwartung der vorhergehenden Tage, in denen sich die Menge um die Zeitungskioske drängte, die Leute auf den Steinen saßen, um die Stunde der Zeitungsausgabe zu erwarten, um sich, wenn die Blätter endlich ankamen, auf sie zu stürzen, war dies endlich Gewißheit, und sie bedeutete eine Entspannung. Das ungewisse Unheil, das man kommen fühlt, ohne zu wissen, wann und woher, regt auf. Aber sobald es einmal da ist, atmet man freier, sieht ihm ins Antlitz und streift sich die Hemdärmel auf zum Kampf. Es gab einige Stunden mächtiger Sammlung, Paris hatte wieder seinen Atem und rüstete seine Fäuste. Und dann: alles, was die einzelnen Seelen zum Ersticken schwellte, stieß jetzt ins Freie. Die Häuser leerten sich, und in den Straßen flutete ein Menschenstrom, dessen Tropfen sich suchten, um sich zu vereinigen. Clerambault stürzte mitten hinein und wurde aufgetrunken mit einem einzigen Schluck, kaum daß er aus dem Bahnhof getreten war und den Fuß auf das Pflaster gesetzt hatte, ohne daß irgendein Wort fiel, ohne Geste, ohne Zufall. Die ernste Begeisterung des Stromes rauschte auch in ihm. Noch war dies große Volk frei von Gewalttätigkeit. Es wußte sich (oder glaubte sich) unschuldig, seine Millionen Herzen glühten in dieser ersten Stunde, wo der Krieg noch jungfräulich war, von Ernst und heiligem Enthusiasmus. In diese ruhige und stolze Trunkenheit mengte sich das

Gefühl des erlittenen Unrechts, der berechtigte Stolz auf die eigene Kraft, auf die Opfer, zu denen es bereit war, mengte sich das Mitleid mit sich selbst, das Mitleid mit den anderen, die ein Stück seiner selbst geworden waren. Brüder, Kinder, Geliebte, alle waren sie aneinander, Leib an Leib, gepreßt, zusammengepreßt durch die übermenschliche Umklammerung, und sie fühlten das Bewußtsein des Riesenkörpers, der ihre Einheit bildete, und die Erscheinung des Phantoms über ihren Häuptern, das der Sinn dieser Einheit war – das Vaterland. Halb Tier, halb Gott, wie die ägyptische Sphinx oder der assyrische Stier – aber in jenem Augenblicke sah jeder nur seine leuchtenden Augen, seine Pranken waren verborgen. Es war das göttliche Untier, in dem jeder Lebendige sich vervielfältigt fand, die mörderische Unsterblichkeit, denn die, die sterben sollten, glaubten, daß sie in ihr weiterleben würden, ein anderes, gesteigertes, von Ruhm umwölktes Leben. Seine unsichtbare Gegenwart strömte in der Luft wie Wein, und jeder brachte in die Kufe der großen Weinlese seinen Korb, seine Frucht, seine Rebe, seine Ideen, seine Leidenschaften, seine Hingabe, seinen Vorteil. Es gab wohl viel widerliches Gewürm in den Trauben, viel Schmutz unter den Winzerschuhen, die sie traten, aber der Wein glühte wie Rubin und ließ das Herz erglühen. Clerambault trank davon bis zum Übermaß.

In Wirklichkeit wurde er davon nicht verwandelt, seine Seele nicht verändert. Sie vergaß sich nur. Kaum, daß er mit sich allein war, fand er sie wieder, stöhnend unter ihrer Qual wie von einer Wunde. Darum ließ ihn auch sein Instinkt das Alleinsein fliehen. Er versteifte sich darauf, nicht nach Saint-Prix zurückzukehren, wo die Familie sonst gewöhnlich die Sommermonate verbrachte, sondern schlug seine Wohnung wieder in Paris auf, im fünften Stock der Rue d'Assas. Er wollte nicht einmal eine Woche warten, nicht einmal zurückkehren und bei der Übersiedlung helfen, so sehr brauchte er diese tierische Wärme, die von Paris aufstieg und die bis in seine Fenster hineindrang. Jede Gelegenheit war ihm willkommen, um sich in den warmen Strom hineinzustürzen, auf die Straße hinabzusteigen, sich den Gruppen anzuschließen, den Manifestationen zu folgen und sich auf gut Glück alle Zeitungen zu kaufen, die er sonst in gewöhnlichen Zeiten verachtet hatte. Wenn er dann zurückkam, spürte er sich immer mehr entpersönlicht, mehr unempfindlich geworden für alles, was in seiner wahren Tiefe vorging, entwöhnt seinem eigenen Gewissen, fremd seinem inneren Haus – seinem Ich. Und deshalb fühlte er sich auf der Gasse wohler als daheim.

Frau Clerambault war mit ihrer Tochter nach Paris zurückgekehrt. Gleich am ersten Abend nach ihrer Ankunft nahm Clerambault Rosine auf die Boulevards mit.

Die feierliche Glut der ersten Tage war vorbei. Der Krieg hatte begonnen, die Wahrheit war geknebelt, und die große Lügnerin, die Presse, schüttete auf die Nationen, die mit offenem Maul zu ihr aufstarrten, mit vollem Schwung den Alkohol kurzlebiger Siege und vergifteter Berichte. Paris war beflaggt wie für einen Festtag. Vom Dach bis zur Schwelle standen die Häuser mit den drei Farben geschmückt, in den Arbeiterstraßen trug jedes Mansardenfenster ein kleines Fähnchen für einen Sou wie eine Blume am Hut.

An der Ecke Faubourg Montmartre begegneten sie einem seltsamen Zug. Vorne marschierte ein großgewachsener Greis mit weißem Bart, ein Banner in der Hand. Er ging mit großen, geschmeidigen und rhythmisch abgehackten Schritten, als ob er springen oder tanzen wollte. Seine Rockschöße schlugen hin und her im Wind. Hinter ihm marschierte eine kompakte, unbestimmbare, brüllende Masse, Arbeiter und Bürger, Arm in Arm, ein Mädchen wurde hoch auf den Schultern getragen, ein roter Dirnenschopf zwischen der Mütze eines Chauffeurs und dem Képi eines Soldaten. Alle gingen sie, die Brust herausgestemmt, das Kinn gehoben, den Mund weit aufgerissen, schwarze Löcher, aus denen die *Marseillaise* dröhnte. Rechts und links flankierten verdächtige Gesichter vom Bürgersteig den Zug, bereit, jeden Vorübergehenden zu insultieren, der zerstreut die Fahne zu grüßen vergessen hatte. Rosine sah mit Entsetzen, wie ihr Vater barhaupt und singend sich dem Zuge anschloß; lachend und laut sprechend zog er seine junge Tochter am Arme mit sich, ohne den Druck der erschreckten Hand zu spüren, die ihn vergebens zurückzuziehen versuchte.

Heimgekehrt, blieb Clerambault gesprächig und aufgeregt. Er sprach ganze Stunden hindurch. Die beiden Frauen hörten ihm geduldig zu. Frau Clerambault gab wie gewöhnlich nicht recht acht und sagte zu allem ja. Rosine hörte zu, aber sie sagte kein Wort; nur heimlich warf sie von Zeit zu Zeit einen Blick auf ihren Vater, und dieser Blick war wie ein tiefer Weiher, der langsam gefriert.

Clerambault begeisterte sich immer mehr. Im tiefsten Grunde war er noch gar nicht begeistert, aber er mühte sich mit leidenschaftlicher Gewissenhaftigkeit, es zu werden. Es blieb ihm aber immer noch genug Hellsichtigkeit übrig, um manchmal über die Fortschritte seiner Begeisterung zu erschrecken. Der Künstler ist durch seine Sensibilität mehr als ein anderer allen von außen kommenden Erregungen preisgegeben, aber er hat auch, um ihnen zu widerstehen, Gegenkräfte, die jenen anderen fehlen. Selbst der Unbesonnenste unter ihnen, selbst jener, der sich seinem lyrischen Aufschwung ganz hingibt, besitzt mehr oder minder eine Fähigkeit der Einsicht, von der Gebrauch zu machen ihm selbst anheimgegeben bleibt. Verzichtet er darauf, so ist es Mangel an Willen und nicht an Kraft: dann hat er Angst, sich von zu nahe zu sehen, ein Bild zu finden, das ihm vielleicht nicht schmeichelhaft erschiene. Menschen aber, die wie Clerambault statt psychologischer Begabung nur die Fähigkeit der Aufrichtigkeit haben, waren hinlänglich geschützt, um ihre Ekstasen überwachen zu können.

Eines Tages, als er allein spazierenging, sah er auf der anderen Seite der Straße einen Zusammenlauf. Menschen drängten sich um eine Kaffeehausterrasse. Vollkommen ruhig ging er über die Gasse hinüber; auf dem anderen Trottoir kam er in ein wildes Getümmel, das rings um einen unsichtbaren Punkt wogte. Er hatte einige Mühe, sich in den Wirbel hineinzudrängen. Aber kaum, daß er innerhalb dieses Mühlrades war, so wurde er selbst ein Teil seiner kreisenden Felge; noch vollkommen bewußt, bemerkte er, daß seine Vernunft sich mit ihm zu drehen beginne. Inmitten des wirbelnden Kreises sah er einen Mann, der sich verteidigte, und ehe er noch den Grund des Wutausbruches der Menge kannte, fühlte er selbst schon diese Wut. Er wußte nicht, ob es sich um einen Spion handelte oder um einen unvorsichtigen Schwätzer, der die Volksleidenschaft aufgeregt hatte. Aber man schrie rings um ihn her, und er merkte, daß... ja, daß er selbst, Clerambault, plötzlich schrie:

«Schlagt ihn nieder!»

Ein Rückstrom der Menge stieß ihn vom Trottoir zurück, ein Wagen drängte ihn einen Augenblick von dem Knäuel, und als er den Weg wieder frei fand, entfernte sich schon die Meute mit ihrem Opfer. Clerambault sah ihnen nach und hörte noch den Ton seiner eigenen Stimme. Er kehrte um und ging heim. Aber er war nicht sehr stolz auf sich...

Von diesem Tage an ging er seltener aus. Er mißtraute sich. In seinem Zimmer aber fuhr er fort, diese Trunkenheit bewußt zu nähren. An seinem Arbeitstisch glaubte er sich in Sicherheit. Doch er kannte noch nicht die Ansteckungsgefahr dieser Seuche; sie gleitet durch die Fenster, durch die Türritzen, durch das bedruckte Papier, durch die Luft, durch die Gedanken. Die Feinfühlendsten spüren sie schon, bevor sie etwas gesehen oder gelesen haben, kaum daß sie die Stadt betreten, andere wieder brauchen sie bloß einmal im Vorübergehen gestreift zu haben: die Ansteckung wirkt dann schon selbsttätig auch in der Isolierung fort. Clerambault, obwohl von der Masse entfernt, war doch von ihr angesteckt worden, und schon kündigte sich die Krankheit durch ihre gewöhnlichen ersten Symptome an. Dieser mitfühlende und zärtliche Mensch haßte, haßte aus Liebe. Im geheimen versuchte seine nicht sehr originelle, aber glühende und aufrichtige Vernunft sich selbst zu betrügen, ihre Haßinstinkte durch Gründe zu rechtfertigen, die dazu in gar keiner Beziehung, ja sogar im Gegensatz standen. Er mußte sich die Ungerechtigkeit und die leidenschaftliche Lüge erst beibringen. Er versuchte sich zu überreden, daß er die Tatsache des Krieges hinnehmen, ja sogar mitmachen dürfe, ohne darum seine Friedensliebe von gestern, seinen Menschenkult von vorgestern und seinen ewigen Optimismus zu verleugnen. Ganz einfach war dies zwar nicht, aber es gibt ja nichts, was die Vernunft nicht irgendwie sich vorzureden vermöchte. Fühlt jemand die zwingende Notwendigkeit, für einige Zeit moralische Grundsätze, die ihm lästig sind, von sich abzutun, so findet die Vernunft, sein getreuer Knecht, zu diesen Grundsätzen schon immer die Ausnahmen, die die Regel bestätigen und sie doch durchbrechen. So begann Clerambault sich eine Weltanschauung, ein absurdes, paradoxes Ideal zu fabrizieren, das die Widersprüche irgendwie auflöste, indem er sich sagte: Der Krieg gegen den Krieg, der Krieg für den Frieden, für den ewigen Frieden.

Eine große Hilfe war ihm innerlich die Begeisterung seines Sohnes. Maxime hatte sich sofort gemeldet. Eine Welle heroischer Freude riß seine Generation hin. Zu lange hatte sie schon – sie wagte schon gar nicht mehr zu hoffen – gewartet auf irgendeine Gelegenheit zur Tat und zur Aufopferung.

Die älteren Männer, die sich niemals Mühe gegeben hatten, diese Generation zu verstehen, waren von ihrer Haltung begeistert. Sie erinnerten sich ihrer eigenen mittelmäßigen und verpfuschten Jugend, die nur erfüllt war von kleinlichem Ehrgeiz, beschränkten Ambitionen und schalen

Genüssen. Da sie sich selbst in ihren Kindern nicht erkannten, schrieben sie dem Kriege das Aufblühen all dieser Tugenden zu, die seit zwanzig Jahren doch schon neben ihrer Gleichgültigkeit aufwuchsen und die dieser Krieg nun niedermähen sollte. Selbst neben einem so großzügigen Vater wie Clerambault war Maxime immer verdunkelt gewesen. Clerambault war zu beschäftigt, sein überströmendes und verwirrtes Ich zu verbreiten, um die Menschen, die er liebte, wirklich gut erkennen und ihnen helfen zu können. Er brachte ihnen den heißen Niederschlag seiner Ideen, aber er verstellte ihnen das Licht.

Diese jungen Menschen aber, gedrängt von ihrer eigenen Kraft, suchten vergebens eine Betätigung und fanden sie nicht in der Linie des Ideals selbst ihrer besten Väter und Vorgänger. Die Menschlichkeitsträumerei eines Clerambault war für sie zu unbestimmbar, zu wenig greifbar, denn sie begnügte sich mit angenehmen Hoffnungen ohne Gefahr und ohne Kraft, wie sie ja einzig aus der Lässigkeit einer Generation entstehen konnte, die im geschwätzigen Frieden der Parlamente und Akademien hingealtert war. Die Gefahren der Zukunft boten jenen höchstens rednerische Themen, aber nie suchten sie ernstlich ihnen entgegenzutreten und noch weniger die eigene Haltung im voraus festzulegen für den Tag, da das Verhängnis wirklich einbrechen sollte. Diese Generation hatte nicht die Kraft, zwischen den entgegengesetzten Idealen der Betätigung innerlich zu entscheiden. Man war gleichzeitig Patriot und international, man baute gleichzeitig in Gedanken den Weltfrieden und in Wirklichkeit Überdreadnoughts. Alles wollte diese Generation verstehen, mit allem verbunden sein, alles lieben. Nun mochte ja dieser verwässerte Whitmanismus ästhetisch seinen Wert haben, aber seine praktische Unentschlossenheit bot den jungen Leuten am Wegkreuz der Entscheidung keine bestimmte Richtung. Sie stapften immer auf derselben Stelle herum, erregt von der ungewissen Erwartung und der Sinnlosigkeit ihrer hinrinnenden Tage...

Der Krieg machte dieser Unentschlossenheit ein Ende. Sie jubelten ihm zu, denn er traf die Entscheidung für sie. Blindlings folgten sie ihm nach. In den Tod gehen, gut; aber nur überhaupt gehen, denn gehen heißt leben. Die Bataillone zogen singend auf den Kriegsschauplatz, bebend vor Ungeduld, Blumen auf den Mützen, die Gewehre umwunden mit Grün. Die Zurückgestellten boten sich freiwillig an, Knaben drängten sich zum Dienst, und ihre eigenen Mütter stießen sie dazu. Man hätte glauben können, es sei eine Abreise zu den Olympischen Spielen.

Auf der anderen Seite des Rheins war die Jugend die gleiche. Hier wie dort begleiteten sie ihre Götter: Vaterland, Gerechtigkeit, Freiheit, Fortschritt, die paradiesischen Träume einer erneuerten Welt, jene ganze Phantasmagorie mystischer Ideen, mit denen sich die Leidenschaften junger Menschen immer umhüllen. Keiner von ihnen zweifelte daran, daß ihre Sache die einzig gerechte sei. Mochten andere darüber streiten, sie waren sich selbst lebendiger Beweis; denn wer sein Leben hingibt, braucht kein anderes Argument.

Aber auch die alten Männer, die zurückgeblieben waren, meinten, ihr Denken ausnützen zu müssen. Freilich nicht, um die Wahrheit zu ergründen, sondern um den Sieg zu sichern. In den Kriegen von heute, die ganze Völker mitreißen, ist auch der Gedanke dienstpflichtig geworden. Er tötet ebenso wie die Kanonen, er tötet die Seele, er tötet über Land und Meere hin, über Zeit und Jahrhunderte: er ist gewissermaßen die schwere Artillerie, die auf weite Distanzen hin arbeitet. Selbstverständlich richtete auch Clerambault seine Geschütze. Für ihn war es längst nicht mehr wichtig, klar zu sehen, weit zu sehen, den ganzen Horizont zu umfassen, sondern einzig: den Feind zu treffen. Er war vom Wahn befangen, seinem Sohn im Kampfe beistehen zu müssen.

Mit einer unbewußten und fieberhaften bösen Absicht, die im letzten aus einem zärtlichen Gefühl stammte, suchte

Clerambault in allem, was er sah, hörte oder las, Argumente, um seinen festen Entschluß, an die Heiligkeit der nationalen Sache zu glauben, noch stärker und stählerner zu machen. Er suchte alles zusammen, was beweisen konnte, daß allein der Feind den Krieg gewollt hätte und Feind des Friedens war, daß demnach den Feind zu bekriegen gleichbedeutend mit dem Wunsch nach Frieden sei. Die Beweise dafür fehlten ihm nicht. Sie fehlen ja niemals. Man muß nur die Augen immer an rechter Stelle zu öffnen und immer an rechter Stelle zu schließen wissen, dann sieht man alles, was man sehen will. – Aber dennoch: Clerambault war im letzten Grunde nicht ganz befriedigt. Nur fand das geheime Unbehagen seines im tiefsten rechtlichen Gewissens an allen diesen halben Wahrheiten und Wahrheiten mit Lügenschwänzen keinen andern Ausweg als in einer immer leidenschaftlicheren Erregung gegen den Feind. Gleichzeitig aber – so wie von den beiden Eimern eines Brunnens der eine steigt, wenn der andere hinabgeht – wuchs auch sein patriotischer Enthusiasmus, der schließlich in einer wohltätigen Trunkenheit seine letzten moralischen Bedenken wegschwemmte.

Von nun an war er in beständiger Jagd auf neue Fakten in den Zeitungen, die ihm seine neuen Thesen bekräftigen könnten. Obwohl er doch eigentlich genau wußte, wie unzuverlässig die Wahrhaftigkeit dieser Zeitungen war, so bezweifelte er doch nie irgendeine Behauptung, sobald sie seiner gierigen und unruhigen Leidenschaft als Argument dienen konnte. Dem Feind gegenüber hatte er das Prinzip angenommen: *Das Schlechte ist eben das Rechte.* In gewissem Sinne wurde er Deutschland geradezu dankbar, wenn es ihm durch Akte der Grausamkeit und wiederholte Verstöße gegen das Völkerrecht eine offenkundige Bestätigung für die Behauptungen gab, die er auf jeden Fall schon im voraus ausgesprochen hatte.

Und Deutschland kam ihm darin wirklich zu Hilfe. Noch nie hatte ein Staat im Kriege es eiliger gehabt, die Meinung der ganzen Welt gegen sich zu entfesseln. Diese blutübervolle Nation, die an ihrer Kraft erstickte, hatte sich in einem Delirium von Stolz, Zorn und Furcht auf den Gegner gestürzt, die Bestie im Menschen, kaum losgelassen, zog gleich mit den ersten Schritten einen Kreis methodischen Schreckens um sich. Alle Brutalität des Instinkts und des Glaubens war bewußt von jenen aufgestachelt worden, die das Volk am Zügel hielten, von seinen Führern, seinem Generalstab, den einberufenen Professoren und Militärgeistlichen. Krieg war und wird immer eins mit dem Verbrechen sein. Aber Deutschland organisierte es, so wie alles, es erhob den Totschlag und das Niederbrennen zum Kriegsgesetz. Ein zorniger Mystizismus, aus Bismarck, Nietzsche und der Bibel gemengt, goß sein Öl ins Feuer, der Übermensch und Christus wurden mobilisiert, um die Welt zu vernichten und zu erneuern. – Die Erneuerung begann in Belgien, und in tausend Jahren wird man noch davon sprechen. Die entsetzte Welt erlebte das höllische Schauspiel, wie die alte, mehr als zweitausendjährige Zivilisation Europas unter den brutalen und berechneten Schlägen der großen Nation hinbrach, die eine ihrer Führerinnen war – Deutschlands, das so reich an Intelligenz, Wissenschaft und geistiger Macht gewesen und das in fünfzehn Kriegstagen sich dienstfertig erniedrigt hatte. Aber was die Organisatoren der deutschen Tollheit nicht voraussahen, war, daß sie, so wie Cholera von einer Armee zur andern, nun ins andere Lager übergehen und, in den Feindesländern einmal heimisch, nicht mehr zu entfernen sein würde, ehe nicht ganz Europa davon angesteckt und für Jahrhunderte unbewohnbar geworden war. Für alle Tollheiten und Gewalttätigkeiten dieses erbitterten Krieges gab Deutschland das Beispiel, sein kräftiger, besser genährter Körper bot der Epidemie ein weiteres Wirkungsfeld, und sie wütete furchtbar; und als das Gift sich in Deutschland abzuschwächen begann, war es schon in die anderen Nationen in Form eines langsamen und zähen Fiebers eingedrungen, das von Woche zu Woche tiefer wühlte und bis in die Knochen hineinsickerte.

Den unsinnigen Reden der deutschen Denker antworteten unverzüglich die Übertreibungen der Schwätzer in Paris und überall. Wie homerische Helden waren sie, mit der einzigen Ausnahme, daß sie nicht kämpften, aber sie schrien dafür um so mehr. Man beschimpfte nicht nur den Gegner, sondern auch seinen Vater, seinen Großvater, den ganzen Ursprung, ja man leugnete sogar gegenseitig die vergangene Leistung. Der erbärmlichste Akademiker arbeitete wie ein Verzweifelter, um den Ruhm großer Menschen, die längst im Grabesfrieden schlummerten, zu beschmutzen und zu beschimpfen.

Clerambault hörte, hörte alles und trank es in sich ein... Und doch gehörte er zu den wenigen französischen Dichtern, die vor dem Kriege europäische Verbindungen gehabt und dessen Werke Sympathien in Deutschland gefunden hatten. Als rechtes, altes verwöhntes französisches Kind, das sich ja nie die Mühe gibt, die anderen aufzusuchen, allzu gewiß, daß man zu ihm kommen würde, sprach er keine andere Sprache. Aber wenigstens nahm er die Fremden gut auf, wenn sie vom Auslande zu ihm kamen, sein Geist war frei von allen nationalen Vorurteilen, und die innere Intuition ersetzte genug die Lücken seiner Bildung, daß er hingebungsvoll ausländische große Geister bewundern konnte. Jetzt freilich, seit man ihn gelehrt hatte, daß man allem mißtrauen müsse («Schweig, sei immer vorsichtig!»), seit er hörte, daß Kant nur eine Vorstufe für Krupp gewesen, wagte er nicht mehr ohne offizielle staatliche Garantie, irgend etwas zu bewundern. Die sympathische Bescheidenheit, die ihn zur Friedenszeit wie einem Wort des Evangeliums allem vertrauen ließ, was gelehrte und geachtete Männer öffentlich mitteilten, nahm jetzt in der Kriegszeit die Formen einer unbegrenzten Leichtgläubigkeit an. Er verschlang, ohne mit den Augenwimpern zu zucken, die erstaunlichen Zeitungsentdeckungen der Intellektuellen seines Landes, die jetzt die Kunst, die Wissenschaft, den Geist und die Seele des andern Landes durch Jahrhunderte zurück durchwühlten und zu Boden stampften – die ganze Arbeit rasender Böswilligkeit, die dem Feind jede Größe absprach, in seinen erhabensten Erscheinungen nur Beweise seiner gegenwärtigen Infamie finden wollte, falls man ihm nicht überhaupt diese berühmten Männer wegnahm und sie irgendeiner anderen Nation zuwies.

Clerambault aber war davon ganz überwältigt, außer sich, und (freilich, dies gestand er sich nicht ein) im tiefsten Herzen jubelte er.

Um für seine Begeisterung einen Gefährten zu finden und sie mit neuen Argumenten zu nähren, beschloß Clerambault, seinen Freund Perrotin aufzusuchen.

Hippolyte Perrotin war eine jener Figuren, wie sie heute selten geworden sind und die einen Ruhmestitel der französischen Hochschule bildeten, einer jener großen Humanisten, deren weitblickendes und scharfes Wissensbedürfnis mit ruhigem Schritt den Garten der Jahrhunderte prüfend und klassierend, auslesend und pflückend durchwandert. Zu sehr beobachtende Natur, als daß ihm irgend etwas der Gegenwart entgangen wäre – die ihn eigentlich am wenigsten interessierte –, wußte er jedem ihrer Geschehnisse seinen Rang im Gesamtbild zuzuweisen. Was anderen als das Wichtigste galt, war es keineswegs für ihn, und die politischen Bewegungen dünkten ihm Blattläuse auf einem großen Blatt. Da er aber nicht Gärtner, sondern nur wissenschaftlicher Beobachter war, glaubte er sich nicht verpflichtet, die Rosenblätter zu reinigen: einzig sie mit allen ihren Parasiten zu betrachten, war für ihn Gegenstand einer dauernden Entzückung. Er hatte den feinsten Sinn für literarische Schönheit und geistige Vollkommenheit, und seine Wissenschaft, weit entfernt, ihn dabei zu stören, belebte nur diese Neigung dadurch, daß sie seinen Gedanken ein festes und begrenztes Feld lebensvoller Vergleiche und Proben bot. Er gehörte zu jener französischen Tradition von Gelehrten, die gleichzeitig meisterliche Stilisten waren, jener Tradition, die von Buffon bis zu Renan und Gaston Paris reichte. Mitglied der Akademie und von zwei oder drei anderen Gesellschaften, hatte er durch die Weite seiner Kenntnisse über die bloßen Literaten und über seine wissenschaftlichen Kollegen nicht nur die Überlegenheit eines sichern und klassischen Geschmacks, sondern auch eines freieren und dem Neuen aufgetanen Geistes. Er dünkte sich nicht wie die meisten von ihnen, sobald sie über die Schwelle der heiligen Kuppelhalle getreten waren, schon aller Verpflichtung, weiter zu lernen, ledig: mitten in seiner gereiften Meisterschaft fühlte er sich noch immer als Schüler. Schon zur Zeit als Clerambault von den übrigen Unsterblichen gar nicht gekannt war, außer von ein oder zwei lyrischen Kollegen, die, wenn sie (was selten geschah) von ihm sprachen, es nur mit verächtlichem Lächeln taten – schon damals hatte er ihn sich entdeckt und in sein Herbarium eingegliedert. Einige Bilder hatten ihn stutzig gemacht, die Originalität mancher Wortwendung, der primitive und gewissermaßen nur naiv komplizierte Mechanismus seiner Phantasie zogen ihn an, schließlich interessierte ihn dann der Mann selbst. Clerambault, dem er ein glückwünschendes Wort hatte zukommen lassen, eilte, überströmend vor Erkenntlichkeit, ihm zu danken, und zwischen den beiden Männern entspann sich allmählich eine Freundschaft.

Sie waren einander durchaus nicht ähnlich, Clerambault mit seiner lyrischen Gabe und seiner mittelmäßigen Intelligenz, die vom Herzen kam, und Perrotin, der durchdringende Geist, der sich niemals von der Leidenschaft der Phantasie verwirren ließ, aber beide verband die gemeinsame Würdigkeit der Lebensführung, eine intellektuelle Rechtschaffenheit sowie die reine Liebe zur Kunst und zur Wissenschaft, die ihre Freude aus sich selbst zog und nicht aus dem möglichen Erfolge, der ihr entspringen konnte. Freilich hatte das Perrotin niemals, wie man sehen konnte, gehindert, Karriere zu machen. Die Ehrenstellen waren gleichsam auf ihn zugekommen. Er suchte sie nicht, aber er wies sie auch nicht zurück und verabsäumte nichts.

Clerambault fand ihn gerade damit beschäftigt, die wirklichen Ideen eines chinesischen Philosophen von all den nachträglichen Umhüllungen rein loszulösen, unter denen sie die Lesarten und Erläuterungen von Jahrhunderten verborgen hatten. Bei diesem Spiel, das für ihn ein gewohntes war, kam er natürlich dazu, schließlich gerade das Gegenteil des bisher augenscheinlichen Sinnes zu finden: ein Ideal wird ja immer dunkler, wenn es von Hand zu Hand geht.

In dieser geistigen Verfassung empfing Perrotin zerstreut und sehr höflich Clerambault. Selbst wenn er in Salons anderen zuzuhören schien, trieb er immer Textkritik. Seine Ironie vergnügte sich dabei auf fremde Kosten.

Clerambault entlud gegen ihn seine ganze neue Erkenntnis. Sein Ausgangspunkt war die unbestreitbare Tatsache der offenkundigen moralischen Minderwertigkeit der feindlichen Nation, und es war eigentlich nur noch dies für ihn eine Frage, ob man darin den unheilbaren Niedergang eines großen Volkes erkennen sollte oder einfach ein Barbarentum feststellen, das von allem Anfang an bestanden, aber sich nur gut zu verschleiern gewußt hatte. Clerambault neigte zur letzten Auslegung. Noch ganz erfüllt von dem gerade Gelesenen, machte er Luther, Kant und Wagner für die gewalttätige Verletzung der belgischen Neutralität und für die Verbrechen der deutschen Armee verantwortlich. Wie man gemeinhin zu sagen pflegt: er hatte die Nase nicht selbst hineingesteckt, da er ja weder von Musik noch von Theologie, noch von Metaphysik etwas verstand; ihm genügte die Autorität der Akademiker. Als Ausnahme ließ er einzig Beethoven gelten, weil er ein Flame war, und Goethe als Bürger einer Freistadt, die so eine Art Straßburg, also zur Hälfte französisch war, oder französisch und nur halb deutsch. Nun wartete er auf eine Zustimmung.

Aber zu seiner Überraschung stieß er bei Perrotin nicht auf eine Leidenschaftlichkeit, die der seinen entsprach. Perrotin lächelte, hörte zu, betrachtete Clerambault mit einer gutmütigen und neugierigen Aufmerksamkeit. Er sagte nicht nein und sagte nicht ja. Bei einigen Behauptungen machte er vorsichtige Einschränkungen, und als Clerambault ihm ganz hitzwütig die schriftlichen Aussagen zeigte, die von zwei oder drei berühmten Kollegen Perrotins unterschrieben waren, machte er nur eine kleine Gebärde, die sagen konnte: Ach, solche Dinge gibt's in Menge.

Clerambault wurde immer leidenschaftlicher, und nun veränderte auch Perrotin den Ton, bezeigte ein «lebhaftes Interesse» für die «sehr interessanten» Bemerkungen seines «verehrten Freundes», nickte mit dem Kopf zustimmend zu allem, was er sagte, wich seinen direkten Fragen mit vagen Worten aus oder stimmte ihnen mit irgendeiner allgemeinen Höflichkeit zu, wie man eben jemandem antwortet, dem man nicht widersprechen will.

Clerambault ging, ganz aus der Fassung gebracht und unzufrieden, fort.

Aber er versöhnte sich mit seinem Freunde und war wieder seiner sicher, als er einige Tage später den Namen Perrotins unter einem leidenschaftlichen Protest der Akademie gegen die Barbaren fand. Er nahm den Anlaß wahr, um ihn zu beglückwünschen, und Perrotin dankte ihm mit einigen vorsichtigen und sibyllinischen Worten:

«Mein verehrter Herr!» (Er benutzte immer in seinen Briefen die zeremoniösen und gemessenen Formeln derer von Port-Royal.) «Ich bin immer bereit, den Wünschen des Vaterlandes zu gehorchen; sie sind Befehle für mich. Auch mein Gewissen steht ihm zur Verfügung, so wie es die Pflicht eines guten Bürgers ist...»

Eine der merkwürdigsten geistigen Wirkungen des Kriegs war, daß er neue Bindungen zwischen Menschen erzeugte. Leute, die nicht einen Gedanken gemeinsam hatten, entdeckten plötzlich, daß sie gleichen Sinnes waren; und sobald sie sich zusammenscharten, wurden sie einander wirklich ähnlich. So entstand, was man die Union Sacrée, die «heilige Eintracht», nannte. Menschen aller Parteien und von verschiedenstem Temperament, Choleriker, Phlegmatiker, Monarchisten, Anarchisten, Klerikale, Calvinisten vergaßen plötzlich ihr wirkliches Ich, ihre Leidenschaften, Narrheiten und Feindseligkeiten. Sie wechselten die Haut, und man sah sich mit einemmal neuen Wesen gegenüber, die sich unerwartet wie ein Häufchen gefeilten Eisenstaubes um einen Magneten zusammenrotteten. Alle alten Beziehungen waren plötzlich verschwunden, und man staunte gar nicht darüber, sich plötzlich einem Fremden näher zu fühlen als den ältesten Freunden. Man hätte glauben mögen, daß die Seelen unterirdisch, mit weitverbreiteten Wurzeln, im Dunkel des Instinkts verbunden waren, jener allzuwenig bekannten Region, zu der die Beobachtung selten hinabsteigt. Unsere Psychologie beschäftigt sich ausschließlich mit jenem Teil unseres Ich, der aus dem Erdreich des Unbewußten herausragt, sie beschreibt sorgfältig dort jede Einzelheit, ohne auf alles das zu achten, was nicht gerade Schaft und Blüte der Pflanze ist. Aber neun Zehntel sind unsichtbar eingegraben und mit den Füßen anderer Pflanzen verschlungen. Diese ganze tiefe (oder niedere) Region der Seele ist für gewöhnlich unbewußt und für das Gefühl nicht merkbar, die Vernunft weiß nichts von ihr. Aber der Krieg ließ plötzlich, indem er diese unterirdische Welt weckte, moralische Bindungen zutage treten, die man nie vermutet hätte. So trat zum Beispiel bei Clerambault eine plötzliche Intimität mit einem Bruder seiner Frau zutage, den er bisher, und mit gutem Recht, als Typus eines echten Philisters betrachtet hatte.

Léo Camus war noch nicht fünfzig Jahre alt, groß, mager,

ein wenig vorgekrümmt, hatte einen schwarzen Bart, fahle Farben, schütteres Haar (seine Kahlköpfigkeit war sogar schon sichtbar, wenn er den Hut noch aufhatte), sein Gesicht war voll kleiner Falten, die sich nach allen Richtungen überquerten, wie Maschen eines schlecht geflickten Netzes. Er hatte meist ein ungesundes, unfreundliches Aussehen und war beständig verschnupft. Seit dreißig Jahren war er Staatsbeamter, und seine ganze Karriere war im Schatten eines Hofes im Ministerialgebäude dahingegangen. Im Laufe der Jahre hatte er das Zimmer gewechselt, aber er war nie aus diesem Schatten herausgekommen, sein ganzer Fortschritt war immer im selben Hoftrakt. Für ihn gab es keine Möglichkeit mehr, diesem Leben zu entrinnen, und jetzt war er endlich Unterdirektor geworden, was ihm erlaubte, nun seinerseits Schatten zu verbreiten. Er hatte fast gar keinen Zusammenhang mit Menschen und verkehrte mit der äußeren Welt nur hinter einem Wall von Registraturen und aufgehäuften Papierstößen. Er war Junggeselle und hatte keinen Freund, denn sein Menschenhaß behauptete, es gäbe keine, außer solchen aus Interesse. Seine einzige Zuneigung galt der Familie der Schwester, und auch diese äußerte sich nur darin, daß er alles, was jene tat, für schlecht befand; denn er gehörte zu jenen Leuten, deren unruhige Besorgtheit diejenigen, die sie lieben, immer kritisiert und die, wenn sie jene leiden sehen, nicht müde werden, ihnen zu beweisen, daß sie durch eigenes Verschulden unglücklich seien. Bei den Clerambaults machte er nicht sehr viel Effekt damit, ja es mißfiel Frau Clerambault, die ein wenig träge war, sogar nicht, ein bißchen gerüttelt zu werden. Was die Kinder betraf, so wußten sie, daß diese Vorwürfe meistens von kleinen Geschenken begleitet waren: so steckten sie die Geschenke ein und ließen das übrige auf sich niederprasseln.

In bezug auf seinen Schwager hatte die Haltung Léo Camus' im Laufe der Jahre einige Veränderungen durchgemacht. Als seine Schwester Clerambault heiratete, hielt

Camus mit seiner Mißbilligung nicht zurück, ein unbekannter Dichter schien ihm nicht jemand «Ernst-zu-Nehmender». Dichter sein (ein unbekannter Dichter), das ist immer nur ein Vorwand, um nicht zu arbeiten... natürlich wenn man «bekannt» ist, das ist dann etwas anderes! Camus verehrte sehr Victor Hugo, er kannte sogar Verse aus den *Züchtigungen* und einige von Auguste Barbier auswendig, die aber waren «bekannt», und «bekannt sein» ist eben alles. Nun geschah es aber eines Tages, daß Clerambault «bekannt» wurde. Camus erfuhr es durch seine eigene Zeitung. Von diesem Tag an hatte er sich endlich bewegen lassen, die Gedichte Clerambaults zu lesen. Er verstand sie nicht, aber er war darüber nicht ungehalten, denn so konnte er sich brüsten, noch von der «alten Schule» zu sein, und sich dadurch überlegen dünken. Es gibt ja viele dieser Art, die sich aus ihrer Verständnislosigkeit einen Stolz zu machen wissen. Aber ist es nicht recht so in der Welt, daß der eine auf das pocht, was er hat, und der andere auf das, was er nicht hat? Übrigens gab Camus zu, daß Clerambault «schreiben» könne (er mußte es ja verstehen, da er auch vom Fach war). So hatte er im gleichen Maße, wie die Zeitung ihn zu schätzen begann, ein immer größeres Interesse an seinem Schwager und liebte es, mit ihm zu plaudern. Er hatte immer schon, ohne es je zu sagen, seine herzliche Güte geachtet, und was ihm besonders an diesem großen (denn jetzt nannte er ihn plötzlich so) Dichter gefiel, war seine offenkundige Unfähigkeit in Geschäftsdingen, seine praktische Ignoranz. Auf diesem Gebiete war Camus sein Meister, und er ließ es ihn deutlich fühlen. Clerambault hatte ein naives Vertrauen zu den Menschen und zu den Dingen, und nichts war Camus und seinem aggressiven Pessimismus willkommener als diese Eigenschaft. Dies hielt ihn immer in Atem. Die meiste Zeit seiner Besuche ging damit hin, Clerambaults Illusionen in tausend Stücke zu zerpflücken, aber sie hatten ein zähes Leben, und jedesmal mußte man anfangen, sie von neuem zu zerstören. Camus ärgerte sich darüber, aber mit einem geheimen Vergnügen. Er brauchte immer einen neuen Vorwand, um wieder beweisen zu können, daß die Welt schlecht und die Menschen dumm waren, vor allem aber fand kein Mann der Politik Gnade vor seinen Augen. Dieser Staatsbeamte haßte alle Regierungen, ohne eigentlich sagen zu können, wen oder was er an ihre Stelle gewünscht hätte. Die einzige Form der Politik, die ihm verständlich war, blieb die Opposition. Er litt eben daran, sein Leben verdorben, seine Natur unterdrückt zu haben. Als Bauernsohn war er dazu geschaffen, wie sein Vater Weingärten zu pflegen oder als Wächter über das kleine Landvolk seinen Autoritätsdrang auszuleben. Aber es war damals der Rost über die Weingegend gekommen, andererseits lockte der dumme Stolz zur Bürokratie, so war die Familie in die Stadt übersiedelt. Jetzt hätte er zu seiner wirklichen Natur nicht mehr zurück können, ohne sich herabzuwürdigen, und hätte er es selbst vermocht, so wäre sie daran verkümmert. Weil er seinen Platz in der sozialen Gesellschaft nicht fand, machte er die Gesellschaft dafür verantwortlich, er diente wie tausend Beamte dem Staate als schlechter Diener, als heimlicher Feind.

Man hätte meinen sollen, ein Wesen dieser Art, ein so düsterer, verbitterter, menschenfeindlicher Geist müßte durch den Krieg ganz außer sich geraten sein, aber gerade das Gegenteil trat ein: der Krieg beruhigte ihn. Für die wenigen freien Geister, die auf das Weltall hinblicken, ist die Zusammenrottung zu bewaffneten Horden gegen den Feind ein Zusammenbruch. Aber für die Menge all derer, die in der schöpferischen Unfähigkeit eines ziellosen Egoismus leben, ist der Krieg eine Erhebung, er trägt sie zur höheren Stufe des zielvollen, des organisierten Egoismus empor. Camus wachte eines Tages mit dem Gefühl auf, zum erstenmal nicht allein auf der Welt zu sein.

Der Instinkt des Vaterlandes ist vielleicht der einzige, der in den gegenwärtigen Zeitläuften dem Brandmal der Alltäglichkeit entgeht. Alle anderen Instinkte, alle natürlichen

Triebe, das Verlangen zu lieben und zu handeln, werden in der Gesellschaft niedergehalten, erstickt oder gezwungen, durch das Joch der Entsagung und der Kompromisse zu gehen. Wenn ein Mann auf der Höhe seines Lebens sich zurückwendet, um seine einstigen Neigungen zu betrachten, und sieht auf ihnen die Brandmarken seiner Niederlage und seiner Nachgiebigkeit, dann schämt er sich ihrer und seiner selbst, Bitternis im Munde. Einzig der Instinkt des Vaterlandes bleibt in der gegenwärtigen Gesellschaft ausgeschaltet, er tritt nicht in Aktion und wird deshalb nicht beschmutzt. Wenn er aber einmal in Erscheinung tritt, so ist er unberührt, und die Seele, die sich ihm hingibt, wirft ihm zugleich die Glut aller ihrer niedergehaltenen und erniedrigten Instinkte, Liebe, Verlangen und Ehrgeiz entgegen, die das Leben verraten hat. Ein halbes Jahrhundert unterdrücktes Leben nimmt seine Rache, Millionen kleiner Zellen des sozialen Gefängnisses öffnen sich, endlich, endlich einmal... die alten Leidenschaften, die angeschmiedeten Instinkte recken ihre erstarrten Glieder, sie fühlen, daß sie das Recht haben, ins Freie zu stürzen und zu schreien. Das Recht? Sie haben jetzt die Pflicht, sich dahinstürmen zu lassen, als mächtige, stürzende Masse. So werden plötzlich die Millionen einzelner Schneeflocken zur Lawine.

Die Lawine riß auch Camus mit. Der kleine Bürochef ging ganz in ihr auf, und zwar ohne irgendwelche Leidenschaft, ohne Gewalttätigkeit. Er fühlte plötzlich eine große Kraft, eine große Ruhe, er fühlte sich «wohl», körperlich wohl, seelisch wohl. Seine Schlaflosigkeit war verschwunden. Zum erstenmal seit Jahren quälte ihn nicht mehr sein Magenleiden, vielleicht weil er es vergessen hatte, er verbrachte den ganzen Winter – ein nie dagewesener Fall – ohne Schnupfen, man hörte ihn nicht mehr das und jenes bekritteln und beklagen, er schimpfte nicht über alles, was geschah oder nicht geschehen war. Irgendeine heilige Ehrfurcht überkam ihn vor dem ganzen sozialen Organismus, vor diesem Wesen, das das seine war, nur noch stärker, schöner und besser, er fühlte sich brüderlich mit allen jenen, die durch ihren Zusammenhang dieses Wesen bildeten wie ein Bienenschwarm, der an einem Ast hängt. Er beneidete die jungen Menschen, die zur Front reisten, sein Vaterland zu verteidigen, er betrachtete mit zärtlichen Augen seinen Neffen Maxime, der sich heiter rüstete, und am Bahnhof, als der Zug die jungen Menschen wegführte, umarmte er Clerambault, drückte unbekannten Eltern, die ihre Söhne begleiteten, die Hand, Tränen der Verzweiflung und von Glück zugleich standen in seinen Augen. In diesen Stunden hätte Camus alles hingegeben. Es waren seine Flitterwochen mit dem Leben. Die einsame Seele, die es sich immer versagt hatte, sieht plötzlich das geliebte Leben nahekommen und umfaßt es... Doch das Leben geht weiter. Das Wohlbefinden eines Camus war nicht angetan zu dauern. Aber wer einmal das Leben in einer solchen Stunde gekannt, lebt einzig nur mehr von dieser Erinnerung und um sich immer wieder diesen Augenblick zu beleben. Er dankte den seinen dem Kriege. So war der Friede sein Feind, und Feinde alle, die den Frieden wollten.

Clerambault und Camus tauschten ihre Gedanken aus. Sie tauschten sie so vollkommen aus, daß Clerambault am Ende gar nicht mehr wußte, wohin die seinen gekommen waren. Und je mehr er sich selber verlor, um so zwingender empfand er das Bedürfnis, etwas zu tun. Das war für ihn die beste Form, sich zu betätigen... Sich zu betätigen? Verhängnisvollerweise war es Camus, den er betätigte. Trotz seiner Überzeugung und seiner gewohnten Leidenschaft war er doch nur ein Echo geworden, und ein Echo welch erbärmlicher Stimmen!

Er begann Kriegsdithyramben zu schreiben. Darin wetteiferten ja damals die Dichter hinter der Front. Ihre Schöpfungen laufen allerdings nicht Gefahr, das Gedächtnis der Zukunft allzusehr zu belästigen. Nichts in ihrer früheren künstlerischen Laufbahn bestimmte diese armen Gesellen zu solcher Aufgabe, und ob sie auch das möglichste taten, um ihre Stimmen aufzublähen und alle Register der Rhetorik spielen zu lassen, die Soldaten im Schützengraben zuckten doch darüber die Achseln. Aber den Leuten des Hinterlandes gefiel ihr Pathos viel besser als jene lichtlosen und gleichsam schmutzfarbenen Erzählungen, die aus dem Schützengraben kamen. Die klare Vision eines Barbusse hatte damals noch nicht diesen schattenhaften Schwätzern ihre Wahrheit aufgezwungen. Für Clerambault bedeutete es keine große Anstrengung, in diesem Wettkampf der Beredsamkeit die Palme zu erringen. Er hatte die verhängnisvolle Gabe jener rhythmischen und wortreichen Beredsamkeit, die die Dichter von der Wirklichkeit trennt, indem sie sie mit ihrem Spinnennetz umhüllt. In Friedenszeiten hing dieses unschuldige Netz an Busch und Baum, der Wind klang durch, und die sanfte Arachne suchte in ihren Maschen nichts anderes einzufangen als das Licht. Jetzt aber, da die Dichter in sich ihre blutgierigen (glücklicherweise schon zahnlosen) Instinkte aufzüchteten, sah man in der Mitte ihres Netzes ein bösartiges Tier eingefangen, dessen Auge auf eine Beute lauerte. Sie sangen den Haß und die heilige Schlächterei. Clerambault tat wie die anderen, sogar besser als die anderen, denn seine Stimme war besser als die der anderen, und vor lauter Schreien kam dieser brave Mensch schließlich dazu, selbst Leidenschaften zu fühlen, die er gar nicht hatte. Den Haß «endlich zu kennen» (es war das «Erkennen» im biblischen Sinn), dieses neue Gefühl hatte etwas vom Kitzel niedrigen Stolzes, den ein Gymnasiast empfindet, wenn er zum erstenmal aus einem zweifelhaften Hause herauskommt. Denn jetzt erst fühlte er sich als ein ganzer Mann. Und wirklich, es fehlte ihm nichts mehr, um der Niedrigkeit der anderen ähnlich zu sein.

Die ersten intimen Vorlesungen jedes seiner Gedichte waren Camus vorbehalten, dem er sie ja verdankte. Und Camus wieherte vor Begeisterung, denn er erkannte sich selbst darin. Clerambault fühlte sich geschmeichelt, weil er jetzt hoffte, in einem Rhythmus mit dem Volke zu fühlen und ganz in sein Blut zu dringen. Die beiden Schwäger verbrachten die Abende zusammen. Clerambault las vor, Camus trank die Verse in sich ein. Er wußte sie auswendig, er erzählte jedem, der es hören wollte, Victor Hugo sei auferstanden und jedes dieser Gedichte bedeute einen Sieg. Seine lärmende Bewunderung enthob die anderen Mitglieder der Familie davon, ein Urteil aussprechen zu müssen. Rosine suchte immer nach einem Vorwande, aus dem Zimmer hinauszuschlüpfen, wenn die Vorlesung zu Ende war, was der Eigenliebe Clerambaults nicht entging. Er hätte gern den Eindruck auf seine Tochter gewußt, fand es aber klüger, sie nicht darum zu befragen, und redete sich lieber selbst ein, daß dieses Zurückziehen ein Zeichen von Bewegung und Scheu sei. Aber doch, es verstimmte ihn. – Bald aber ließ ihn die Zustimmung des Publikums diese kleine Peinlichkeit vergessen. Seine Gedichte waren in den großen bürgerlichen Blättern erschienen und wurden für Clerambault der glänzendste Triumph seiner ganzen künstlerischen Laufbahn. Keines seiner Werke hatte einen so einhelligen Enthusiasmus hervorgerufen. Ein Dichter ist ja immer geneigt, seinem letzten Werk den Titel seines besten zugebilligt zu hören, und ist es in noch höherem Maße, wenn er selbst weiß, daß es das wertloseste ist. Clerambault war sich darüber vollkommen im klaren, und eben darum genoß er mit einer fast kindlichen Eitelkeit die Speichelleckereien der Presse. Abends ließ er sie laut von Camus im Familienkreise vorlesen. Er strahlte vor Vergnügen. Am liebsten hätte er gesagt, sobald Camus fertig war:

«Noch einmal.»

Der einzige leise Mißton in diesem Konzert der Lobeshymnen kam von Perrotin. (Natürlich redete sich Clerambault ein, er habe sich in ihm getäuscht, er sei kein rechter Freund.) Der alte Gelehrte hatte allerdings Clerambault, der ihm den Band seiner Kriegsgedichte zugeschickt hatte, in höflicher Weise beglückwünscht. Er lobte sein großes Talent, sagte aber durchaus nicht, daß dieses Buch sein schönstes Werk sei. Ja er riet ihm sogar, «nun, nachdem er der kriegerischen Muse seinen Tribut gebracht hätte, ein Werk des reinen Traumes, losgelöst von der Gegenwart, zu schreiben». Was wollte er damit sagen? Gehört sich das, daß, wenn ein Künstler ein Werk vorlegt und Zustimmung fordert, man ihm antwortet: «Ich möchte ein anderes lesen, das diesem nicht gleicht.»? – Clerambault sah darin ein neues Zeichen für die bedauerliche Lauheit des Patriotismus, die er schon vorher bei Perrotin bemerkt hatte, und dieser Mangel an Verständnis für seine Verse erkältete gänzlich sein Gefühl für den alten Freund. Er sagte sich, der Krieg sei die Goldprobe der Charaktere, eine Umwertung der Werte, wo man auch die Freundschaft neu prüfen müsse, und gab sich nicht Rechenschaft darüber, daß der Verlust eines Perrotin nur unzulänglich ersetzt sei durch die Erwerbung eines Camus und so vieler neuer Freunde, die geistig freilich minderwertiger waren, aber jedenfalls schlichten und warmen Herzens...

Und doch, oft in der Nacht hatte Clerambault Minuten der Bedrängnis und Angst. Er wachte plötzlich unruhig, erschreckt und gedemütigt auf. Er fühlte sich unzufrieden und beschämt... Aber weshalb denn? Tat er denn nicht seine Pflicht?

Die ersten Briefe Maximes waren ein Trost, ein Herzstärkungsmittel, von dem ein Tropfen genügte, um alle Mutlosigkeit entschwinden zu lassen. Man lebte ganz in ihnen während der langen Zwischenräume, in denen seine Nachrichten eintrafen. Und trotz der Unruhe während dieser Pausen, wo eine jede einzelne Sekunde dem geliebten Wesen verhängnisvoll werden konnte, teilte sich doch diese seine Zuversicht (die er vielleicht aus Liebe zu den Seinen oder aus einem Aberglauben übertrieb) allen mit. Seine Briefe strömten über von Jugend und einer begeisterten Freude, die ihren höchsten Gipfel in den Tagen erreichte, die dem Sieg an der Marne folgten. Die ganze Familie war gleichsam gegen ihn hingestreckt, ein einziger Körper, eine Pflanze, deren Blüte in Licht getaucht ist und zu der der Schaft zitternd in mystischer Verehrung emporsteigt...

Wie erstaunlich war auch dieses Licht, das jene Seelen badete, die gestern noch verzärtelt und erschlafft gewesen waren und die nun das Schicksal in den teuflischen Feuerkreis des Krieges warf! Es war das Licht des Todes oder des Spiels mit dem Tode! Maxime, dieses große, zarte, verzärtelte und gelangweilte Kind, das in der Friedenszeit sich wie eine kleine Mätresse aufputzte, fand einen unerwarteten Genuß in den Entbehrungen und harten Anforderungen seines neuen Lebens. Begeistert von sich selbst, kehrte er dieses Gefühl in seinen ein wenig großsprecherischen Briefen hervor, die das Herz seiner Eltern entzückten. Nun war weder seine Mutter eine Heldin Corneilles noch sein Vater ein Römer, und der Gedanke, ihr Kind einer barbarischen Idee hinzuopfern, wäre ihnen entsetzlich gewesen. Aber die plötzliche Verwandlung ihres Kleinen in einen Helden gab ihnen eine Fülle nie gefühlter Zärtlichkeit. Und trotz ihrer Unruhe erfüllte sie die Ekstase ihres Maxime beide mit einer neuen Trunkenheit, die sie undankbar machte für das Leben von einst, das gute, friedliche, stille Leben, das zärtliche, mit seinen langen, eintönigen Tagen. Maxime hatte für jene Zeit eine amüsante Verachtung. Sie schien ihm eng, klein, lächerlich, wenn man einmal gesehen hatte, was «da draußen» vorging... «Da draußen» war man zufrieden, drei Stunden jede Nacht auf der harten Erde zu schlafen oder auf einem Bündel Stroh, zufrieden, sich um drei Uhr früh auf die Beine zu machen und sie mit dreißig Kilometer Marsch zu erwärmen, mit dem Tornister auf dem Rücken ein Schwitzbad von acht bis zehn Stunden zu nehmen, und zufrieden vor allem, endlich einmal den Feind zu erwischen und aus der gedeckten Stellung auf den Boche hinzupfeffern... Der kleine Cyrano erzählte, daß der Kampf geradezu eine Erholung nach dem Marschieren sei, und er schrieb über ein Scharmützel wie über ein Konzert oder ein Kinostück. Der Rhythmus der Geschosse, der Krach ihres Abschusses und ihre Explosion erinnerten ihn an die Paukenschläge im göttlichen Scherzo der Neunten Symphonie, und wenn diese stählernen Fliegen mutwillig, wild, heimtückisch, bösartig oder bloß mit einer liebenswürdigen Ungezwungenheit über ihren Köpfen ihre Luftmusik machten, hatte er das Gefühl eines Pariser Lausbuben, der aus dem Hause stürzt, um eine schöne Feuersbrunst anzuschauen. Es gab keine Müdigkeit mehr, der Geist und der Körper waren frisch. Wenn endlich das lang erwartete «Vorwärts, marsch» ertönte, sprang man mit einem Ruck leicht wie eine Feder auf zur nächsten Deckung, quer durch den Eisenschauer, mit einer wilden Freude am Aufspüren, wie ein Hund, der das Wild wittert. Man kroch auf allen vieren, man schlängelte sich auf dem Bauch nach vorwärts, man lief gekrümmt geradeaus, machte schwedische Gymnastik durch die Verhaue, und das ließ einen vergessen, daß man nicht mehr marschieren konnte. Kam dann die Nacht, so sagte man sich: Was, es ist schon Abend? Was haben wir denn heute gemacht? «Langweilig ist im Kriege nur», so beschloß der kleine gallische Hahn seine Erzählung, «das, was man auch im Frieden macht, nämlich das Marschieren auf der Landstraße.»

So sprachen die jungen Leute in den ersten Monaten des Feldzuges, die Soldaten der Marneschlacht, des Bewegungskrieges. Hätte er weiter angedauert, so wäre vielleicht die Rasse der Sansculotten der Revolution neu erstanden, die, sobald sie einmal für die Eroberung der Welt ausgezogen waren, nicht mehr haltmachen konnten.

Aber sie mußten doch haltmachen. Und vom Augenblicke an, wo sie in den Schützengräben eingepökelt waren, änderte sich der Ton. Er verlor seinen Schwung, seine knabenhafte Sorglosigkeit, er wurde von Tag zu Tag männlicher, stoischer, zurückhaltender, beherrschter; Maxime fuhr fort, seine Überzeugung vom Endsieg zu betonen. Schließlich sprach er nicht einmal davon mehr, er sprach nur noch von der notwendigen Pflicht, und bald hörte er auch davon zu sprechen auf, seine Briefe wurden trocken, grau, müde.

Im Hinterland aber verminderte sich die Begeisterung durchaus nicht. Clerambault ließ nicht nach, wie ein Orgelbalg weiterzudröhnen. Aber von Maxime klang nicht mehr das erwartete und erhoffte Echo.

Plötzlich kam er auf einige Tage Urlaub zurück. Er hatte niemanden zuvor verständigt. Auf der Treppe blieb er stehen, seine Füße waren ihm schwer. Obwohl er kräftiger aussah, wurde er rascher müde, und dann: er war erregt. Aber er faßte wieder Atem und stieg die Treppe vollends empor. Seine Mutter öffnete auf sein Klingeln, sie schrie auf vor Überraschung. Clerambault, der in der Wohnung in ewiger Langeweile und Erwartung hin und her trottete, lief lärmend herbei. Es gab ein lautes Wiedersehen. Nach einigen Minuten ließen die Umarmungen und das zusammenhanglose Reden nach, Maxime mußte zum Fenster, sich ins Licht hinsetzen und sich von ihren entzückten Blicken betrachten lassen. Sie waren begeistert über seine braune Hautfarbe, seine vollen Wangen, sein gutes Aussehen; sein Vater tat die Arme auf und rief ihn an: «Mein Held!» – Und Maxime, mit zusammengeballten Händen, fühlte plötzlich, daß es ihm unmöglich sei, etwas zu sagen.

Bei Tisch verzehrte man ihn mit den Blicken, man trank seine Worte. Aber er sprach beinahe nichts. Die übertriebene Begeisterung der Seinen hatte sein erstes leidenschaftliches Gefühl irgendwie gebrochen. Glücklicherweise merkten sie es nicht. Sie schoben sein Schweigen der Müdigkeit und dem Hunger zu. Übrigens sprach Clerambault für zwei, er erzählte Maxime, wie es in den Schützengräben zugehe, und die gute Frau Pauline wurde in seinen Worten die Cornelia des Plutarch. Maxime sah sie an, aß, sah sie von neuem an: ein Abgrund war zwischen ihnen.

Zu Ende der Mahlzeit, als er im Zimmer seines Vaters in einem Fauteuil saß und seine Zigarre rauchte, konnte er nicht anders, als endlich die Erwartung der guten Leute zufriedenzustellen. Er begann also, in ruhiger, sachlicher Weise seine Tageseinteilung zu schildern, und in einer besonderen Schamhaftigkeit war er darauf bedacht, in seinen Erzählungen jedes übertriebene Wort und vor allem die tragischen Bilder zu vermeiden. Sie hörten zu, zitternd vor Erwartung, und sie warteten noch immer, als er schon zu Ende war. Dann gab es ihrerseits einen ganzen Sturm von Fragen, Maxime antwortete darauf mit wenigen Worten, hastig und ohne Feuer. Schließlich versuchte Clerambault, «seinen lustigen Jungen» aufzumuntern, und gab ihm jovial einige Stöße.

«Na also, erzähl ein bißchen... so von einem Gefecht bei euch... das muß aber schön sein... was für eine schöne Sache doch dieser heilige Glaube ist... bei Gott, das möchte ich einmal sehen, ich möchte gern an deiner Stelle sein.»

Maxime antwortete: «Alle diese schönen Dinge siehst du besser von hier aus.»

Seit er im Schützengraben war, hatte er keinen Kampf mehr und kaum irgendeinen Deutschen gesehen. Einzig den Dreck und das Wasser. – Aber sie glaubten es ihm nicht, sie dachten, er rede so aus dem Widerspruchsgeist, den sie bei ihm von Kind an kannten.

«Du Spaßvogel», sagte Clerambault lachend. «Also was macht ihr denn den ganzen Tag da in euren Gräben?»

«Man verkriecht sich und schlägt die Zeit tot, die ist unser größter Feind.»

Clerambault stieß mit dem Ellbogen Maxime in die Seite.

«Aber was, andere schlagt ihr doch auch tot!»

Maxime wendete sich zur Seite, sah den guten, neugierigen Blick seines Vaters und seiner Mutter und sagte:

«Nein, reden wir über andere Dinge.»

Und nach einem Augenblick:

«Wollt ihr mir ein Vergnügen machen, dann fragt mich heute nichts mehr.»

Erstaunt gaben sie ihm nach und redeten sich ein, er sei erschöpft und bedürfe der Ruhe. Sie erwiesen ihm alle möglichen kleinen Aufmerksamkeiten, aber dennoch brach Clerambault jeden Augenblick gegen seinen eigenen Willen in begeisterte Ansprachen aus, die eine Antwort oder eine Zustimmung erforderten. Das Wort «Freiheit» war der Kehrreim aller dieser Tiraden. Maxime lächelte blaß und beobachtete Rosine, deren Benehmen seltsam schien. Als ihr Bruder eingetreten war, hatte sie sich ihm in die Arme geworfen, aber dann hielt sie sich zurück, fast in einer gewissen Distanz. Sie nahm nicht teil an den Fragen ihrer Eltern, und statt die Mitteilungen Maximes zu provozieren, schien sie sie eher zu fürchten. Die Zudringlichkeit ihres Vaters war ihr peinlich, und die Furcht vor dem, was ihr Bruder hätte sagen können, verriet sich in unmerklichen Bewegungen oder flüchtigen Blicken, die einzig Maxime erfaßte. Er wieder fühlte die gleiche Scheu und vermied es, mit ihr allein zu bleiben, und doch waren sie einander nie im Geiste so nahe gewesen. Nur wagten sie sich nicht einzugestehen, warum. Maxime mußte es sich gefallen lassen, allen Bekannten des Vaters vorgeführt zu werden. Man schleppte ihn in Paris zu seiner Zerstreuung herum. Trotz ihrer Trauerkleider zeigte die Stadt wieder ihr lachendes Antlitz. Das Unglück und die Sorgen verbargen sich zu Hause oder in der Tiefe der stolzen Herzen, der ewige Jahrmarkt aber breitete in den Straßen, in den Zeitungen seine zufriedene Maske aus. Das Publikum der Kaffeehäuser und der Teesalons war bereit, zwanzig Jahre durchzuhalten, wenn es not tat. Maxime, der mit den Seinen an einem kleinen Tischchen in der Konditorei inmitten des heiteren Geschwätzes und dem Duft der Frauen saß, sah plötzlich den Unterstand, wo sie sechsundzwanzig Tage mit Geschossen bombardiert worden waren, ohne aus dem glitschigen Graben herauszukönnen, in dem ihnen die Leichen als Schutzwand dienten... Die Hand seiner Mutter legte sich auf die seine. Er wachte auf, sah die zärtlichen Augen der Seinen, die nach seiner Sorge fragten, sofort machte er sich Vorwürfe, die armen Leute zu beunruhigen, lachte, schaute herum und zwang sich, lustig zu sprechen. Seine übermütig knabenhafte Leichtigkeit kam wieder, und das Antlitz Clerambaults, das sich für einen Augenblick verdüstert hatte, wurde hell, sein Blick dankte unbewußt Maxime.

Aber er mußte noch weiter auf der Hut sein. Als sie aus der Konditorei herauskamen (Clerambault stützte sich auf den Arm seines Sohnes), begegneten sie auf der Straße einem Militärbegräbnis. Es gab Kränze, Uniformen, irgendeinen Alten von der Akademie, seinen Säbel zwischen den Beinen, und eine Blechmusik, die ihre heroische Klage anstimmte. Die Menge bildete ernste Reihen. Clerambault blieb stehen und nahm mit großer Geste den Hut ab. Seine linke Hand drückte den Arm Maximes fester. Da fühlte er ihn zittern und sah seinen Sohn an. Er sah, daß er eine seltsame Miene machte, glaubte, daß Maxime erschüttert sei, und wollte ihn wegziehen. Aber Maxime rührte sich nicht. Maxime war nur erstaunt:

Ein Toter, dachte er, so viel Getue für einen Toten... dort draußen trampelt man darüber hinweg... Fünfhundert Tote in der Tagesmeldung, das ist unser Durchschnitt.

Ein kleines böses Lachen fuhr ihm über die Lippen. Erschrocken zog ihn Clerambault am Arme fort.

«Komm!» sagte er.

Sie gingen weiter.

Wenn sie sehen würden, dachte sich Maxime, wenn diese Leute einmal wirklich sehen würden... die ganze Gesellschaft würde zusammenbrechen... aber sie werden es ja nie einsehen, denn sie wollen ja nicht sehen.

Und seine plötzlich schmerzhaft scharf sehenden Augen sahen mit einem Male rings um sich... den *Feind*: die

Gleichgültigkeit der Welt, die Dummheit, den Egoismus, den Wucher, die Wurstigkeit, den Kriegsgewinn, den Kriegsgenuß, die Lüge bis zu ihren letzten Wurzeln, die in Sicherheit Sitzenden, die Drückeberger, die Polizeiknechte, die Munitionsfabrikanten mit ihren frech fahrenden Autos, die Kanonen glichen, sahen deren Frauen mit den hohen Schuhen und den knallroten Lippen, diese gierigen Leckermäuler... ah, sie sind zufrieden, alles geht gut... das kann noch lange dauern... Eine Hälfte der Menschheit frißt die andere auf.

Sie kehrten heim. Am Abend nach dem Essen war Clerambault schon ganz ungeduldig, Maxime sein letztes Gedicht vorzulesen. Die Absicht, aus der er es geschrieben, war rührend und ein wenig lächerlich, denn aus Liebe zu seinem Sohn versuchte er wenigstens im Geiste, sein Gefährte im Ruhm und in der Qual zu sein. Von ferne beschrieb er darin *das Morgenrot im Schützengraben*. Zweimal stand er auf, um das Manuskript zu holen. Aber immer, wenn er die Blätter schon hielt, hinderte ihn eine Scham. Er setzte sich mit leeren Händen wieder hin.

Die Tage gingen rasch vorbei. Sie fühlten sich körperlich nahe, aber ihre Seelen berührten einander nicht. Keiner von ihnen wollte es eingestehen, und jeder wußte es. Traurigkeit stand zwischen ihnen, und sie zwangen sich, ihre wirkliche Ursache nicht zu sehen, und zogen vor, sie der nahen Rückreise zuzuschieben. Von Zeit zu Zeit machte der Vater oder die Mutter einen neuen Versuch, die alte Intimität wiederherzustellen. Jedesmal war es die gleiche Enttäuschung, Maxime fühlte, daß er sich mit ihnen und mit keinem vom Hinterland verständlich machen könne, daß seine und ihre Welt zwei verschiedene geworden waren. Würden sie einander niemals wiederfinden? – Und doch verstand er sie nur zu gut! War er doch selbst dem gefährlichen Einfluß, der auf ihnen lastete, früher unterlegen und erst dort draußen wach geworden an der Berührung mit den Leiden und dem wirklichen Tode. Aber gerade weil er selbst ein Opfer gewesen war, wußte er, daß es unmöglich sei, die anderen mit Worten zu heilen. So schwieg er, ließ die anderen reden, lächelte, nickte, ohne zuzuhören. Was das Hinterland beschäftigte, das Gebrüll der Zeitungen, die persönlichen Streitigkeiten (und welcher Persönlichkeiten, der alten Hanswurste und gierigen Politiker!), das patriotische Geschwätz der Schreibtischstrategen, die Aufregung über das schlechte Brot und die Zuckerkarte oder über die Tage, an denen die Konditoreien geschlossen waren – all das erfüllte ihn mit einem Ekel der Langeweile, einem unendlichen Mitleid mit diesem Volk des Hinterlandes, dem er sich bis ins Tiefste fremd fühlte.

So schloß er sich immer mehr in ein rätselhaftes, dumpfes Schweigen ein. Nur für Augenblicke zwang er sich heraus, wenn er an die kurze Zeit dachte, die er noch mit den guten Menschen zu teilen hatte, die ihn so sehr liebten. Dann begann er plötzlich, belebt zu sprechen, gleichgültig worüber. Das wichtigste war ja doch, daß man Worte machte, wenn man schon seine Gedanken nicht sagen durfte. Natürlich fiel man immer wieder auf die Gemeinplätze des Tages zurück, die politischen, militärischen, die allgemeinen Fragen, alle die Dinge, die sie ebensogut in ihrer Zeitung hätten lesen können. «Die Zerschmetterung der Barbaren», der «Triumph des Rechtes» füllten die Reden, die Gedanken Clerambaults aus. Maxime hörte seine Predigten gläubig an und sagte, wenn die Messe zu Ende war, sein cum spirito tuo. Aber beide warteten nur auf eines: daß der andere endlich *anfangen würde zu sprechen* …

Sie warteten so lange, bis schließlich der Tag der Trennung kam. Kurz vor seiner Abreise trat Maxime in das Zimmer seines Vaters. Er war entschlossen, sich mit ihm auseinanderzusetzen:

«Papa, bist du eigentlich ganz sicher?»

Die Verwirrung auf dem Antlitz seines Vaters hinderte ihn weiterzusprechen. Ein plötzliches Mitleid überkam ihn. Und er fragte nur, ob sein Vater wirklich sicher sei über die

Stunde der Abfahrt. Clerambault nahm das Ende dieser Frage mit allzu sichtlicher Erleichterung auf, und kaum daß er nochmals die Auskunft gegeben hatte – auf die Maxime gar nicht hörte –, begann er von neuem, seinen Redestrom loszulassen und sich in den gewöhnlichen idealistischen Deklamationen zu ergehen. Maxime schwieg enttäuscht. Während der letzten Stunde sagten sie sich nur Oberflächlichkeiten. Alle, außer der Mutter, fühlten, daß sie das Wirkliche verschwiegen. Äußerlich hatten sie alle heitere und vertrauensvolle Worte, sichtliche Erregung, im Herzen den ewigen Seufzer: *Mein Gott, mein Gott, warum hast du mich verlassen?*

Schließlich ging Maxime. Im tiefsten Herzen war er erleichtert, wieder an die Front zurückzukehren. Der Abgrund, den er zwischen der Front und dem Hinterlande fühlte, schien ihm tiefer zu sein als alle Schützengräben, und er wußte, daß das mörderischste nicht die Kanonen waren, sondern die Ideen. Wie er am Fenster des wegrollenden Waggons die erschütterten Gesichter entschwinden sah, dachte er:

Arme Leute! Ihr seid ihre Opfer! Und wir sind die euren!

Am Tage nach seiner Rückkehr an die Front brach die große Frühlingsoffensive los, die dem Feind von den redseligen Zeitungen bereits seit längeren Wochen angedroht worden war. Mit ihr hatte man die Hoffnung der ganzen Nation während des dumpfen Winters der Erwartung und der totenähnlichen Starre unablässig genährt. Ein Schauer ungeduldiger Freude erhob sich im ganzen Volke, man war des Sieges sicher und rief ihm das «Endlich!» zu.

Die erste Nachricht schien dieser Hoffnung recht zu geben. Sie erzählte, wie es der Brauch ist, natürlich nur von den Verlusten des Feindes. Alle Gesichter strahlten. Die Eltern, deren Kinder, die Frauen, deren Männer draußen waren, fühlten sich erhoben bei dem Gedanken, daß ihre

Schöpfung und ihre Liebe teilhatte am blutigen Liebesmahl. In ihrer Begeisterung kamen sie kaum auf den Gedanken, daß der Ihre auch ein Opfer sein konnte. Dieser Fieberzustand war derartig, daß Clerambault, der doch ein zärtlicher, liebevoller und für die Seinen besorgter Vater war, nur fürchtete, sein Sohn sei vielleicht noch nicht rechtzeitig zurück gewesen, um an dem «glorreichen Tag» teilzunehmen. Sein ganzer Gedanke war, er möchte dabeigewesen sein, seine glühendsten Wünsche warfen ihn in den Abgrund hinein. Er opferte ihn auf, er gab ihn und sein Leben hin, ohne sich zu fragen, ob der Wille seines Kindes selbst damit einverstanden war. Da er, Clerambault, sich selbst nicht mehr gehörte, konnte er es einfach nicht mehr verstehen, daß ein anderer seiner Nächsten sich noch selbst gehörte. Die dunkle Gewalt des Masseninstinkts hatte alles aufgezehrt.

Und doch, manchmal ließ ihn irgendein Rest von Selbstanalyse einige Spuren seiner früheren Natur wiederfinden. Es war immer, wie wenn man einen empfindlichen Nerv berührt – ein dumpfer Schlag, ein Schatten von Schmerz. Aber er geht vorbei, und man leugnet ihn dann.

Nach drei Wochen stapfte die erschöpfte Offensive noch immer auf den blutgedüngten Kilometern herum. Die Zeitungen begannen die Aufmerksamkeit abzulenken, indem sie das Interesse auf irgendein anderes Thema lockten. Maxime hatte seit seiner Abreise nicht mehr geschrieben. Man suchte, um sich zu gedulden, irgendeinen jener Vorwände, wie sie die Vernunft ja so gefällig gibt, aber das Herz glaubt nicht an sie. Wieder gingen acht Tage vorbei. Untereinander tat jeder der drei so, als ob er zuversichtlich wäre. Aber in der Nacht, wenn jeder allein in seinem Zimmer war, schrie die Seele in ihrer Angst auf. Ganze Stunden lang war das Ohr auf der Lauer, horchte, die Nerven zum Zerreißen angespannt, auf jeden Schritt, der die Treppe emporkam, lauschte auf die Klingel oder die Berührung einer Hand, die an die Tür streifte.

Allmählich kamen die ersten offiziellen Nachrichten über

die Verluste. In mehreren befreundeten Familien zählte man schon einige Tote und Verwundete. Jene, die alles verloren hatten, beneideten diejenigen, denen ihre Lieben vielleicht blutend und verstümmelt, doch wenigstens würden wiedergegeben werden. Einige hüllten sich in ihre Toten ein wie in die Nacht, für sie war der Krieg zu Ende, das Leben zu Ende. Bei anderen aber blieb in erstaunlicher Weise die ursprüngliche Exaltation beharrlich: Clerambault sah eine Mutter, die ihr Patriotismus und ihre Trauer so fiebrig entflammten, daß man fast das Gefühl hatte, sie freue sich am Tod ihres Sohnes. Sie sagte mit fanatischer und leidenschaftlich zusammengeballter Freude: «Ich habe alles gegeben, ich habe alles hingegeben», so wie eine, die im Taumel der letzten Sekunden spricht, ehe sie sich mit ihrem Geliebten ins Wasser stürzt. Aber Clerambault, schwächeren Wesens oder schon aus seinem Taumel erwachend, dachte immer nur:

Auch ich habe alles gegeben – sogar das, was mir nicht mehr gehörte.

Er wandte sich an die militärische Behörde. Man wußte noch nichts. Acht Tage später kam die Nachricht, daß der Sergeant Clerambault, Maxime, als «vermißt» seit der Nacht vom 27./28. des vergangenen Monats verzeichnet war. In den Pariser Büros konnte Clerambault keine weiteren Einzelheiten erfahren. Er fuhr nach Genf, suchte das Rote Kreuz, das Büro der Gefangenen auf, erfuhr nichts, stürzte sich auf jede Fährte, erhielt die Erlaubnis, in den Hospitälern und Etappendepots die Kameraden seines Sohnes befragen zu dürfen, die ganz entgegengesetzte Auskünfte gaben. (Die einen sagten, er sei gefangen, die anderen hatten ihn tot gesehen – am nächsten Tage gaben beide zu, daß sie sich geirrt hatten… o Qual… Gott, was für ein Henker bist du!) Und nach zehn Tagen kam er endlich von diesem Passionsweg gealtert, gebrochen, erschöpft heim. Er fand seine Frau in einem Paroxysmus lauten Schmerzes, der sich bei diesem gutmütigen Wesen in einen rasenden

Haß gegen den Feind verwandelt hatte. Sie schrie nur Rache und Rache. Zum erstenmal antwortete ihr Clerambault nicht. Es blieb ihm keine Kraft mehr, zu hassen – er verbrauchte seine ganze im Leiden.

Er schloß sich in sein Zimmer ein. Während dieser ganzen furchtbaren zehntägigen Pilgerfahrt hatte er sich kaum ein einziges Mal seinen Gedanken gegenübergestellt. Nur eine Idee hatte ihn Tag und Nacht hypnotisiert, so wie einen Hund auf der Fährte: nur schneller, nur rascher vorwärtskommen. Die Langsamkeit der Wagen und Züge hatte ihn verzehrt. Es war vorgekommen, daß er ein Zimmer für die Nacht bestellte und doch noch am selben Abend wieder abreiste, ohne sich Zeit zur Erholung zu lassen, und dieses Fieber der Hast und Erwartung hatte alles aufgeschluckt. Es machte ihn unfähig (zu seinem Glück), irgendwie im Zusammenhang zu denken. Aber jetzt war die Hetzjagd zu Ende, die Vernunft fand sich wieder, atemlos und röchelnd. Clerambault war jetzt gewiß, daß Maxime tot sei. Er hatte es seiner Frau nicht gesagt und ihr einige Mitteilungen verschwiegen, die ihm jede Hoffnung raubten, denn sie war eine jener Naturen, für die es ein Lebensbedürfnis ist, sich selbst gegen alle Vernunft einen Schein von Lüge zu bewahren, der sie so lange noch aufrecht hält, bis die große Flut des Schmerzes ein wenig verebbt ist. Vielleicht wäre Clerambault vordem auch einer dieser Menschen gewesen, aber jetzt erkannte er schon zu gut, wohin dieser Selbstbetrug geführt hatte. Er wagte noch nicht zu richten, versuchte überhaupt noch kein Urteil, er lag nur da in seiner Nacht, zu schwach, sich aufzurichten, rings um sich zu tasten, lag wie einer, der nach einem Sturz seinen zerschmetterten Körper regt und erst an seinem Schmerze gewahr wird, daß er noch lebt, und sich bemüht, zu verstehen, was ihm eigentlich zugestoßen sei. Der weit aufgerissene tiefe Abgrund dieses Todes starrte ihn an und bezauberte ihn. Dieses schöne Kind, das man mit so viel Lust, mit so viel Mühe erzogen hatte, dieser Reichtum an blühender Hoffnung, das kleine, unvergleichliche Weltall, das ein junger Mensch bedeutet, dieser Baum von Jesse, dieses kommende Jahrhundert... all das zerstört in einer Stunde... und wofür? Wofür?

Er versuchte sich wenigstens zu überreden, daß es für etwas sehr Großes und Notwendiges geschehen sei. Mit Verzweiflung klammerte sich Clerambault in den folgenden Tagen und Nächten an diese Boje, er wußte, wenn seine Finger sie losließen, müsse er ertrinken. Noch gewaltsamer suchte er, die Heiligkeit der Sache zu betonen, obwohl er es vermied, darüber zu diskutieren. Aber seine Finger klammerten sich immer schwächer an, bei jeder Bewegung sank er mehr hinab in die Tiefe, bei jeder neuen Bekräftigung des Rechtes und der Gerechtigkeit erhob sich aus seinem Gewissen wie ein finsterer Donner eine Stimme, die sagte: Und wenn ihr auch zwanzigtausendmal mehr Recht hättet in eurem Kampf, kauft dies, daß eure Vernunft recht behält, das entsetzliche Unglück darum schon zurück, mit dem es bezahlt ist? Wiegt euer Recht die Millionen Unschuldigen auf, die als Pfand des Unrechts und des Irrtums der andern fallen? Wäscht ein Verbrechen das andere rein, ein Mord den andern? War es wirklich nötig, daß eure Söhne nicht nur Opfer, sondern auch Mitschuldige waren, nicht nur Ermordete, sondern auch Mörder?

Er sah im Geiste noch einmal den letzten Besuch seines Sohnes, hörte ihre letzten Gespräche, und alles wiederholte sich in seinem Herzen. Wieviel Dinge verstand er jetzt, die er damals nicht verstanden hatte! All das oftmalige Schweigen Maximes, die Vorwürfe seiner Augen... Aber das Schlimmste von allem für ihn kam, als er sich darüber klar wurde, *daß er sie* schon damals *verstanden hatte*, damals, als sein Sohn noch da war, und daß er sie nur nicht hatte verstehen wollen.

Und diese Entdeckung, die er schon seit einigen Wochen wie eine finstere Drohung über sich schweben fühlte – diese Entdeckung seiner inneren Lüge erdrückte ihn.

Rosine Clerambault war bis zum gegenwärtigen kritischen Augenblick gleichsam verloschen gewesen. Die anderen, und beinahe sie selbst, wußten nichts von ihrem Innenleben, kaum ihr Vater hatte davon eine deutliche Ahnung. Ohne Freundinnen oder gleichalterige Kameradinnen hatte sie die ganze Zeit unter dem Schutzmantel der Wärme selbstsüchtiger und erstickender Familienzärtlichkeit dahingelebt. Die Eltern standen zwischen ihr und der äußeren Welt, sie war schon daran gewöhnt, in ihrem Schatten dahinzuleben; sehnte sie sich dann, als sie herangewachsen war, aus dieser Sphäre herauszukommen, so wagte sie es nicht, wußte auch gar nicht, was mit sich anfangen. Denn kaum, daß sie aus dem Familienkreise heraustrat, fühlte sie sich gehemmt, ihre Bewegungen wurden ungelenk, sie konnte kaum sprechen, und das allgemeine Urteil fand sie unbedeutend. Sie wußte das und litt daran, denn sie war nicht ohne Selbstgefühl. So ging sie sowenig als möglich aus, blieb in ihrem Kreise, still, einfach und natürlich, und diese Stille war nicht die Folge einer Trägheit des Denkens, sondern der Geschwätzigkeit der anderen. Der Vater, die Mutter, der Bruder waren alle überschwenglich, so schloß sich dieses kleine Wesen aus Gegensätzlichkeit in sich selbst ein. Aber sie hielt Zwiesprache mit sich in ihrem Herzen.

Sie war blond, groß und schmal, hatte die Formen eines Knaben, einen großen und ernsten Mund. Die untere Lippe war gegen die Mundwinkel zu etwas voll, sie hatte große, stille, träumerische Augen, fein und zart gezogene Brauen und ein hübsches Kinn. Auch ihr Hals war hübsch, ihre Brust zart und ebenso die Hüfte, nur die Hände etwas rot und groß mit vollen Adern. Ein Nichts konnte sie erröten machen. Der Reiz ihrer Jugend lag in der Stirn und im Kinn, die Augen fragten nur herum, träumten, aber verrieten nichts.

Ihr Vater hatte eine Vorliebe für sie, ebenso wie die Mutter für den Sohn: es gab zwischen ihnen geheime Beziehungen. Ohne es zu wollen, hatte Clerambault unaufhörlich sich des Mädchens seit dessen Kindheit mit seiner Zärtlichkeit bemächtigt und hielt es unablässig darin gefangen. Er hatte zum Teil selbst Rosinens Erziehung geleitet und sie mit der oft ein wenig aufdringlichen Naivität des Künstlers zu seiner Vertrauten gemacht. Dazu verführte ihn sein überströmendes Wesen, sein Bedürfnis, sich mitzuteilen, und das geringe Echo, das er bei seiner Frau fand: dieser guten Frau, die vor ihm auf den Knien lag und dort gewissermaßen liegen geblieben war. Sie sagte «Ja» zu allem, was er sagte, bewunderte ihn voll Vertrauen, aber sie verstand ihn nicht und merkte es nicht einmal, daß sie ihn nicht verstand. Das wichtigste waren für sie nicht die Ideen ihres Mannes, sondern er selbst, seine Gesundheit, seine Zufriedenheit, seine Bequemlichkeit, seine Kleidung und Nahrung. Clerambault als dankbare Natur fällte kein Urteil über seine Frau, ebensowenig wie Rosine über ihre Mutter, aber beider Instinkt wußte wohl, was von ihr zu halten war, und dies war ein geheimes Band, das sie einte. Clerambault bemerkte gar nicht, daß er allmählich aus seiner Tochter seine wahre geistige Gattin und Gefährtin gemacht hatte; erst in der letzten Zeit wurde er dessen ahnend gewahr, als die politische Krise zwischen ihnen die stillschweigende Übereinstimmung löste und ihm plötzlich die Zustimmung, die geheime Neigung Rosinens fehlte. Rosine wußte all die Dinge längst vor ihm, sie vermied nur, ihr Geheimnis näher zu untersuchen. Das Herz brauchte für sein Wissen nicht den Appell an den Verstand.

Seltsames und wundervolles Geheimnis der Liebe, die die Seelen verbindet! Sie weiß unabhängig zu bleiben von den Gesetzen der Gesellschaft und selbst der Natur, aber nur wenige Menschen werden dessen gewahr, und noch wenigere wagen es, sich es einzugestehen, aus Furcht vor der Plumpheit der Welt, die immer nur Gesamturteile hören will und sich an den engen Sinn der Gewohnheitssprache hält. Aber in dieser konventionell abgeschliffenen Sprache, die aus gesellschaftlicher Vereinfachung mit Absicht ungenau bleibt, sind die Worte weit davon entfernt, die lebendigen Nuancen der vielfältigen Wirklichkeit zu offenbaren und aufzuschließen, im Gegenteil, sie fesseln, uniformieren, versteinern sie und stoßen sie in den Dienst der selbst an die Kette gelegten Vernunft – jener Vernunft, die nicht aus den Tiefen des Geistes entspringt, sondern (wie eine Fontäne in Versailles) aus weiten, in das Gefüge der zivilisierten Gesellschaft eingemauerten Wasserflächen. In diesem gleichsam juristischen Vokabular ist die Liebe an das Geschlecht, an das Alter, an gewisse gesellschaftliche Klassen gebunden, und je nachdem, ob sie sich den geltenden Umständen fügt, entweder als natürlich oder nicht, als legitim oder nicht anerkannt.

Aber was diese Worte erhaschen, ist nur ein dünnes Rinnsal aus den tiefen Quellen der Liebe. Die unendliche Liebe, gleichsam das Schwergewichtsgesetz, das die Welten bewegt, kümmert sich nicht um den Rahmen, den wir um ihr Wesen ziehen. Sie geschieht zwischen Seelen, die alles innerhalb Raum und Zeit voneinander zu entfernen scheint, über Jahrhunderte hinweg eint sie die Gedanken von Lebenden und Toten, sie schlingt enge und keusche Bindung zwischen Alten und Jungen, bringt den Freund dem Freunde und oft die Seele des Kindes der eines Greises näher, als sie beide, Mann oder Frau, jemals vielleicht in ihrem Leben Gefährtin oder Gefährten finden werden. Zwischen Vater und Kind gibt es oft solche Bindungen, ohne daß beide ihrer gewahr würden. Und «des Menschen Geschlechte» (wie unsere Vorväter sagten) zählen so wenig im ewigen Antlitz der Liebe, daß zwischen Vätern und Kindern die Beziehungen vertauscht sind und die Kinder oft nicht die Jüngeren sind von beiden, sondern der Vater das wahre Kind ist. Wieviel Söhne empfinden fromm eine väterliche Liebe für ihre alte Mutter! Und geschieht es nicht wieder auch uns, daß wir uns ganz demütig und klein vor den Augen eines Kindes fühlen? Das Bambino Botticellis läßt auf der reinen Jungfrau seinen Blick voll einer unbewußten schmerzlichen Erfahrung ruhen, die so alt ist wie die Welt.

Auch die Zuneigung Clerambaults und Rosinens war von solcher erhabenen und frommen Wesensart, wie sie Vernunft allein nicht zu erklären vermag. Und deshalb begann in den Tiefen des bewegten Meeres tief unterhalb jener Schwankungen und Gewissenskämpfe, die der Krieg entfesselte, zwischen diesen beiden Seelen, die durch solche heilige Liebe verbunden waren, ohne Gesten, fast ohne Worte, ein geheimes Drama. Aus diesem unbewußten Gefühl erklärte sich auch die Zartheit ihres beiderseitigen Spürens. Zuerst war es das stumme Sichzurückziehen Rosinens, die, in ihrer Zärtlichkeit enttäuscht, in ihrem geheimen Ehrfurchtskult durch die Haltung ihres vom Krieg verführten Vaters ernüchtert, sich leise von ihm weghielt wie eine kleine antike, keusch verhüllte Statue; schon aber empfand die Unruhe Clerambaults, dessen Feinfühligkeit durch sein zärtliches Gefühl geschärft war, dieses Noli me tangere. Es gab zwischen dem Vater und der Tochter in jener Zeit kurz vor dem Tode Maximes eine unausgesprochene Entfremdung, die man vielleicht (wenn die Worte nicht zu grobschlächtig wären) einen Liebeskummer im reinsten Sinne des Wortes hätte nennen können. Dieser geheime Zwiespalt, der nie zu einem Wort zwischen ihnen aufschwebte, war für beide eine Kränkung, er verwirrte das junge Mädchen und reizte Clerambault, denn dieser kannte wohl die Ursache, nur sein Stolz weigerte sich, sie anzuerkennen. Aber bald kam er so weit, sich eingestehen zu müssen, daß Rosine im Recht war, und gern hätte er sich gedemütigt, aber er blieb in falscher Scham verschlossen. So verschärften sich die Mißverständnisse noch im Geiste, indes schon das Herz zur Nachgiebigkeit aufforderte.

Während der inneren Verwirrung nach dem Tode Maximes lastete diese Bitte dringlicher auf ihren schon mehr zur Nachgiebigkeit bereiten Seelen. Eines Tages, als die drei sich zum Abendessen zusammenfanden – es war dies die einzige Stunde, die sie verband, denn jeder lebte für sich, Clerambault ganz seiner Trauer hingegeben, Frau Clerambault immer ziellos beschäftigt und Rosine den ganzen Tag abwesend bei ihren Hilfsaktionen –, hörte Clerambault seine Frau heftig Rosinen Vorwürfe machen. Rosine sprach von ihrer Absicht, die Pflege von feindlichen Verwundeten zu übernehmen, und Frau Clerambault, die dies als Verbrechen empfand, regte sich darüber auf.

Sie rief ihren Mann als Richter an. Clerambault, dessen müde, dunkle und leidende Augen zu verstehen begannen, sah Rosine an, die schweigend und mit gesenkter Stirn seine Antwort erwartete. Dann sagte er:

«Meine Kleine hat recht.»

Rosine errötete vor plötzlicher Erregung, denn das hatte sie nicht erwartet. Dankend hob sie die Augen zu ihm auf; ihr Blick schien zu sagen:

Endlich habe ich dich wiedergefunden.

Nach der kurzen Abendmahlzeit trennten sich alle drei, jeder blieb für sich. Clerambault, vor seinem Arbeitstisch, weinte, das Antlitz in den Händen. Der Blick seiner Tochter hatte sein von Schmerz erstarrtes Herz aufgelöst. Es war seine verlorene Seele, die seit Monaten erstickte, dieselbe Seele, die er vor dem Kriege besessen und nun wiedergefunden hatte. Und sie blickte ihn an…

Er trocknete seine Tränen und lauschte an der Tür… Seine Frau ordnete wie allabendlich in dem doppelt verschlossenen Zimmer Maximes wieder und wieder und wieder die Wäsche und die Gegenstände des Toten… Er trat in das Zimmer seiner Tochter, wo Rosine allein nahe beim Fenster saß und nähte. Sie war ganz in ihre Gedanken verloren und hörte sein Kommen erst, als er schon dicht neben ihr stand.

Er neigte seinen ergrauten Kopf gegen sie und sagte:

«Mein kleines Mädchen.»

Da zerschmolz auch ihr Herz, sie ließ ihre Arbeit fallen, nahm das alte Haupt mit den wirren Haaren zwischen ihre Hände und sagte, während ihre Tränen sich mit jenen, die sie hinströmen sah, vermengten:

«Lieber, lieber Vater!»

Aber weder der eine noch der andere bedurfte einer Erklärung, weshalb sie zueinander gekommen waren. Nach einem langen Schweigen, als er seine Ruhe wiedergefunden, sagte er mit einem Blick auf sie:

«Mir ist, als ob ich aus einem furchtbaren Wahn erwachte.»

Sie streichelte ihm das Haar, ohne zu sprechen.

«Aber du hast über mir gewacht, nicht wahr? Ich habe es gefühlt, immer bemerkt... hat es dir sehr weh getan?»

Sie nickte mit dem Kopfe, ohne ihn anzusehen. Er küßte ihr die Hände, richtete sich auf und sagte:

«Mein guter Engel, du hast mich gerettet.»

Er kehrte in sein Zimmer zurück.

Sie blieb allein, ohne sich zu rühren, ganz durchdrungen von Erregung. Lange verharrte sie so gesenkten Hauptes, die Hände über ihren Knien gefaltet. Die Fluten der Gefühle, die wild aus ihr aufquollen, ließen ihren Atem stokken, ihr Herz war schwer von Liebe, Glück und Beschämung. Die Demut ihres Vaters verwirrte sie... Plötzlich riß sie ein Schwall von Zärtlichkeit und leidenschaftlichem Mitleid aus der Starre, die ihre Glieder und ihre Seele umfing, sie streckte die Arme gegen den Fernen aus, warf sich verwirrt vor ihrem Bett nieder, dankte Gott und bat ihn im Gebete, er möge alle Schmerzen auf sie häufen und das Glück ihm schenken, den sie liebte.

Aber der Gott, den sie beschworen, hatte nicht acht auf ihren Wunsch. Auf die Augen des Mädchens senkte er den guten Schlaf des Vergessens; Clerambault indes mußte noch den Gipfel seines Kalvarienberges erklimmen.

In der Nacht seines Zimmers, bei erloschener Lampe, blickte Clerambault in sich hinein. Er war entschlossen, bis in die letzte Tiefe seiner verlogenen und ängstlichen Seele, die der Wahrheit entflohen, hinabzuforschen. Die Hand seiner Tochter, deren Kühle er noch auf seiner Stirn fühlte, hatte das letzte Zögern weggestreift. Er war entschlossen, dem Ungeheuer Wahrheit ins Auge zu sehen, auch auf die Gefahr hin, von seinen Tatzen, die keinen mehr loslassen, den sie einmal erfaßt haben, zerfleischt zu werden.

Mit Angst, aber mit entschlossener Hand begann er in blutigen Stücken die Haut der irdischen Vorurteile, der Leidenschaften und fremden Ideen, die seine Seele ganz umwachsen hatte, von ihr loszulösen.

Zuerst das dicke Fell des tausendköpfigen Tieres, der gemeinsamen Herdenseele. Aus Angst und aus Schwäche hatte er sich in sie hineingeflüchtet, denn sie hält warm, fast zum Ersticken warm, man ruht gut darin, und doch ist sie ein schmutziges Kissen. Aber ist man einmal drinnen in dieser weichen Masse, so ist es vorbei mit jedem Versuch, aus ihr herauszukommen, und man will es auch gar nicht mehr. Man braucht nicht mehr zu denken, zu wollen, man ist geschützt vor der kalten Zugluft der Verantwortlichkeit. Trägheit und Feigheit... Fort! Weg damit! – Sogleich stürzt durch die offenen Ritzen der eisige Wind! Man schauert zurück – aber schon ist durch diesen kalten Stoß die Schläfrigkeit abgeschüttelt. Die umnebelte Energie richtet sich wankend wieder auf. Was wird sie draußen finden? Sei es, was es wolle, sie muß es sehen.

Er sah zuerst, das Herz von Ekel geschüttelt, was er nie geglaubt hätte – wie tief dieses fettige Fell schon mit seinem Fleische verwachsen war. Er witterte darinnen gleichsam eine späte faule Ausdünstung der Urbestie, alle die wilden uneingestandenen Instinkte des Krieges, des Mordes, des vergossenen Blutes, des von gierigen Kinnladen zerrissenen Fleisches. Er fühlte die ganze Urkraft des Todes über das Leben, er fühlte in der Tiefe des menschlichen Seins die Grube des Schlachthauses, die die Zivilisation, statt sie zuzuschütten, nur mit dem Schwall ihrer Lüge verhüllt und über der der dumpfe Dunst vergossenen Blutes schwelt...

Dieser widrige Geruch ernüchterte Clerambault vollständig. Mit Grauen riß er die Haut der Bestie von sich ab, deren Beute er geworden war.

Ah, wie sie schwer war, heiß, zugleich stinkend und schön, seidenhaarig, warm und doch blutig. Zusammengefügt aus den niedrigsten Instinkten und den erlauchtesten Träumen. Was war nicht alles darin verwebt, das Lieben, Sichhingeben, Sichaufopfern, ein Körper und eine Seele sein im Vaterland, dem einzig Lebendigen! – Aber was ist denn dieses Vaterland, dieses einzige Leben, dem man nicht nur sein Leben, nein, alle Leben hinwirft, und dazu noch sein Gewissen, alle Gewissen? Und was ist dies für eine blinde Liebe, deren anderes Janusantlitz mit den ausgerissenen Augen nur blinden Haß zeigt?

Man hat höchst fälschlich den Namen der Vernunft von dem der Liebe getrennt und sie ohne guten Grund einander gegenübergestellt, sagt Pascal. *Die Liebe und die Vernunft sind ein und dasselbe. Es ist ein vorschnelles Denken, das sich zu einer Seite hinwendet, ohne alles geprüft zu haben, aber immerhin, es ist eine Art zu denken.*

Nun gut, durchdenken wir das Ganze! Birgt sich nicht gerade in dieser Form der Liebe bei vielen Furcht, alles zu prüfen, tun sie nicht gleich dem Kinde, das, um den Schatten an der Wand nicht zu sehen, den Kopf unter die Decke steckt?

Das Vaterland? Was ist es? Ein Hindutempel: Menschen, Ungetüme und Götter. Was ist sein eigentliches Wesen? Die heimische Erde? Die ganze Erde ist unsere gemeinsame Mutter. Oder ist es die Familie? Es gibt hier Familien und drüben, beim Feind und bei uns, und beide wollen sie nur den Frieden. Oder sind es die Armen, die Arbeiter, das Volk? Die sind auf beiden Seiten gleich elend und gleich ausgebeutet. Oder sind es die Geistigen? Die haben nur ein gemeinsames Feld, und ihre Eitelkeiten und Streitigkeiten sind ebenso lächerlich im Morgenlande wie im Abendlande. Die Welt hat anderes zu tun, als sich wegen des Gezänkes eines Vadius und eines Trissotin zu bekämpfen. Ist es also der Staat? Der Staat ist nicht das Vaterland. Einzig jene, die davon Vorteil haben, mischen diese beiden Begriffe ineinander. Der Staat ist unsere Kraft, die einige Menschen ausnützen oder mißbrauchen. Menschen wie wir, die nicht mehr wert sind als wir selbst und oft weniger, und von denen wir uns in Friedenszeit sonst nicht narren lassen und die wir im allgemeinen richtig zu beurteilen wissen. Aber kaum, daß der Krieg da ist, lassen wir ihnen freie Hand, sie dürfen die niedrigsten Instinkte entfesseln, jede Kontrolle ersticken, jede Freiheit hinmorden, jede Wahrheit, die ganze Menschheit. Sie sind dann die Herren, man muß sich in Reih und Glied drücken, um die Ehre und die Dummheit dieser in Herrenkleider vermummten Bedienten zu verteidigen. Wir sind einig, sagt man? Erbärmliches Wortnetz! Einig sind wir ohne Zweifel, wir haben die schlechtesten und die besten in unseren Völkern beisammen, das ist wahr, das wissen wir. Aber daß eine Pflicht uns bindet, ihre Ungerechtigkeiten und Sinnlosigkeiten mitzumachen, das leugne ich...

Die Gemeinsamkeit soll darum nicht verachtet sein. Niemand, denkt Clerambault, hat mehr als ich ihre Lust gefühlt, ihre Größe gefeiert. Es ist gut, gesund, stärkend und kräftigend, den nackten, starren und eisig einsamen Egoismus in jenes Bad des Vertrauens und der brüderlichen Aufopferung hinabzuwerfen, das die Massenseele bedeutet. Man entspannt sich, man gibt sich hin, man atmet. Der Mensch bedarf der anderen, er ist den anderen verpflichtet. Aber er ist ihnen nicht mit seinem ganzen Wesen verpflichtet. Denn was bliebe ihm sonst für Gott? Er muß sich den anderen hingeben, doch um geben zu können, muß man etwas haben, man muß vor allem selbst etwas *sein*. Aber wie *kann man selbst etwas sein*, wenn man ganz in die anderen zerfließt? So viel Pflichten es auch gibt, die erste ist, sein eigenes Selbst *zu sein* und zu bleiben bis zur Aufopferung und Hingabe seines Ich. Das Bad in der Massenseele als Dauerzustand wäre eine Gefahr. Aus seelischer Hygiene in sie hinabzutauchen, mag gut sein. Aber man muß wieder heraus, sonst läßt man alle seine moralische Kraft darin. Und gerade in unserem Zeitalter ist man ja schon von seiner Kindheit an, ob man will oder nicht, in die demokratische Badekufe hinabgetaucht. Die Gesellschaft denkt für einen, ihre Moral will, und ihr Staat handelt für uns, ihre Mode und Meinung nehmen uns die Luft weg, die wir atmen, trinken unseren Hauch, unser Herz, unser Licht. Man ward Diener dessen, das man mißachtet, man lügt in allen seinen Bewegungen, seinen Worten, seinen Gedanken. Man verzichtet und ist nicht mehr... Aber wer hat den Vorteil davon, wenn alle verzichten? Zu wessen Wohl verzichtet man? Für die blinden Instinkte oder für ein paar Lumpenkerle? Wem gehorchen wir? Einem Gott oder ein paar Scharlatanen, die in seinem Namen die Orakel sprechen? Den Schleier fort! Ich will sehen, was sich dahinter verbirgt... Das Vaterland! – Was für ein großes Wort, was für ein schönes Wort. Der Vater, umschlungen von den Brüdern... Aber das ist ja gar nicht das Vaterland, das ihr mir zeigt, es ist ein falsches Vaterland, ein Bretterverschlag, ein Tierkäfig, Schützengräben und Barrikaden, Gefängniswände! – Meine Brüder! Wo sind meine Brüder? Wo sind sie alle, die rings im Weltall leiden? Ihr Kains, was habt ihr aus ihnen gemacht? Ich breite ihnen die Arme entgegen, und ein Strom von Blut trennt mich von ihnen. In meinem eigenen Volke darf ich nicht mehr frei zu meinen Brüdern reden, ich bin nur mehr ein namenloses Instrument, das morden soll... Mein Vaterland! Aber *ihr* tötet es ja! – Mein Vaterland war die große Gemeinschaft der Menschheit, und sie habt ihr zerschlagen. Die Freiheit und der Gedanke haben keine Heimstatt mehr in Europa... Ich will mir mein Haus wieder aufbauen, unser aller Haus, denn ich habe keines mehr, das eure ist ein Gefängnis... Wie soll ich es tun? Wo soll ich suchen? Wo mich verbergen? – Sie haben mir alles genommen! Es gibt keine Fingerbreite mehr auf der Erde oder im Geiste, die noch frei ist, alle Heiligtümer der Seele, der Kunst, der Wissenschaft haben sie geschändet, alles haben sie sich hörig gemacht! Ich bin allein und verloren, ich habe nichts mehr, ich stürze hin …

Als Clerambault alles von sich abgerissen hatte, blieb ihm nichts mehr als seine eigene nackte Seele. Bis zum Ausgang dieser Nacht drückte sie sich zitternd und erstarrt an ihn. Aber in dieser zitternden Seele, in diesem winzigen Wesen, das im Weltall verloren war, glühte leise ein Funke wie eines jener εἴδωλα, die die primitiven Maler über dem Munde der Sterbenden schweben lassen. Als es gegen Morgen ging, begann die fast unsichtbare Flamme, die beinahe in der schweren Umschalung der Lüge erstickt war, zu erwachen. Im Atem der frischen Luft schlug sie hell empor. Und nichts konnte sie mehr hindern, frei emporzuwachsen.

Langsamer, grauer Tag nach diesem Kampf oder dieser Geburt. Schwere zerbrochene Ruhe. Tiefe, ungewohnte Stille … Ermattetes Wohlgefühl vollbrachter Pflicht … Clerambault, das Haupt an die Lehne seines Fauteuils gestützt, träumte unbeweglich vor sich hin, Fieber im Leib, das Herz schwer von Erinnerung. Seine Tränen strömten, ohne daß er es fühlte. Draußen erwachte die melancholische Natur der letzten Wintertage, die Bäume zitternd, wie er selbst, und noch nackt. Aber unter dem Eisglanz der Luft bebte schon ein neues Feuer.

Bald wird es das All umfangen.

Zweiter Teil

NACH ACHT TAGEN BEGANN CLERAMBAULT WIEDER auszugehen. Aus der furchtbaren Krise, durch die er sich gerungen, ging er gebrochen, aber entschlossen hervor. Der Überschwang der Verzweiflung war von ihm gefallen, ihn beseelte einzig mehr ein stoischer Wille, der Wahrheit bis in ihre letzten Schlupfwinkel nachzudringen. Aber das Erinnern an seine geistige Verwirrung, in der er sich so wohl befunden, und die Halblüge, die so lange seine Nahrung gewesen war, machte ihn unsicher und demütig. Er mißtraute der eigenen Kraft, und um Schritt für Schritt weiterzukommen, fühlte er sich bereit, den Rat von Erfahreneren als Führung anzunehmen. Er erinnerte sich, wie Perrotin damals seinen vertraulichen Überschwang mit ironischer Zurückhaltung aufgenommen. Damals hatte sie ihn verwirrt, nun zog sie ihn an. Sein erster Besuch nach der Genesung galt dem klugen Freunde.

Obwohl Perrotin sich besser auf Bücher als auf Physiognomien verstand – ziemlich kurzsichtig und ein wenig egoistisch, gab er sich selten Mühe, etwas zu beachten, das er nicht unbedingt brauchte –, so konnte er doch nicht umhin, die Veränderung der Gesichtszüge Clerambaults sofort staunend zu bemerken. «Was ist, mein guter Freund», rief er ihm zu, «waren Sie krank?»

«Ja, wirklich sehr krank», antwortete Clerambault, «aber es geht mir schon besser, ich habe mich schon erholt.»

«Ja, das ist für uns der grausamste Schlag», sagte Perrotin, «in unserem Alter einen Freund zu verlieren, wie es für Sie Ihr armer Sohn war.»

«Das Grausamste ist noch nicht, ihn verloren zu haben», antwortete Clerambault, «sondern selbst mit schuld an seinem Verlust zu sein.»

«Was sagen Sie da, mein Freund», fuhr Perrotin erstaunt auf, «was haben Sie sich da erfunden, um Ihre Qual noch zu steigern?»

«Ich hatte ihm die Augen verschlossen», sagte bitter Clerambault, «und er hat sie mir geöffnet.»

Perrotin ließ seine Arbeit liegen, über die er wie gewöhnlich nachsann, während man zu ihm sprach, und sah Clerambault erstaunt an, der mit gesenktem Kopf und einer dumpfen, schmerzvoll-leidenschaftlichen Stimme zu erzählen begann. Es war, wie wenn ein Christ der ersten Zeiten öffentlich seine Beichte ablegte. Er klagte sich der Lüge an, der Lüge gegen seinen Glauben, der Lüge gegen sein Herz, der Lüge gegen seine eigene Vernunft. Der Apostel hatte in seiner Feigheit den Gott verleugnet, sobald er ihn in Ketten sah, aber soweit hatte er sich doch nicht erniedrigt, den Henkern seines Gottes Hilfe zu leisten. Aber er, Clerambault, hatte nicht nur die Sache der allmenschlichen Brüderlichkeit verlassen, er hatte sie erniedrigt; er hatte nicht abgelassen, von Brüderlichkeit zu sprechen, während er gleichzeitig zum Haß aufrief, er hatte wie jene lügnerischen Priester, die das Evangelium verdrehen, um es in den Dienst ihrer schlechten Absichten zu stellen, geschickt die erhabensten Gedanken verfälscht, um mit ihrer Maske die Leidenschaft zum Mord zu verdecken. Er hatte sich einen Pazifisten genannt, während er den Krieg verherrlichte, und einen Menschenfreund, indes er den Feind von vornherein aus dem Kreise der Menschheit ausstieß... Oh, um wieviel redlicher wäre es gewesen, sich vor der brutalen Gewalt einfach zu beugen, als mit ihr erniedrigende Kompromisse einzugehen! Gerade dank solcher Sophismen wie den seinen war es gelungen, den Idealismus der jungen Menschen in das Gemetzel zu hetzen. Denn die Denker, die Künstler, sie, die alten Giftmischer, waren es, die mit ihrer Rhetorik den grauenhaften Todestrunk versüßten, den ohne ihre Mitschuld jedes reine Gewissen sofort mit Abscheu zurückgestoßen und ausgespien hätte ...

«Das Blut meines Kindes ist über mir», sagte Clerambault schmerzlich, «das Blut aller jungen Menschen Europas, in allen Nationen, spritzt der Idee Europas ins Antlitz. Überall hat sich die Idee zum Knecht des Henkers erniedrigt.»

«Mein armer Freund», sagte Perrotin, indem er sich zu Clerambault neigte und seine Hand nahm, «Sie übertreiben immer ... Gewiß, Sie tun gut, den Gefühlsirrtum zu erkennen, in den Sie die öffentliche Meinung mitgerissen hat, und ich kann Ihnen heute offen sagen, daß mich diese Täuschung gerade bei Ihnen geschmerzt hat. Aber Sie haben unrecht, wenn Sie sich und den Sprechenden überhaupt eine so große Verantwortung für die Geschehnisse von heute zuschreiben. Die einen sprechen, die anderen handeln, aber es sind nicht diejenigen, die sprechen, die die Tat der anderen verursachen; beide sind Spielball der Strömung und haben keine Kraft über diese.»

«Aber ihnen fällt doch die Schuld zu, andere aufgefordert zu haben, sich mitreißen zu lassen», antwortete Clerambault. «Statt die noch auf der Oberfläche Schwimmenden festzuhalten und ihnen zuzuschreien: ‹Kämpft gegen den Strom!› haben sie gesagt: ‹Laßt euch nur fortreißen!› Nein, mein Freund, versuchen Sie nicht, unsere Verantwortlichkeit zu mildern. Sie ist schwerer als irgendeine andere, denn unser Gedanke war so hoch gestellt, daß er weit blicken konnte, seine Pflicht war, zu wachen, und wenn er nicht das Richtige gesehen hat, so war es, weil er nicht sehen wollte. Wir dürfen nicht unsere Augen anklagen, denn unsere Augen waren gut, das wissen Sie wohl, und auch ich weiß es jetzt, da ich mich wieder aufgerafft habe. Dieselbe Vernunft, die mir die Augen verbunden hat, hat mir das Band wieder abgerissen. Seltsam, daß sie gleichzeitig ein Instrument der Lüge und ein Instrument der Wahrheit ist!»

Perrotin schüttelte den Kopf.

«Ja, die Vernunft ist so groß und so erhaben, daß sie sich nicht, ohne sich zu erniedrigen, in den Dienst anderer Mächte stellen darf. Man muß ihr alles aufopfern. Sobald sie nicht mehr freiwirkend und Herrin ihrer selbst ist, erniedrigt sie sich, sie wird dann wie der Grieche, der von dem Römer, seinem Herrn, trotz seiner Überlegenheit erniedrigt wird und verpflichtet, sein Kuppler zu sein, ein Graeculus, ein Sophist, ein leno ... Der Durchschnittsmensch ist gewöhnt, seine Vernunft wie einen Dienstboten zu allem möglichen zu mißbrauchen, und sie dient ihm dann mit der unehrlichen und geschmeidigen Geschicklichkeit dieser Art Leute. Bald begibt sie sich in den Dienst des Hasses, des Stolzes, bald in den der eigenen Interessen, sie schmeichelt allen diesen kleinen Ungetümen und verkleidet sie als Idealismus, Liebe, Glaube, Freiheit, soziale Hingabe, denn wenn ein Mensch die Menschen nicht liebt, so sagt er immer, er liebe Gott, das Vaterland oder die Menschheit. Bald wird dann der arme Herr der Vernunft selbst zum Sklaven, zum Sklaven des Staates. Mit ihrer Drohung zwingt ihn die soziale Maschine zu Handlungen, die ihm innerlich widerstreben; die brave und gefällige Vernunft redet ihm aber sofort ein, diese Handlungen seien schön und ruhmvoll, und daß er sie aus freiem Willen tue. In dem einen Falle wie in dem andern weiß die Vernunft wohl, woran sie sich zu halten hat. Sie steht immer zu unserer Verfügung, sobald wir wirklich wollen, daß sie uns die Wahrheit sage. Aber wir sind es, die sich wohl hüten, von ihr Gebrauch zu machen. Wir vermeiden sorgsam, mit ihr allein zu sein, wir wissen es immer so einzurichten, daß wir ihr nur in Gesellschaft begegnen und ihr Fragen schon in jenem Ton stellen, der die Antwort von vornherein bestimmt ... Schließlich dreht sich die Erde darum doch – e pur si muove –, die Weltgesetze erfüllen sich, und der freie Geist erkennt sie. Alles andere ist Eitelkeit. Was wir Leidenschaften und aufrichtigen oder falschen Glauben nennen, bedeutet nur einen verhüllten Ausdruck für die Notwendigkeit, die die Welt bewegt, gleichgültig um unsere Idole, Familie,

Rasse, Vaterland, Religion, Gesellschaft, Fortschritt... Fortschritt? Das ist der größte Wahn von allen. Ist denn die Menschheit nicht dem Gesetz der höchsten Spannung unterworfen, das verlangt, daß, sobald sie überschritten ist, eine Klappe sich öffne und der Behälter sich wieder leere? Kehrt er nicht immer wieder, dieser katastrophale Rhythmus? Knapp an den Höhen der Zivilisation ist immer der Absturz. Man steigt, und taucht wieder hinab.»

Perrotin entwickelte ruhig seinen Gedankengang. Seine Idee war sonst nicht gewöhnt, sich vor anderen nackt zu zeigen, aber sie hatte den Zeugen vergessen, und so entkleidete sie sich, als wäre sie allein. Perrotins Weltanschauung war von einer großen Kühnheit, wie es oft jene großer Menschen sind, die in ihrem Zimmer leben und nicht zur Tat verpflichtet sind, ja gar nichts auf sie halten und sie sogar verachten. Clerambault hörte erstaunt, erschrocken, mit offenem Munde zu, manche Worte erbitterten ihn, manche preßten ihm das Herz zu, er empfand eine Art Schwindel. Aber er überwand seine Schwäche, um keinen Blick in die aufgetanen Tiefen zu verlieren. Er bedrängte Perrotin mit Fragen, der geschmeichelt seine zweiflerischen, gleichzeitig passiven und doch zerstörenden Visionen gefällig und selbstgefällig vor ihm entrollte.

Sie waren noch ganz vom Gewölke dieser Abgründe umhüllt, und Clerambault bewunderte die Leichtigkeit dieses freien Geistes, der sicher und fast zufrieden am Rande dieser Leere hauste, als die Tür sich auftat und der Diener Perrotin eine Visitenkarte brachte. Sofort lösten sich die gefährlichen Gespenster des Geistes in nichts auf. Eine Falltür schlug über dem Abgrund zu, und der gewohnte Teppich des Salons verdeckte seine Spur... Perrotin, aufgeschreckt, sagte eiligst und beflissen:

«Ja, natürlich, bitte lassen Sie nur eintreten.»

Und indem er sich zu Clerambault wandte: «Sie gestatten doch, lieber Freund, es ist der Herr Unterstaatssekretär vom Ministerium für Unterricht und schöne Künste.»

Und schon war er aufgestanden und ging dem Besucher entgegen, einem jungen Mann mit blaurasiertem Kinn, einem Priester-, Schauspieler- oder Yankeegesicht. Er trug den Kopf hoch und die Brust breit in seinem grauen Jackett, das die Rosette der Verdienstvollen und der Kriecher verzierte. Der alte Mann stellte, nun wieder strahlend, vor: «Herr Agénor Clerambault... Herr Hyacinthe Monchéri» und fragte den «Herrn Unterstaatssekretär», was ihm die Ehre dieses Besuches verschaffe.

Der «Herr Unterstaatssekretär», keineswegs erstaunt über den ehrerbietigen Empfang von seiten des alten Meisters, warf sich breit in den Fauteuil mit jener familiären Überlegenheit, die ihm sein offizieller Rang über die beiden Leuchten des französischen Gedankens verlieh: er stellte ja den Staat dar. Er sprach näselnd, laut und mißtönend, er schrie wie ein Dromedar. Er übermittelte Perrotin die Einladung des Ministers, das Präsidium einer feierlichen Sitzung kriegsbegeisterter Intellektueller von zehn Nationen im großen Amphitheater der Sorbonne zu übernehmen – einer «Fluchsitzung», wie er sagte. Perrotin sagte eiligst zu, ganz beglückt von der großen Ehre. Sein erniedrigendes Verhalten gegenüber dem staatlich legitimierten Gimpel stand in seltsamem Gegensatz zu den verwegenen Gedanken, die er eben entwickelt hatte, und Clerambault, im tiefsten abgestoßen, mußte an den Graeculus denken.

Sobald sie wieder allein waren und nachdem Perrotin ihn bis zur Schwelle begleitet hatte, seinen «Verehrten», der steifen Halses und gehobenen Kopfes ging, wie der mit Reliquien beladene Esel, wollte Clerambault das Gespräch wieder aufnehmen. Er war etwas abgekühlt und machte kein Geheimnis daraus. Er forderte Perrotin auf, öffentlich das auszusprechen, was er ihm im Vertrauen gesagt hatte, eine Zumutung, die Perrotin natürlich, seine Naivität belächelnd, ablehnte. Ja er warnte ihn sogar in besorgter Weise bezüglich der Versuchung, vor der Öffentlichkeit zu beichten. Clerambault wurde zornig, begann zu streiten und blieb hartnäckig bei seiner Forderung. Perrotin, der gerade aufrichtig gelaunt war, schilderte ihm, um ihn aufzuklären, seine Umgebung, die großen Intellektuellen der Universität, deren offizieller Vertreter er war, die Historiker, Philosophen und Schönredner. Er sprach von ihnen mit einer verschleierten, höflichen, aber tiefen Mißachtung, die mit ein wenig Bitterkeit gemengt war, denn trotz seiner Vorsicht war er zu intelligent, um nicht den weniger klugen unter seinen Kameraden schon verdächtig geworden zu sein. Er schilderte sich als einen alten Hund, der einen Blinden führt und sich inmitten der bellenden Fleischerhunde gezwungen sieht, mit ihnen die Vorübergehenden anzukläffen...

Clerambault verließ ihn, ohne mit ihm zu brechen, aber voll tiefen Mitleids.

Es dauerte einige Tage, ehe er wiederum ausging. Jene erste Berührung mit der äußeren Welt hatte ihn zu sehr enttäuscht. Der Freund, in dem er einen Helfer und eine Stütze zu finden gehofft hatte, war kläglich vor ihm zusammengebrochen. Clerambault fühlte sich ganz verwirrt, denn im Grunde seines Wesens war er schwach und nicht gewohnt, selbst die Richtung seines Weges zu finden. So aufrichtig er als Dichter war, er hatte sich bisher doch noch nie verpflichtet gesehen, ohne die Hilfe der anderen zu denken. Bisher hatte er sich immer nur von ihren Gedanken tragen lassen, war mit ihnen eins geworden, um dann ihre ekstatische und begeisterte Stimme zu werden... Die Veränderung war nun zu plötzlich gekommen. Trotz jener Nacht der Krise fiel er immer wieder in Unsicherheit zurück, denn die Natur kann sich nicht mit einem Schlage verändern und besonders nicht bei jenen, die – mag ihr Geist auch noch so geschmeidig geblieben sein – das fünfzigste Jahr überschritten haben. Und das Licht, das aus einer solchen Erkenntnis aufflammt, bleibt durchaus nicht so unbeweglich wie die blendende Schale der Sonne in einem Sommerhimmel, sondern ähnelt mehr einer elektrischen Lampe, die zittert und mehr als einmal auslöscht, ehe der Strom regelmäßig und dauerhaft wird. In den Synkopen dieser zuckenden Pulsschläge des Lichtes scheint dann natürlich das Dunkel noch viel dunkler und der Geist viel verwirrter. – Clerambault konnte sich nicht entschließen, auf die Meinung der anderen von vornherein zu verzichten.

Er beschloß, einen seiner Freunde nach dem andern zu besuchen, deren er viele in der Literatur und in den Kreisen der Universität und der intelligenten Bourgeoisie besaß. Es war ja nicht möglich, daß in ihrer großen Zahl sich nicht einer oder der andere fände, den so wie ihn und noch besser als ihn ein ahnendes Gefühl jener Probleme bewegte, von denen er selbst beunruhigt war, und der ihm zu einer Klärung verhelfen könnte. Ohne sich vorläufig noch zu verraten, ganz vorsichtig, versuchte er sie zu beobachten, sie auszuhorchen, die Gründe ihrer Gläubigkeit aufzuspüren. Aber er wurde nicht gewahr, daß seine eigenen Augen schon verwandelt waren. Und die Vision jener Welt schien ihm, so sehr er sie zu kennen glaubte, ganz neu und ließ ihn erstarren.

Der ganze Clan der Literatur hatte sich wehrhaft gemacht, man konnte die einzelnen Persönlichkeiten kaum mehr voneinander unterscheiden. Die Universität bildete gleichsam ein Ministerium der dienstbaren Vernunft und hatte das Amt übernommen, die Taten ihres Herrn und Meisters, des Staates, zu rechtfertigen. Und die einzelnen Arten der Dienstleistung unterschieden sich einzig durch ihre gewerbsmäßigen Verdrehungen.

Die schöngeistigen Professoren waren in erster Linie Experten für moralischen Aufschwung und rednerischen Syllogismus. Sie hatten alle die krankhafte Neigung, das Denken auf eine übermäßige Einfachheit zu restringieren, verwendeten statt Vernunftsgründen große Worte und werkelten immer einige wenige Ideen ab, aber Ideen ohne Tiefe, ohne Nuancen und ohne Leben. Diese Ideen holten sie sich aus dem Arsenal einer angeblich klassischen Antike, deren Schlüssel durch Jahrhunderte Generationen akademischer Derwische eifersüchtig bewahrten, und diesen geschwätzigen und alten Ideen, die man überdies noch «Menschheitsideen» nannte, obwohl sie in vieler Hinsicht das Gefühl und das Empfinden der heutigen Menschheit verletzten, prägten sie den Stempel des Römerstaates auf, als des Prototyps aller europäischen Staaten. Ihre bevollmächtigten Interpreten waren die Schönredner im Staatsdienst.

Die Philosophen herrschten im Reiche der abstrakten Konstruktion. Sie exzellierten in der Kunst, das Konkrete durch Abstraktion, das Wirkliche durch seinen Schatten zu erklären, einige rasch und parteiisch gewählte Beobachtungen zum System zu erheben und dank ihrer Tüftelei aus diesen Systemen wieder Gesetze herauszuschwindeln, nach denen das Weltall wandeln sollte. Ihre ganze Mühe erschöpfte sich darin, das vielfältige und wandlungsvolle Leben der Einheit des Geistes fügsam zu machen – natürlich nur der Einheit *ihres* eigenen Geistes. Dieser Imperialismus der Vernunft stützte sich auf die willfährige Büberei jahrelang geübter Sophistik, die gewohnt war, mit Ideen zu spielen. Sie verstanden nur zu gut, sie auseinander- und wieder zusammenzuziehen, sie zu formen und zu pressen wie Knetgummi, für sie wäre es nicht schwer gewesen, ein Kamel durch ein Nadelöhr gehen zu lassen. Sie wußten ebensogut das Weiße wie das Schwarze zu beweisen, und fanden, ganz wie es ihnen beliebte, in Immanuel Kant bald die Freiheit der Welt, bald den preußischen Militarismus.

Die Historiker wieder waren als bewährte Schriftführer, Notare und Rechtsanwälte des Staates zum Schutz seiner Verträge und Rechte beigestellt und bis an die Zähne bewaffnet für zukünftige Schikanen... Die Geschichte! Was ist denn die Geschichte? Einzig die Geschichte des Erfolges, die Darstellung der vollzogenen Tatsachen, gleichgültig, ob sie gerecht oder ungerecht waren. An den Besiegten geht die

Geschichte vorbei. Sie hat nur Schweigen für euch, ihr Perser von Salamis, ihr Sklaven des Spartakus, ihr Gallier, ihr Araber von Poitiers, ihr Albingenser, Irländer, Indier von West und Ost und ihr Eingebornen der Kolonien! – Wenn ein ehrlich denkender Mann, der Ungerechtigkeit seiner Zeit ausgesetzt, zu seinem eigenen Troste seine Hoffnung auf die Nachwelt setzt, so verschließt er die Augen vor den geringen Möglichkeiten, die jene Nachwelt hat, sich wahrhaft über die Vergangenheit Rechenschaft zu geben. Die Nachwelt erfährt immer nur das, was die Sachwalter der offiziellen Geschichte als vorteilhaft für die Sache ihres Klienten, des Staates, empfanden, es sei denn, daß der Rechtsanwalt der Gegenpartei, entweder der einer anderen Nation oder der einer sozialen oder religiösen unterdrückten Gruppe, seinen Einwand machte. Aber dafür besteht wenig Aussicht: das Geheimnis ist gut gewahrt.

Schönredner, Sophisten und Winkeladvokaten, das waren die drei Korporationen der staatlich patentierten philosophischen Fakultät.

Die «Wissenschaftler» wären durch die Art ihrer Forschung ein wenig besser in der Lage gewesen, außerhalb der Beeinflussung und Berührung der Umwelt zu bleiben – vorausgesetzt, daß sie in ihrer Studienwelt verharrt hätten. Aber man hatte sie daraus vertrieben. Die praktische Anwendung der Wissenschaft hat eine so ungemeine Ausdehnung in der lebendigen Wirklichkeit eingenommen, daß die Gelehrten in die erste Reihe des Kampfes geschleudert wurden, wo sie unausweichlich der ansteckenden Berührung der öffentlichen Meinung ausgesetzt waren. Ihre Eigenliebe fand sich ganz unmittelbar an dem Siege der Allgemeinheit interessiert, denn diese benötigte ebenso den Heroismus der Soldaten wie die törichten Ansichten und die Lügen der Presse. Nur ganz wenige unter ihnen hatten die Kraft, sich frei zu machen, die meisten aber brachten die ganze Strenge, Härte und Unerbittlichkeit des geometrischen Geistes mit sich, dazu noch die professionellen Eifersüchteleien, die ja zwischen den verschiedenen Gelehrtengruppen der verschiedenen Länder immer sehr scharfe sind.

Die Schriftsteller schlechtweg, die Dichter, Romanciers, die Schaffenden ohne staatliche Bindung hätten den Vorteil ihrer Unabhängigkeit ausnützen können. Leider aber sind nur ganz wenige unter ihnen imstande, von sich selbst aus Ereignisse zu beurteilen, die die Grenzen ihrer gewöhnlichen ästhetischen oder geschäftlichen Betätigung überschreiten. Die meisten unter ihnen, und oft gerade die berühmtesten, sind ungebildet wie Karpfen. Das beste wäre nun natürlich für sie gewesen, sie wären in ihrem beschränkten Gesichtskreise verblieben, wozu sie ihr natürlicher Instinkt eigentlich hätte leiten sollen. Aber ihre Eitelkeit fühlte sich törichterweise angestachelt, sich in die öffentlichen Geschehnisse einzumengen und auch ihrerseits ihr Wort über das Weltall zu sprechen. Da sie nun selbst nichts darüber zu sagen wußten als Verkehrtheiten, so inspirierten sie sich mangels persönlicher Meinung an Gemeinplätzen. Ihre Äußerungen sind bei einem solchen gewaltsamen Anlaß natürlich ungemein lebhaft, denn sie sind überempfindlich und von einer krankhaften Eitelkeit, die, da sie keine eigenen Gedanken auszudrücken vermag, diejenigen der anderen maßlos übertreibt. Dies ist ihre einzige Originalität, und Gott weiß, wie reichlich sie davon Gebrauch gemacht haben.

Wer bleibt also? Die Diener der Kirche? Gerade sie handhabten das schwere Geschütz: die Idee der Gerechtigkeit, der Wahrheit, des Guten und Gottes, auch sie hatten diese Artillerie in den Dienst ihrer Leidenschaften gestellt. Ihre unsinnige Anmaßung, die ihnen selbst nicht mehr bewußt ist, hat von Gott einfach Besitz ergriffen und sich das Privileg zugeschrieben, ihn en gros oder en détail zu verschleißen. Es fehlt ihnen dabei nicht so sehr an Aufrichtigkeit, an Tugend und selbst an Güte wie an Demut; gerade die Demut, die sie verkündigen, haben sie am wenigsten. Sie besteht für sie einzig darin, ihren Nabel zu betrachten, wie er sich im Talmud, der Bibel oder dem Evangelium spiegelt. In ihrem unmäßigen Stolz sind sie nicht weit von jenem mythischen Narren, der sich selbst für Gottvater hielt. Ist es wirklich um so viel weniger närrisch und um so viel weniger gefährlich, sich für seinen Stellvertreter oder seinen Schriftführer zu halten?

Clerambault fühlte entsetzt den krankhaften und fast hinfälligen Zustand der intellektuellen Klüngel. Das Übermaß der Organisation und der Gedankenübermittlung in der bürgerlichen Klasse hat etwas Verzerrtes und Mißgeburthaftes an sich. Das lebendige Gleichmaß ist zerstört, eine Bürokratie des Geistes dünkt sich dem einfachen Arbeiter ungemein überlegen. Sicherlich ist sie nützlich – wer denkt daran, das zu leugnen! Sie rafft ja Gedanken zusammen und ordnet sie in Register, sie verwandelt und verwendet sie im vielfältigsten Aufbau. Aber wie selten kommt es ihr in den Sinn, die Substanz, die sie zu ihrem Werk verwendet, zu prüfen und ihren Ideeninhalt zu erneuern. So bleibt sie die eifersüchtige Hüterin eines wertlos gewordenen Schatzes.

Wäre wenigstens dieser Irrtum ein ungefährlicher! Aber Ideen, die man nicht unablässig mit der Wirklichkeit vergleicht, die sich nicht in jeder Stunde im Strom der lebendigen Erfahrung baden, trocknen ein und werden dann giftige Substanzen. Sie werfen über das neue Leben ihre schweren Schatten, die Nacht verbreiten und Fieberschauer ausstreuen.

Wie stupide ist doch diese Behexung durch abstrakte Worte! Was hat es denn für einen Sinn, die Könige abzusetzen und diejenigen zu verlachen, die für ihre Gebieter sterben, wenn man an ihre Stelle nur tyrannische Wesenheiten setzt, die man mit den Flittern jener anderen bekleidet? Besser ein Monarch mit Fleisch und Knochen, den man sieht, den man fassen und unterdrücken kann, als diese Abstraktionen, diese Despoten, die keiner kennt und keiner jemals gekannt hat... Denn wir haben mit den großen Eunuchen, mit den Priestern des «verborgenen Krokodils», wie Taine es nannte, mit den ränkeschmiedenden Ministern zu tun, die das Götzenbild sprechen lassen. Ah, wenn diese Schleier doch endlich zerreißen und wir die Bestie kennen würden, die sich in uns versteckt! Es wäre weniger Gefahr für den Menschen darin, offenkundig eine Bestie zu sein, als die Brutalität hinter einem lügnerischen, kranken Idealismus zu verstecken, der die tierischen Instinkte nicht vernichtet, sondern sie vergöttlicht. Er idealisiert sie, um sie später zu rechtfertigen, und da er dies nicht vermag, ohne sie künstlich auf das äußerste zu vereinfachen (dies ist ein Gesetz seiner geistigen Natur, die, um zu verstehen, ebensoviel zerstört, als sie aufnimmt), so nimmt er ihnen, indem er sie nach einer einzigen Richtung hin verstärkt, ihre wahre Natur. Alles, was sich dann von dieser vorgeschriebenen Linie entfernt, was die enge Logik seiner geistigen Konstruktion stört, das leugnet er nicht bloß, sondern schafft es einfach zur Seite und befiehlt seine Vernichtung im Namen der geheiligten Prinzipien. So richtet er in der lebendigen Unendlichkeit der Natur riesige Verwüstungen an, damit nur einzig jene Gedanken stehen bleiben, die er sich ausgewählt hat und die sich dann in der Wüste und zwischen den Ruinen grauenhaft groß und einsam entwickeln, wie zum Beispiel die bedrückende Macht der despotischen Begriffsformen der Familie, des Vaterlandes und der beschränkten, blinden, tyrannischen Moral, die man in deren Dienst stellte. Der Unglückliche ist dann noch darauf stolz, obwohl er doch ihr Opfer ist. Längst würde es die Menschheit nicht mehr wagen, zuzugeben, daß sie sich für ihren bloßen Vorteil hinschlachtet. Ihres Vorteils, ihrer Geschäfte, ihrer Interessen rühmen sie sich längst nicht mehr, sie rühmen sich nur ihrer Ideen, die tausendmal mörderischer sind. Denn der Mensch sieht in den Ideen, für die er kämpft, seine menschliche Überlegenheit. Ich sehe seine Narrheit darin. Der kriegerische Idealismus ist eine Krankheit, die ihm allein vorbehalten ist, und seine Resultate sind denen des Alkoholismus ähnlich. Er schafft Einlaß für tausendmal soviel Schlechtigkeit und Verbrechen, halluziniert das geschwächte Denken mit Wahnbildern, denen er dann die Lebendigen aufopfert.

Welch ein tolles Schauspiel, wenn man sich in die Menschenschädel hineinversetzt denkt! Eine wilde Jagd von Gespenstern, die aus fiebernden Gehirnen aufsteigen: Gerechtigkeit, Freiheit, Recht und Vaterland... Und alle diese armen Gehirne sind gleich aufrichtig und klagen alle anderen an, es nicht zu sein. Und von diesem phantastischen Kampf zwischen mythischen Schatten sieht man von außen nichts als die Zuckungen und die Schreie der menschlichen Wesen, die von diesen Dämonenscharen besessen sind... Und unter diesen blitzgeladenen Wolken, wo diese großen wütenden Vögel kämpfen, wimmeln und schieben sich die Wirklichkeitsmenschen, die Geschäftsleute, wie Ungeziefer in einem Pelz – offene Mäuler, gierige Hände –, und hetzenheimtückisch zu dem Wahn, den sie ausbeuten, ohne ihn zu teilen.

O Gedanke, du furchtbare und schöne Blume, die aus dem Erdreich jahrhundertealter Instinkte aufwächst, welch ein Element bist du! Du dringst in den Menschen ein, du durchdringst ihn, aber du stammst nicht aus ihm, dein Ursprung ist ihm fremd, und deine Kraft geht über ihn hinaus. Die Sinne des Menschen sind ihrem täglichen Gebrauch so ziemlich angepaßt, der Gedanke aber ist es nicht, er strömt über den Menschen hinaus. Er bringt ihn zur Verzweiflung. Eine unendlich kleine Zahl von Menschen vermag es, in diesem Strom ihre eigene Richtung beizubehalten, die große Masse aber wird ins Zufällige hingeschwemmt. Die ungeheure Kraft des Gedankens steht nicht im Dienst des Menschen; er versucht bloß, sich seiner zu bedienen, und die größte Gefahr ist, daß er vermeint, er sei sein Herr. In Wirklichkeit ist er wie ein Kind, das mit Explosivkörpern spielt. Es ist ein Mißverhältnis zwischen diesen gewaltigen Sprengmitteln und dem Zweck, für den sie die schwachen Hände des Menschen verwerten. Und manchmal sprengen sie eben alles in die Luft...

Wie dieser Gefahr begegnen? Den Gedanken ersticken? Die trunkenen Ideen ausroden? Das hieße den Menschengeist entmannen, ihn des stärksten Anreizes zum Leben berauben. Und doch ist der Alkohol des Gedankens ein um so gefährlicheres Gift, als es den Massen meist in gefälschten Drogen eingegeben wird... Mensch, werde nüchtern! Schau um dich, reiße dich los von den fremden Ideen, werde unabhängig von deinen eigenen Gedanken. Lerne den Riesenkampf dieser rasenden Phantome, die sich untereinander zerreißen, beherrschen. Vaterland, Recht, Freiheit, ihr großen Göttinnen, wir wollen euch vor allem eures Nimbus entkleiden. Steigt nieder aus dem Olymp, kommt herab in eine Krippe wie Jesus, ohne Schmuck und ohne Waffen, reich nur durch eure Schönheit und unsere Liebe! – Ich kenne keine Götter namens Gerechtigkeit und Freiheit! Ich kenne nur meine Menschenbrüder und ihre Taten, die bald gerecht, bald ungerecht sind. Ich kenne die Völker, die alle der wahren Freiheit beraubt sind, die alle sich nach der Freiheit sehnen und die doch alle sich mehr oder minder unterdrücken lassen.

Der Anblick dieser Welt inmitten ihres hitzigen Fiebers hätte einem Weisen das Verlangen eingeflößt, sich in irgendeinen Winkel zurückzuziehen und den Anfall vorübergehen zu lassen. Aber Clerambault war kein Weiser. Er wußte nur, daß er es nicht war. Er wußte, daß Sprechen nutzlos sei, und wußte doch zugleich, daß man sprechen müsse, wußte, daß er sprechen werde. Er trachtete nur, so lange als möglich den gefährlichen Augenblick zu verzögern, und seine Ängstlichkeit, die es sich noch nicht ausdenken konnte, allein im Kampfe gegen alle zu stehen, suchte rings um sich einen Gedankengefährten. Wäre man nur zu zweit oder dritt, so wäre es doch schon weniger hart, den Kampf zu beginnen.

Die ersten, deren Sympathie er vorsichtig zu suchen begann, waren arme Menschen, die, wie er, einen Sohn verloren hatten. Der Vater, ein bekannter Maler, hatte ein Atelier in der Rue Notre-Dame-des-Champs. Seit Jahren waren die Omer-Calvilles den Clerambaults liebe Nachbarn, ein gutes altes Ehepaar, sehr bürgerlich und sehr zärtlich vereint. Sie hatten jene Milde des Denkens, wie sie einer ganzen Reihe von Künstlern jener Zeit gemeinsam war, die Carrière nahegestanden und von der Lehre Tolstois von fern berührt worden waren. Ihre Schlichtheit, obwohl ein wenig künstlich, kam doch aus einer natürlichen Gutmütigkeit: die Tagesmode hatte sie nur ein wenig zu sehr unterstrichen. Niemand ist unfähiger, die Leidenschaften des Krieges zu verstehen, als Künstler dieser Art, die aufrichtig die religiöse Hochachtung vor allem Lebendigen zu ihrem Bekenntnis gemacht haben. Selbst in den ersten Kriegsmonaten hatten sich die Calvilles außerhalb der leidenschaftlichen Strömung gehalten, sie protestierten nicht dagegen, sie nahmen sie traurig, würdig hin, wie man eben Krankheit, Tod und die Schlechtigkeit der Menschheit hinnimmt. Die glühenden Gedichte Clerambaults, die er ihnen vorlas, hatten sie höflich angehört, doch sie fanden kein Echo bei ihnen... Aber seltsam, in der gleichen Stunde, wo Clerambault, ernüchtert vom kriegerischen Wahn, daran dachte, sich mit ihnen zu vereinen, entfernten sie sich von ihm, denn nun rückten sie an jene Stelle, die er eben verlassen hatte. Der Tod ihres Kindes hatte auf sie gerade die gegenteilige Wirkung von jener, die Clerambault verwandelt hatte: jetzt traten sie linkisch in den Kampf, gleichsam, um den Verlorenen zu ersetzen; Clerambault fand sie mitten in ihrem Elend, ganz beglückt durch die Nachricht, Amerika sei bereit, den Krieg zwanzig Jahre lang zu führen. Er versuchte zu sagen:

«Was bleibt denn noch in zwanzig Jahren von Frankreich, von Europa übrig?»

Aber mit einer hastigen Erregung schoben jene diesen Gedanken sofort zur Seite. Es schien, als sei es ihnen unbequem, daran zu denken oder davon zu sprechen. Jetzt handelte es sich einzig darum, zu siegen. Um welchen Preis? Das würde man nachher berechnen. – Siegen! – Wenn es dann in Frankreich keine Sieger mehr gäbe? Gleichgültig! Wenn nur die anderen, die da drüben, besiegt würden. Nein, das Blut ihres toten Kindes durfte nicht vergebens vergossen sein!

Und Clerambault dachte:

Ist es nötig, daß zur Rache für ihn noch andere unschuldige Opfer hingeschlachtet werden?

Und im Grunde dieser Seelen, dieser sonst wirklich guten Menschen las er:

Warum denn nicht?

Und er las es bei allen jenen, die wie die Calvilles im Kriege das Teuerste verloren hatten, einen Sohn, einen Gatten, einen Bruder:

Mögen die anderen auch leiden! Wir haben auch gelitten! Wir haben nichts mehr zu verlieren.

Wirklich nichts mehr? Doch! Eine einzige Sache, die der eifersüchtige Egoismus verbarg: ihren Glauben an den Nutzen ihres Opfers. Und diesen Glauben wollten sie sich nicht erschüttern lassen, um keinen Preis. Sie verboten es sich, daran zu zweifeln, daß es eine heilige Sache sei, für die ihre Toten gefallen waren. Und das wußten die Herren des Krieges wohl und verstanden es auf das beste, dieses Lockmittel auszunützen! – Nein, in diesen Trauerhäusern war kein Raum für den Zweifel Clerambaults und für sein Mitleid!

Wer hat Mitleid mit uns gehabt? dachten diese Unglücklichen. Und warum sollen dann wir welches haben?

Es gab unter ihnen einige, die weniger hart getroffen waren. Aber was alle diese Leute der Bourgeoisie charakterisierte, war die Hypnose der großen Worte der Vergangenheit, unter der sie lebten, «der Wohlfahrtsausschuß... das Vaterland in Gefahr... Plutarch... De Viris... der alte Horaz». Es war für sie unmöglich, die Gegenwart mit den Augen von heute zu sehen. Aber hatten sie denn überhaupt noch Augen, um zu sehen? Wie viele innerhalb der Bürgerwelt unserer Tage haben denn außerhalb des engen Kreises ihrer Geschäfte in den letzten dreißig Jahren die Kraft und den Willen gehabt, aus Eigenem denken zu wollen? Das fiel ihnen nicht einmal im Traume ein. So wie ihr Essen, servierte man ihnen ihre Gedanken fertig und gar gekocht und sogar noch bedeutend billiger. Für ein Geringes fanden sie sie täglich in der Zeitung. Die Begabteren, die sie in den Büchern suchten, gaben sich nicht die nötige Mühe, sie im Leben zu suchen, und behaupteten, daß sich das Leben in den Büchern spiegle. Wie bei Greisen verkalkten ihre Gliedmaßen, versteinerte ihr Geist.

In der breiten Herde dieser Wiederkäuerseelen, die ihr Futter von den Weiden der Vergangenheit nahmen, zeichneten sich damals besonders die Gruppen der strenggläubigen französischen Revolutionäre aus. Zur Zeit des 16. Mai* und lange nachher noch hatten sie als Brandstifter in der immer rückständigen Bourgeoisie gegolten. Nun aber, als gesetzte und wohlbestallte Fünfzigjährige, erinnerten sie sich mit Stolz, wie Erwachsene eben auf ihre Jungenstreiche stolz sind, an das Entsetzen, das ihre einstige, längst vergangene Kühnheit verursacht hatte. Vor ihrem eigenen Spiegel hatten sie sich nicht verändert, aber die Welt um sie war eine andere geworden, ohne daß sie dessen gewahr wurden,

* Am 16. Mai 1877 entließ der Präsident der Französischen Republik Patrice-Maurice Marquis de Mac-Mahon (1808–93) den Ministerpräsidenten Jules Simon (1814–96), der zu den gemäßigten Republikanern gehörte, und berief trotz des Widerstands der Abgeordnetenkammer den klerikal-monarchistische Interessen vertretenden Herzog Albert-Victor de Broglie (1821–1901) an die Regierung, der die ihm feindlich gesonnene Kammer auflöste. Die Neuwahlen brachten jedoch den Republikanern einen bedeutenden Sieg, so daß Broglie zurücktreten mußte und die royalistischen Versuche, die Macht an sich zu reißen, im Grunde eine Stärkung der republikanischen Kräfte herbeiführten. (Anm. d. Verlags)

denn sie blickten ja immer nur auf die abgelebten Modelle, deren Gedanken sie nachbeteten. Es gibt einen merkwürdigen Nachahmungsinstinkt, ein Knechtschaftsbedürfnis des Denkens, das von einem losgelösten Stück Weltgeschichte nicht mehr loskommt. Statt Proteus, das ewige wandelbare Leben, in seinem Fortgange zu verfolgen, rafft es die alte Haut auf, aus der die junge Schlange längst ausgebrochen ist, und versucht sie wieder darin einzunähen. Diese fanatischen Pedanten verblichener Revolutionen behaupten, daß alle zukünftigen Umwälzungen notwendig nach dem Modell der alten, toten Formen zurechtgeschnitten werden müssen, und vor allem dulden sie nicht, daß irgendeine neue Freiheit ein anderes Tempo einschlage und die Grenzen überschreite, an denen jene großmütterliche von 1793 erschöpft haltgemacht hatte. Ihr Zorn richtet sich darum weit mehr gegen die Respektlosigkeit der Jugend, die über sie hinaus will, als gegen das Gekläff der Greise, über die sie selbst hinausgekommen sind. Und das hat seinen guten Grund, denn an der Existenz dieser Jungen erkennen sie, daß sie selbst alt geworden sind. Und darum kläffen sie gegen sie.

In diesen Dingen wird sich nichts ändern. Ganz selten nur gestatten einige seltene Geister, wenn sie altern, dem Leben, daß es über sie hinaus seinen Lauf weiter nehme, und genießen großmütig, wenn ihre eigenen Augen erlöschen, die Zukunft mit den Augen ihrer Nachfolger. Aber die meisten von jenen, die als Junge die Freiheit geliebt hatten, wollen aus ihr einen Käfig für die neue Brut machen, sobald sie selber nicht mehr fliegen können.

Der Internationalismus von heute fand keine erbitterteren Gegner als jene Diener des national-revolutionären Kultes im Sinne Dantons oder Robespierres. Sie selber verstanden sich nicht untereinander, die Anhänger Dantons und Robespierres, zwischen denen sich noch immer der Schatten der Guillotine aufrichtet, sie beschimpften sich gegenseitig drohend als Ketzer. Aber in einem waren sie ganz einig: alle jene der äußersten Bestrafung zuzuführen, die nicht glauben wollten, daß man die Freiheit mit Kanonenmündungen verbreiten kann, die jede Gewalt gleicherweise verwarfen, ob sie nun vom Cäsar oder vom Demos und seinen Lederzurichtern kam, gleichgültig, ob sie im Namen des «alten Gottes» gepredigt wurde oder des «jungen», der Freiheit und des Rechts. Die Masken ändern sich, aber das blutige Maul unter der Maske bleibt immer dasselbe. Clerambault kannte eine ganze Reihe solcher Fanatiker, aber es war ebensowenig möglich, sich mit ihnen darüber auszusprechen, ob sich das Gerade und das Krumme nicht vielleicht doch auf beiden Seiten fände, wie für einen Manichäer, mit der heiligen Inquisition zu streiten. Auch die sozialen, die bürgerlichen Religionen haben ihre großen Seminare und geheimen Gesellschaften, in denen das Beweismaterial der Lehre sorgfältig aufgestapelt wird. Wer sich davon ausschließt, wird exkommuniziert, so lange wenigstens, bis er selbst der Vergangenheit angehört. Dann winkt ihm die Möglichkeit, selbst vergöttlicht und zur Exkommunizierung Späterer mißbraucht zu werden.

Aber wenn Clerambault sich nicht versucht fühlte, diese harten Intellektuellen, die hinter ihrer engen Wahrheit verschanzt waren, zu einer Änderung ihrer Gesinnung zu bewegen, so kannte er doch andere, die diesen Sicherheitsdünkel durchaus nicht hatten. Ganz im Gegenteil: Ihr Fehler war wiederum allzu große Wandlungsfähigkeit und dilettantische Nachgiebigkeit. Arsène Asselin war einer dieser Art, ein liebenswürdiger Pariser Junggeselle aus der guten Gesellschaft, klug und skeptisch zugleich. Jeder Verstoß im Geschmack oder im Ausdruck beleidigte sein Empfinden. Wie hätte ihm also diese Übertriebenheit des Denkens gefallen sollen, diese Treibhaushitze, in der der Krieg hochgezüchtet wurde. Seine kritische Vernunft, seine Ironie mußten dem Zweifel geneigt sein. So gab es also keinen rechten Grund, daß er die Ansichten Clerambaults nicht teilen sollte... Und wirklich, im Anfang hatte nur ein Haar gefehlt, daß er so dachte wie Clerambault, seine Entscheidung war nur ganz zufällig anders gefallen. Aber sobald er einmal den Fuß in die eine Richtung gesetzt hatte, schien es ihm unmöglich umzukehren, und je mehr er hineintrieb, um so trotziger wurde er. Die französische Eigenliebe wird nie einen Irrtum eingestehen, sondern eher sich für ihn töten lassen. Aber überhaupt, Franzosen oder nicht, wie viele Menschen gibt es denn in der Welt, die den Mut haben, zu sagen:

«Ich habe mich getäuscht, jetzt heißt es von vorn anfangen.»

Nein, lieber die Tatsachen leugnen... Bis ans Ende durch!... Und krepieren.

In einem anderen Sinn merkwürdig war Alexandre Mignon, ein Vorkriegspazifist, ein alter Freund Clerambaults, ungefähr im gleichen Alter mit ihm, Bourgeois, Intellektueller und Hochschullehrer, von würdiger Haltung, die mit Recht Respekt einflößte. Man durfte ihn nicht verwechseln mit jenen ordensgeschmückten Bankettpazifisten, die Dekorationen aus allen Ländern haben und denen der Schwatz vom Frieden in windstillen Jahren ein sorgloses Dasein sichert. Mignon hatte durch dreißig Jahre aufrecht die gefährlichen Quertreibereien der Politiker und die verdächtigen Spekulanten seines Landes bekämpft, er gehörte der Liga der Menschenrechte an und hatte das unwiderstehliche Gelüst, für jeden, der da kam und im Unglück war, eilig das Wort zu nehmen. Ihm genügte es schon, wenn einer sich unterdrückt nannte, er fragte sich nie, ob der sogenannte Unterdrückte nicht bloß einer war, dem bisher nur die Gelegenheit gefehlt hatte, selbst zu unterdrücken. Seine unruhige Gutmütigkeit hatte ihn bei aller Hochachtung ein wenig lächerlich gemacht, und er war darüber nicht böse. Sogar ein wenig Unpopularität hätte ihn durchaus nicht erschreckt, vorausgesetzt freilich, daß er sich von seiner Gruppe gedeckt fühlte, deren warme Zustimmung ihm aber unbedingt nötig war. Er war durchaus kein Unabhängiger, wie er glaubte, sondern nur das Mitglied einer Gruppe, die sich so lange unabhängig fühlte, als alle ihre Mitglieder zusammenhielten. Die Gemeinschaft macht die Kraft, sagt man, das ist wahr. Aber sie gewöhnt einen auch daran, der Gemeinschaft nicht mehr entbehren zu können. Und das mußte Alexandre Mignon an sich erfahren.

Der Hingang Jaurès' hatte die ganze Gruppe in Verwirrung gebracht. Sobald die eine Stimme fehlte, die immer als erste das Wort nahm, verstummten auch alle anderen, denn sie warteten auf das Stichwort, und keiner wagte es zu geben. Unsicher im Augenblick, wo der Sturm einbrach, wurden diese hochherzigen und schwachen Menschen durch den Wirbel der ersten Tage mitgerissen. Sie verstanden die Begeisterung nicht, sie rechtfertigten sie nicht, aber sie hatten ihr nichts entgegenzustellen. Schon die erste Stunde riß einige Lücken in ihre Reihen, es zeigten sich Desertionen, die verschuldet waren durch die schrecklichen Redner, die den Staat beherrschten, durch jene demagogischen Advokaten, die mit allen Sophismen der republikanischen Ideologie geschmiert waren, «Krieg für den Frieden», «der Weltfriede als Ziel» (requiescat!), und diese armen Pazifisten sahen in diesen Verdrehungen eine einzige Gelegenheit – allerdings keine rühmliche, keine, auf die sie sehr stolz waren –, aus der Sackgasse zu kommen. Sie redeten sich ein, durch einen kleinen Kunstgriff, dessen verbrecherische Größe sie nicht merkten, ihre Friedensideen mit der Tatsache der Gewalt glücklich in Einklang gebracht zu haben. Widerstand hätte bedeutet, sich den Kriegsbestien auszuliefern, die sie mitleidslos zerrissen hätten.

Alexandre Mignon hätte wohl den Mut gehabt, diesen blutigen Mäulern entgegenzutreten, hätte er nur seine kleine Gemeinschaft um sich gesehen. Aber allein zu kämpfen, das war über seine Kraft. Ohne sich zuerst offen auszusprechen, ließ er doch alles geschehen. Er litt, er war verstört und machte eine ähnliche geistige Krise durch wie

Clerambault, aber er konnte sich nicht wie Clerambault ihr entringen. Er war weniger leidenschaftlich, aber intellektueller; um seine letzten Bedenken wegzutilgen, umkleidete er sich mit einem Netz logischer Vernunftgründe. Mit Hilfe seiner Kameraden bewies er mühselig nach der Methode a + b, daß der Krieg eine Pflicht für den zielbewußten Pazifismus sei. Seine Liga hatte leichte Arbeit, die verbrecherischen Akte des Feindes aufzudecken; freilich verlor sie keine Zeit damit, auf jene im eigenen Lager hinzuweisen. In manchen Augenblicken sah Alexandre Mignon deutlich die Unaufrichtigkeit auf allen Seiten. Unerträglicher Anblick... er schloß rasch seine Läden...

Und je blinder er sich in seine Kriegslogik verstrickte, um so schwerer war es für ihn, sich daraus zu befreien. So verbrannte er seine Schiffe hinter sich, eins nach dem andern. Er wurde böse wie ein Kind, das durch einen unbedachten Akt ungeschickter Nervosität einem Insekt den Flügel ausgerissen hat. Das Insekt ist nun verloren, und das Kind, beschämt über seine Handlung, rächt sein Leid und seine Scham an dem Tier, das es nun ganz in Stücke reißt.

So war es leicht vorauszusehen, mit welcher Freude er Clerambault sein mea culpa vortragen hörte. Die Wirkung war überraschend. Mignon, innerlich ganz unsicher, wurde wütend gegen Clerambault, denn Clerambault schien ihn anzuklagen, indem er sich beschuldigte. Von dieser Stunde an wurde er sein erbitterter Feind, und keiner bekämpfte später gehässiger als Mignon dieses sein lebendiges schlechtes Gewissen.

Clerambault hätte mehr Verständnis bei einigen Politikern finden können, denn die wußten von diesen Dingen ebensoviel, wie er selbst wußte, und sogar noch einiges mehr, aber das störte durchaus nicht ihren guten Schlaf. Seit ihrem ersten Sündenfall praktizierten sie munter die Technik der combinazioni, der Gedankenschwindeleien, sie gaben sich mit Recht der Täuschung hin, ihrer Partei zu dienen auf Kosten von ein paar Kompromissen. Eins weniger, eins mehr, was macht das aus? – Geradeaus zu gehen, geradeaus zu denken, war das einzig Unmögliche für diese Mollusken, die immer krumme Wege nahmen, sich schlangenhaft vorwärts schoben, gleichsam nach rückwärts vorrückten, die, um den Triumph ihres Banners sicher zu machen, es durch den Schmutz schleiften und bäuchlings zum Kapitol emporgerutscht wären.

Schließlich gab es auch da und dort unterirdisch einige Klarblickende. Aber sie waren mehr zu ahnen als zu sehen. Diese melancholischen Glühwürmchen löschten vorsichtig ihre Laterne aus, sie hatten Todesangst, daß man einen Schimmer wahrnehmen könnte. Zwar waren sie frei von dem Wahn des Krieges, aber sie waren nicht gläubig genug zur Tat wider den Krieg, sie blieben bloß Fatalisten und Pessimisten.

Clerambault erkannte, daß auch die höchsten Fähigkeiten des Herzens und des Geistes nur die öffentliche Knechtschaft verstärken, wenn sie nicht mit persönlicher Energie gepaart sind. Der Stoizismus, der sich den Gesetzen des Weltalls unterwirft, ist ein Hemmnis im Kampf gegen die Grausamkeit einzelner Gesetze. Statt zum Schicksal zu sagen: «Nein, hier ist kein Weg für dich» (man wird ja sehen, ob es doch hindurchgeht), tritt der Stoiker höflich zurück und sagt: «Bitte, treten Sie ein!»

Der kultivierte Heroismus, die Neigung für das Übermenschliche, für das Unmenschliche, macht die Seele durch die Opfer trunken, und je toller sie sind, um so herrlicher erscheinen sie. Die Christen von heute, großmütiger als ihr Meister, geben *alles* dem Cäsar hin. Sobald er geruht, sie für irgendeinen Anlaß hinzuopfern, erklären sie diesen Anlaß schon für heilig. Fromm geben sie der Schande des Krieges die Glut ihres Glaubens hin und ihre Körper dem Scheiterhaufen. Die duldende, nachgiebige Resignation der Völker macht den Rücken krumm und läßt sich die Last aufladen:

Mach dir nichts daraus! Zweifellos sind Jahrhunderte des Elends über diesen Stein dahingerollt. Aber auch der Stein verbraucht sich schließlich und wird Schlamm.

Clerambault versuchte mit dem einen oder dem andern zu sprechen. Überall aber stieß er auf denselben Mechanismus unterirdischen, halb unbewußten Widerstandes. Sie waren alle mit dem Willen, nicht zu verstehen, oder eigentlich mit einem beharrlichen Gegenwillen ehern umgürtet. Von Gegenargumenten wurde ihre Vernunft so wenig berührt wie eine Ente vom Wasser. Im allgemeinen sind die Menschen zum Zweck ihrer Bequemlichkeit mit einer ganz unschätzbaren Eigenschaft ausgerüstet, sie können sich nämlich auf Wunsch blind und taub machen, wenn sie etwas nicht sehen oder hören wollen. Und haben sie schon durch irgendeinen peinlichen Zufall irgend etwas bemerkt, was ihnen lästig ist, so verstehen sie die Kunst, es sofort wieder zu vergessen. Wie viele Bürger gab es doch in allen Vaterländern, die genau wußten, wie es um die beiderseitige Verantwortlichkeit im Kriege stand, die genau die verhängnisvolle Rolle ihrer politischen Führer kannten, aber sie zogen vor, sich selbst zu betrügen und sich so zu stellen, als wüßten sie nichts davon. Schließlich gelang es ihnen sogar, das genaue Gegenteil zu glauben.

Wenn nun schon jeder, so rasch er konnte, vor sich selber auswich, kann man sich vorstellen, wie hastig sie erst vor jenen flohen, die wie Clerambault ihnen behilflich sein wollten, sich selber zu erwischen. Um sich davonzumachen, schämten sich diese klugen, ernsten und ehrenwerten Männer nicht, alle jene kleinen Schliche und unredlichen Kniffe anzuwenden, deren sich sonst nur rechthaberische Frauen und Kinder bedienen. Aus Angst vor der Diskussion, die sie beunruhigen könnte, sprangen sie beim ersten ungeschickten Worte Clerambaults auf, rissen es aus dem Zusammenhange, fälschten es, wie es ihnen paßte, um sich darüber dann künstlich aufzuregen, laut mit aufgerissenen

Augen zu schreien, sich entrüstet zu stellen und es schließlich wirklich im höchsten Maße zu werden. Sie schrien Zetermordio, und wenn man ihnen das Gegenteil bewies und sie zur Richtigstellung zwang, sprangen sie auf, schlugen die Türen zu: «Jetzt habe ich genug.» Um dann zwei Tage oder zehn nachher die breitgeschlagenen Themen aufzunehmen, als ob nichts vorgefallen wäre.

Andere wieder, die noch heimtückischer waren, forderten in bewußter Absicht die Unvorsichtigkeit Clerambaults heraus, sie reizten ihn durch freundliches Entgegenkommen, mehr zu sagen, als er eigentlich wollte, um dann plötzlich loszubrechen. Die Wohlwollendsten beschuldigten ihn, daß es ihm an gesundem Menschenverstand fehlte. («Gesund» sollte natürlich heißen: an «meinem», an «unserem».)

Andere wieder waren Schönredner, die vor einem Wortturnier keine Angst hatten und gern die Diskussion aufnahmen in der Hoffnung, das verirrte Schaf wieder zur Herde heimzuführen. Sie diskutierten nicht die Anschauung Clerambaults selbst, sondern nur, ob sie zeitgemäß sei, und appellierten an seine gute Gesinnung.

«Gewiß, gewiß. Sie haben im Grunde recht, im Grunde denke ich ganz so wie Sie, *fast* so wie Sie. Oh, ich verstehe Sie, lieber Freund... Aber, lieber Freund, seien Sie vorsichtig, vermeiden Sie es doch, die Gewissen der Kämpfer zu beunruhigen... Schwächen wir doch nicht ihre Kraft. Man darf nicht jede Wahrheit aussprechen, wenigstens nicht sofort. Die Ihre wird sehr schön sein... in fünfzig Jahren. Man darf nicht hastiger sein wollen als die Natur, man muß warten... warten, bis die Zeit für sie reif sein wird...»

«Abwarten? Was abwarten? Bis der Appetit der Ausbeuter oder die Dummheit der Ausgebeuteten müde geworden ist? Können Sie denn nicht verstehen, daß die klaren und durchdringenden Gedanken der Besseren, wenn sie zugunsten der Blinden und der Denkungsart niedriger Menschen auf das Wort verzichten, geradewegs dem Lauf der Natur widerstreben, der sie zu dienen vorgeben, daß sie gegen den Sinn der Geschichte handeln, unter den sich zu beugen sie als ihre eigenste Ehre empfinden? Heißt das die Absichten der Natur in Ergebenheit anerkennen, wenn man einen Teil, und gerade den besten ihres Sinnes, zum Schweigen bringt? Diese Auffassung, die dem Leben seine kühnste Kraft entzieht und sie den Leidenschaften der Masse unterordnet, würde dahin führen, die Vorhut zu vernichten, die große Masse der Armee ohne Führung zu lassen... Wenn ein Kahn sich nach einer Seite neigt, wollt ihr mich hindern, mich auf die andere zu setzen, um ein Gegengewicht zu schaffen? Oder soll sich die ganze Besatzung auf die Seite setzen, wo er schon überneigt? Die fortgeschrittenen Ideen sind das von der Natur gewollte Gegengewicht gegen die schwere Vergangenheit, die ihnen entgegenwirkt. Ohne sie geht der Kahn unter. – Wie man diese Ideen aufnimmt, das ist für mich nebensächlich. Wer sie ausspricht, muß sich darauf gefaßt machen, gesteinigt zu werden, wer sie aber nicht ausspricht, macht sich ehrlos. Er ist gleichsam ein Soldat, der mit gefährlicher Botschaft während der Schlacht ausgesandt wird. Hat er das Recht, sich solchem Auftrag zu entziehen?»

Sobald sie sahen, daß ihr Zureden ohne Wirkung auf Clerambault blieb, demaskierten sie ihre Batterien und beschuldigten ihn erbittert einer lächerlichen und gefährlichen Eitelkeit. Sie fragten ihn, ob er sich klüger dünke als alle anderen, weil er seine Meinung der der Nation entgegensetze, und worauf er denn eigentlich sein ungeheuerliches Selbstgefühl stütze. Es sei Pflicht, demütig zu sein, bescheiden an seinem Platze inmitten der Gemeinschaft zu verharren, sich zu beugen, wo sie gesprochen habe, und – ob man sie für nützlich halte oder nicht – sich ihren Befehlen zu unterwerfen. Wehe dem Aufrührer gegen die Seele seines Volkes! Gegen sie recht behalten wollen, heißt unrecht haben. Und das Unrecht wird zum Verbrechen, in der Stunde der Tat. Die Republik verlangt, daß ihre Kinder ihr gehorchen.

«Die Republik oder der Tod», sagte Clerambault ironisch.

«Schönes Land der Freiheit. Frei! Ja, es ist frei, aber nur deshalb, weil es dort immer Seelen wie die meine gegeben hat und geben wird, Seelen, die sich weigern, ein Joch zu tragen, gegen das sich ihr Gewissen wehrt. Aber welche Nation von Tyrannen auch! Wir haben nichts damit gewonnen, daß wir die Bastille eroberten. Einst gebot man ewige Gefängnishaft, wenn sich einer gestattete, anders zu denken als sein Fürst, und fand den Scheiterhaufen ganz am Platze für den, der anders dachte als die Kirche. Heute muß man genau so denken wie vierzig Millionen Menschen, ihnen nachlaufen in ihren leidenschaftlichen Widersprüchen, heute brüllen ‹Nieder mit England!›, dann morgen wieder ‹Nieder mit Deutschland!›, übermorgen vielleicht ‹Nieder mit Italien!›, jede Woche etwas anderes, heute einem Mann oder einem Gedanken zujubeln, den man morgen wird beschimpfen müssen. Und wenn man sich weigert, so setzt man sich der Unehre oder einem Revolverschuß aus. Was für eine erbärmliche Knechtschaft, die erbärmlichste von allen! – Was für ein Recht haben denn hundert Seelen, tausend Seelen oder vierzig Millionen Seelen, von mir zu verlangen, daß ich meine Seele verleugne? Jeder von ihnen hat doch wie ich selbst nur eine. Vierzig Millionen Seelen zusammen bilden allzuoft nur eine Seele, die sich vierzigmillionenmal verleugnet... Ich denke, was ich denke, so denkt auch ihr, was ihr denkt! Die lebendige Wahrheit kann nur aus dem Gleichgewicht entgegengesetzter Ideen entstehen. Damit alle Bürger den Staat ehren können, tut es not, daß der Staat auch seine Bürger ehre. Jeder von ihnen hat seine Seele und hat sein Recht darauf, und seine erste Pflicht ist, sie nicht zu verraten, niemals den Zusammenhang mit seinem Gewissen zu verlieren... Ich gebe mich keinem Wahn hin, ich maße meinem Gewissen keine übertriebene Bedeutung in einem stürzenden Weltall bei. Aber so wenig wir auch sein mögen, so wenig wir auch tun mögen, das, was man ist, muß man schlicht und stark sein, das, was man tut, schlicht und stark tun. Jeder kann sich täuschen, aber ob er sich täuscht oder nicht, er muß aufrichtig sein. Ein aufrichtiger Irrtum ist keine Lüge, er ist nur ein Schritt auf die Wahrheit zu. Lüge ist, vor der Wahrheit Angst haben und sie ersticken wollen. Wenn ihr tausendmal recht habt gegen einen aufrichtigen Irrtum – im Augenblick, wo ihr zur Gewalt greift, um ihn zu vernichten, begeht ihr das niedrigste Verbrechen gegen die Vernunft selbst. Wo die Vernunft verfolgt und der Irrtum verfolgt wird, bin ich für den Verfolgten, denn der Irrtum ist ebenso ein Recht wie die Wahrheit... Wahrheit? Wahrheit? – Wahrheit ist das ewige Suchen nach der Wahrheit. Achtet die Anstrengungen jener, die sich mühen, sie zu finden. Wenn man einen Menschen, der sich mühsam auf einem anderen Wege durchringt, verfolgt, weil er eine für den menschlichen Fortschritt weniger unmenschliche Bahn finden will – und sie vielleicht niemals findet –, so macht man aus ihm einen Märtyrer. Ihr sagt, euer Weg sei der bessere, der einzig gute? So geht ihn doch und laßt mich den meinen gehen! Ich zwinge euch ja nicht, mir zu folgen. Was regt ihr euch so auf? Habt ihr am Ende Angst, ich könnte recht haben?»

Clerambault beschloß, noch einmal Perrotin aufzusuchen. Trotz des Gefühls traurigen Mitleids, das jene letzte Begegnung in ihm hervorgerufen hatte, verstand er nun Perrotins ironische und kluge Haltung gegenüber der Welt besser. Und so sehr auch seine Achtung für den Charakter des alten Gelehrten nachgelassen hatte, seine Bewunderung für die hohe geistige Kraft desselben blieb doch unversehrt: noch immer betrachtete er ihn als einen Führer, der ihm helfen könnte, sich selbst zu erleuchten.

Man kann sich leicht denken, daß Perrotin sich nicht übermäßig entzückt zeigte, Clerambault wiederzusehen. Er war doch zu fein veranlagt, um nicht eine unangenehme Erinnerung an die kleine Feigheit bewahrt zu haben, die er damals nicht nur begangen (denn daraus machte er sich längst nichts mehr, daran war er zu gewöhnt), sondern die er stillschweigend vor dem Blicke eines makellosen Zeugen hatte bekennen müssen. Er sah eine Auseinandersetzung voraus, und Auseinandersetzungen mit Menschen von feststehender Überzeugung waren ihm ein Greuel. (Es gibt ja dann gar kein Amüsement mehr, solche Leute nehmen alles ganz ernst.) Aber als höflicher, eigentlich gutmütiger und schwacher Mensch war er unfähig sich zu wehren, wenn man ihn geradeaus anpackte. Er versuchte zuerst, alle ernsten Gespräche auszuschalten. Als er aber merkte, daß Clerambault wirklich seiner bedurfte und er ihn vielleicht von irgendeiner Unbedachtheit zurückhalten könnte, entschloß er sich mit einem Seufzer, ihm seinen Vormittag zu opfern. Clerambault entwickelte ihm das Resultat seiner Bemühungen. Er war nun vollkommen klar darüber, daß die gegenwärtige Welt sich einem andern Ideal als dem seinen unterwarf. Er selbst hatte ja früher gleichfalls dieses Ideal geteilt, ihm gedient und es gefeiert, und noch heute war er gerecht genug, ihm eine gewisse Schönheit zuzuerkennen. Bei den letzten Prüfungen war er aber auch des Sinnlosen und Widrigen dieses Ideals bewußt geworden, und er fühlte, da er sich von ihm losgelöst hatte, sich nun genötigt, sich zu einem andern zu bekennen, das verhängnisvollerweise ihn mit dem früheren in Konflikt brachte. In kurzen und leidenschaftlichen Ausdrücken entwickelte Clerambault dieses neue Ideal und bat Perrotin, ihm klar und offen mit Hintansetzung jeder Höflichkeit und jeder Schonung zu sagen, ob er es richtig fände oder falsch. Perrotin nun, betroffen von Clerambaults tragischem Ernst, änderte sofort seinen Ton und stimmte ihm zu.

«Habe ich also unrecht?» fragte Clerambault ganz voll Angst, «ich sehe gut, daß ich allein bin, aber ich kann nicht anders. Sagen Sie also, ohne mich zu schonen: ist es ein Unrecht von mir, daß ich das denke, was ich denke?»

Perrotin antwortete mit Ernst:

«Nein, mein Freund, Sie haben vollkommen recht.»

«Also ist es meine Pflicht, den mörderischen Irrtum der andern zu bekämpfen?»

«Das ist wieder eine andere Sache.»

«Habe ich also die Wahrheit nur dazu, um sie zu verraten?»

«Die Wahrheit, mein Freund... (nein, sehen Sie mich nicht so an!) Sie glauben jetzt, daß ich so wie jener andere sagen werde: *Was ist Wahrheit?* Nein... Ich liebe sie ebenso wie Sie und vielleicht länger als Sie... Aber die Wahrheit, mein Freund, ist höher, weiter als Sie, als wir, als alle, die jemals lebten, leben und leben werden... Immer wenn wir meinen, dieser großen Göttin zu dienen, dienen wir nur den Di minores, den Heiligen der Seitenkapellen, die von der großen Masse abwechselnd vergöttert und verlassen werden. Gewiß kann das nicht unsere, nicht Ihre und nicht meine Wahrheit sein, zu deren Ehre sich die heutige Welt mit korybantischer Leidenschaft hinschlachtet und verstümmelt. Das Ideal des Vaterlandes ist das eines großen grausamen Gottes, das der Zukunft im mythischen Bilde eines Kronos als Schreckgespenst, oder seines olympischen Sohnes, den Christus entthronte, erscheinen wird. Ihr Menschheitsideal ist auf einer höheren Stufe und kündigt einen neuen Gott an. Aber auch dieser Gott wird später von einem anderen entthront werden, der noch höher steht und noch mehr vom Weltall umfängt. Das Ideal wie das Leben hören nicht auf, sich zu entwickeln, und dieses unablässige Werden ist für einen freien Geist der wirkliche Inhalt der Welt. – Aber wenn es auch dem Geist gegeben ist, die Stufen dieser Entwicklung ungestraft im Fluge zu überspringen, so kommt man doch in dieser Welt der Tatsachen nur Schritt für Schritt vorwärts. In einem ganzen Leben dringt man vielleicht nur um ein paar Zoll vor. Die Menschheit hat lahme Beine, und Ihr ganzes Unrecht, Ihr einziges Unrecht ist, daß Sie ihr voraus sind um einen oder mehrere Tagemärsche. Aber gerade dieses Unrecht verzeiht man einem Menschen am wenigsten... Und das geschieht vielleicht nicht ohne Grund. Denn wenn ein Ideal, wie jetzt jenes des Vaterlandes, gleichzeitig mit der Gesellschaftsform, von der es getragen wird, altert, so wird es bösartig und speit sein gefährlichstes Feuer aus. Der kleinste Zweifel an seiner Berechtigung macht es toll, denn der Zweifel steckt schon in ihm selbst. Täuschen wir uns nicht darüber: Die Millionen Menschen, die sich heute im Namen des Vaterlandes hinschlachten lassen, haben nicht mehr das junge gläubige Vertrauen von 1792 oder 1813, obwohl heute viel größere Ruinen und Trümmer aufrufen. Viele derer, die sterben, und selbst die, die sich bewußt töten lassen, fühlen im tiefsten Grunde ihrer Seele das furchtbare Nagen des Zweifels. Aber einmal in die Falle gegangen, zu schwach, aus ihr auszubrechen oder sich einen Ausweg zu erdenken, verbinden sie sich die Augen und werfen sich in den Abgrund, während sie gleichzeitig voll Verzweiflung ihren schon erloschenen Glauben bekennen. Aber vor allem schleudern sie in der Erbitterung einer uneingestandenen Rache diejenigen hinein, die durch ihre Worte oder ihre Haltung den Zweifel in ihnen erweckt haben. Denjenigen, die für einen Wahn sterben, diesen Wahn nehmen wollen, heißt sie zweimal sterben lassen.»

Clerambault faßte ihn bei der Hand, damit er nicht weiterspräche.

«Oh, Sie brauchen mir das nicht zu sagen, was mich ohnehin quält! Glauben Sie denn, daß ich nicht selbst die Angst fühle, diese Unglücklichen noch mehr zu verwirren? Ja, ich möchte den Glauben dieser armen Jungen schonen, nicht einen einzigen dieser Armen unglücklich machen, aber, mein Gott, was soll ich tun? Helfen Sie mir, aus diesem Zwiespalt herauszukommen, ob man das Böse ruhig geschehen lassen soll, die andern ruhig sich vernichten lassen, oder es wagen, ihnen noch mehr wehe zu tun, sie in ihrem Glauben zu verletzen und sich ihrem Haß auszuliefern eben dadurch, daß man sie retten will. Welches ist das richtige Gebot?»

«Sich selbst zu retten!»

«Mich selbst retten, heißt mich vernichten, wenn ich etwas auf Kosten der andern tue. Wenn wir nichts für sie tun – Sie, ich, denn wenn wir uns auch alle verbinden, sind wir doch noch immer zu wenige –, dann geht Europa, dann geht die Welt zugrunde...»

Perrotin, die Ellbogen auf die Lehne gestützt, die Hände über seinem Buddhabauch gefaltet und die Daumen drehend, sah Clerambault auf das gutmütigste an, hob den Kopf und sagte:

«Ihre Menschengüte, Ihre künstlerische Empfindsamkeit täuschen Sie glücklicherweise, mein Freund. Die Welt ist noch nicht am Ende, die hat schon andere Dinge gesehen und wird noch andere sehen. Das, was heute geschieht, ist sicherlich sehr schmerzlich, aber keineswegs anomal. Niemals noch hat ein Krieg die Erde gehindert, sich weiterzudrehen, noch das Leben, sich weiterzuentwickeln, ja, er ist sogar selbst eine Form dieser Entwicklung. Erlauben Sie einem alten, gelehrten Philosophen, Ihrem heiligen Schmerzensmanne die ruhige Inhumanität seines Gedankens entgegenzustellen. Vielleicht finden Sie trotz allem sogar eine Erleichterung. – Diese Krise, die Sie so erschreckt, dieser Wirrwarr ist im Grunde eigentlich nichts als ein Zusammenziehungsphänomen, eine kosmische, lärmende, aber doch gesetzmäßige Kontraktion, ähnlich jenen Faltungen bei der Zusammenziehung der Erdkruste, die ja auch immer von zerstörenden Erdbeben begleitet sind. Die Menschheit zieht sich zusammen. Und der Krieg ist die eine solche Kontraktion begleitende Erschütterung. Gestern waren es noch in jeder Nation die Provinzen, die einander bekriegten, vorgestern in jeder Provinz die Städte, und heute, da die völkische Einheit schon ausgestaltet ist, bereitet sich eine viel umfassendere Einheit vor. Es ist natürlich sehr bedauerlich, daß diese Entwicklung durch Gewalt geschieht, aber Gewalt ist eben das natürliche Mittel in diesem Prozeß. Aus dem Explosivgemenge der zusammenstoßenden Elemente wird sich ein neuer chemischer Körper entwickeln. Wird es das einige Abendland, wird es Europa sein? – Ich weiß es nicht. Aber sicher wird die neue Zusammensetzung neue Eigenschaften haben und viel reichere als die der einzelnen zusammensetzenden Elemente. Und dies ist noch nicht die letzte Etappe. So schön der gegenwärtige Krieg ist (ich bitte Sie um Entschuldigung, ich meine ‹schön› im Hinblick auf den Geist, für den das Leiden nicht existiert), so werden noch schönere, noch großzügigere sich entfalten. Diese armen Kinder von Völkern, die sich einbilden, sie erbauten schon mit ihrem Kanonendonner den ewigen Frieden – sie werden noch warten müssen, bis das ganze Weltall durch diese Retorte hindurchgegangen ist. Der Krieg der beiden Amerika, der des neuen Kontinents und des gelben Kontinents, dann jener des Siegers mit der übrigen Erde – das wird uns noch ein paar Jahrhunderte zu schaffen machen. Und dabei sehe ich nicht einmal weit genug, ahne ich noch nicht einmal alles. Außerdem wird natürlich noch jeder dieser Zusammenstöße ausgiebige soziale Kriege zur Folge haben. Und erst dann, wenn dies alles erledigt ist, vielleicht in zehn Jahrhunderten (obwohl ich glaube, daß es vielleicht rascher gehen könnte, als man meint, wenn man die Gegenwart mit der Vergangenheit in Vergleich setzt, weil sich im Fall die Geschwindigkeit beschleunigt), erst dann werden wir zu einer ein wenig ärmeren Synthese gelangen, denn von den Elementen der Zusammensetzung werden die besten und die schlechtesten unterwegs vernichtet worden sein; die ersten, weil sie zu zart waren, um den Unbilden zu widerstehen, die zweiten, weil sie zu widersetzlich waren und sich zu stark gegen die Amalgamierung wehrten. Dann werden jene sagenhaften Vereinigten Staaten der Erde erstehen, und ihr Bündnis wird um so dauerhafter sein, je mehr sich dann die Menschheit wahrscheinlich von gemeinsamen Gefahren bedroht sehen wird; die Marskanäle, die Eintrocknung der Planeten, die Erkaltung der Erdkruste, die geheimnisvollen Erkrankungen, die Pendeluhr Edgar Poes, die Vision des endgültigen Erlöschens der irdischen Geschlechter... Ach, was für schöne Dinge wird es zu betrachten geben. In jenen letzten Ängsten wird das Genie der Rasse überreizt sein. Freilich, Freiheit wird's wenig geben. Die menschliche Vielfalt muß gerade im Verschwinden notwendig zur Einheit des Gedankens und des Willens drängen (eine Richtung, in die sie übrigens auch heute schon ganz deutlich zielt); so wird sich ohne plötzliche Umkehr das Verschiedene in das Eine wieder zurückverwandeln, der Haß in die Liebe des alten Empedokles.»

«Und dann?»

«Dann? Dann wird wahrscheinlich alles nach einem Weltzeitraum von neuem anfangen. Ein anderer Kreis, ein anderes Kappa. Die Welt wird sich auf einem frisch geschmiedeten Rad wieder zu drehen beginnen.»

«Und des Rätsels Lösung?»

«Ein Hindu würde darauf antworten: Schiwa, der Zerstörer und der Schaffer, der Schaffer und der Zerstörer.»

«Welch ein entsetzliches Traumbild!»

«Das ist Auffassungssache. Die Weisheit macht einen immer frei. Für den Hindu ist Buddha der Befreier, mir für meinen Teil hilft schon die Neugierde über alles hinweg.»

«Aber nicht mir: ich kann mich nicht bescheiden mit der Weisheit des selbstsüchtigen Buddha, der nur sich frei macht und die anderen im Stiche läßt. Ich kenne wie Sie die Hindus, und ich liebe sie. Aber auch bei ihnen hat Buddha nicht das letzte Wort der Weisheit gesprochen. Erinnern Sie sich an jenen Bodhisattwa, den Meister des Mitleids, der den Eid geleistet, nicht früher Buddha zu werden, nicht früher sich ins Nirwana zurück zu flüchten, ehe er nicht alle Übel geheilt, alles Unrecht gesühnt, alle Seelen getröstet hätte.»

Perrotin neigte sich mit einem sanften Lächeln zu Clerambaults schmerzlichem Gesicht, streichelte ihm zärtlich die Hand und sagte:

«Mein lieber Bodhisattwa, was wollen Sie also tun? Wen wollen Sie also retten? Was wollen Sie also retten?»

«Ja, ich weiß wohl», sagte Clerambault und senkte den Kopf, «ich weiß wohl, wie wenig ich bin, wie wenig ich vermag. Ich kenne die Nichtigkeit meiner Wünsche und meines Protestes. Halten Sie mich nicht für eingebildet, aber was kann ich dagegen tun, wenn meine Pflicht mir zu sprechen gebietet?»

«Ihre Pflicht ist, etwas zu tun, was nützlich und vernünftig ist, nicht aber, sich vergeblich zu opfern.»

«Was ist das, was Sie ‹vergeblich› nennen? Können Sie im vorhinein bei Samenkörnern dasjenige unterscheiden, das gedeihen wird, und jenes, das zugrunde geht? Und ist dies ein Grund, den Samen nicht auszuwerfen? Welcher Fortschritt wäre jemals geschehen, wenn der, in dessen Brust das Samenkorn wuchs, zurückgeschreckt wäre vor dem ungeheuren Block der gewohnheitsträgen Vergangenheit, der ihn zu zerschmettern droht?»

«Ich verstehe, daß der Gelehrte die Wahrheit verteidigt, die er gefunden hat. Aber ist diese soziale Betätigung denn Ihre Mission? Dichter, bleibe deinen Träumen treu, auf daß deine Träume dir treu bleiben.»

«Ich bin zuerst Mensch, und dann erst Dichter. Jeder anständige Mensch hat eine Mission.»

«Aber Sie tragen geistige Werte in sich, die zu kostbar sind, und es wäre Mord, sie hinzuopfern.»

«Ja, nicht wahr, man soll also nur den kleinen Leuten das Opfer überlassen, die nicht viel zu verlieren haben?»

Er schwieg einen Augenblick und sagte dann:

«Perrotin, es ist mir oft in den Sinn gekommen, daß wir alle nicht unsere Pflicht tun, wir geistigen Menschen und Künstler alle... Nicht nur heute, sondern seit langem schon, seit immer. Wir haben bei uns einen Teil Wahrheit und Erleuchtung, die wir aus Vorsicht in uns zurückbehalten. Mehr als einmal habe ich das mit dunkeln Gewissensbissen gefühlt. Aber damals hatte ich noch Angst, in mich hineinzuschauen. Erst die Prüfung hat mich sehen gelehrt. Wir sind Bevorzugte, wir sind eine privilegierte Klasse, das gibt uns auch Pflichten, Pflichten, die wir nicht erfüllen, denn wir haben Angst, uns zu kompromittieren. Die Elite des Geistes ist eine Aristokratie, die vorgibt, jener des Blutes nachzufolgen; aber sie vergißt, daß jene im Anfang die Privilegien mit ihrem Blute bezahlte. Seit Jahrhunderten hört die Menschheit viele Worte von weisen Männern, aber nur selten sieht sie einen dieser Weisen sich hinopfern. Und das würde der Welt ganz gut tun, wenn sie hie und da einmal einen sehen würde, der sein Leben für seinen Gedanken hingibt. Nichts wahrhaft Fruchtbares kann ohne das Opfer geschaffen werden. Um die andern glauben zu machen, muß man selbst gläubig sein, muß beweisen, daß man gläubig ist. Es genügt nicht das bloße Dasein einer Wahrheit, damit der Mensch zu ihr aufblicke, es ist nötig, daß dieses Dasein ein lebendiges Leben habe. Und dieses Leben können, dieses Leben müssen wir ihr geben – das unsere! Sonst sind all unsere Gedanken nur Dilettantenspiele, eine Theaterspielerei, die einzig auf Theaterapplaus ein Anrecht hat. Nur solche Menschen haben die Menschheit vorwärtsgebracht, die ihr eigenes Leben zur Stufe machten. Dieses ist es auch, was den Zimmermannssohn von Galiläa über alle unsere großen Männer erhoben hat. Die Menschheit wußte wohl einen Unterschied zu machen zwischen den anderen und dem Heiland.»

«Und der Heiland? Hat er sie gerettet? – *Wenn Gott Zebaoth so beschlossen hat, so schaffen die Völker für das Feuer.*»

«Ihr Feuerkreis ist das letzte Schreckbild. Der Mensch ist nur dazu da, um ihn zu zerbrechen, um zu versuchen, sich ihm zu entringen, frei zu sein.»

«Frei?» sagte Perrotin mit seinem ruhigen Lächeln.

«Ja, frei! Freiheit ist das höchste Gut, ein ebenso seltenes, wie ihr Name ein abgebrauchter ist, so selten wie das wahre Schöne, wie das wahre Gute. Frei nenne ich den, der sich von sich selbst, von seinen Leidenschaften, seinen blinden Instinkten, von jenen der Umgebung und des Augenblickes loslösen kann, zwar nicht um seiner Vernunft zu gehorchen, wie man meist sagt (denn die Vernunft in dem Sinne, wie Sie sie verstehen, ist ja nur ein anderes Wahnbild, eine andere verhärtete, vergeistigte und darum fanatisierte Leidenschaft), sondern um zu versuchen, über die Staubwolken hinauszusehen, die sich von den Menschenherden auf den Straßen der Gegenwart erheben, um zu versuchen, den Horizont zu umfassen und alles Geschehen in der Gesamtheit der Dinge und der Weltordnung zu begreifen.»

«Und sich dann», unterbrach ihn Perrotin, «den Weltgesetzen zu unterwerfen und anzupassen.»

«Nein», erwiderte Clerambault, «um sich ihnen mit vollem Bewußtsein entgegenzustellen, sobald sie dem Glück und dem wahrhaft Guten nachteilig sind. Denn darin besteht ja die Freiheit, daß der freie Mensch in sich selbst ein Weltgesetz ist, ein bewußtes Gesetz, dessen einzige Aufgabe es ist, das Gegengewicht für die zerschmetternde Maschine, für den Automaten Spittelers, die eherne Ananke zu bilden. Ich sehe das Weltwesen noch zu drei Vierteilen in der Scholle, in der Rinde, im Stein gebunden, den unbarmherzigen Gesetzen der Materie unterworfen, in die es eingebannt ist. Nur der Blick und der Atem sind frei. ‹Ich hoffe›, sagt der Blick. ‹Ich will›, sagt der Atem. Mit diesen beiden sucht es sich loszuringen. Der Blick, der Atem, das sind wir, das ist der freie Mensch.»

«Mir genügt der Blick», sagte sanft Perrotin.

Clerambault erwiderte:

«Habe ich keinen Atem, so gehe ich zugrunde.»

Beim geistigen Menschen bedarf es immer einiger Zeit vom Wort bis zur Tat, und selbst wenn er schon zu handeln beschlossen hat, findet er noch immer verschiedene Vorwände, um die Ausführung auf den nächsten Tag zu verschieben. Er sieht zu deutlich alles, was kommen wird, sieht die Kämpfe und Mühen voraus und bezweifelt von vornherein den Erfolg. Um sich aber selbst über seine Unruhe hinwegzutäuschen, verausgabt er sich in Kraftreden entweder mit sich allein oder im engsten Freundeskreise und verschafft sich so die billige Illusion, schon tätig zu sein. Im tiefsten Grunde seines Wesens glaubt er jedoch selbst nicht daran, er wartet wie Hamlet auf die Gelegenheit, die ihn zur Tat zwingen soll.

So tapfer auch Clerambault in seinem Gespräch mit dem nachgiebigen Perrotin gewesen war, fand er doch, kaum heimgekehrt, alle seine Bedenken wieder. Seine durch das Unglück geschärfte Feinfühligkeit spürte nur zu gut die Erregung der Seinen rings um ihn und ließ ihn den Zwiespalt vorausahnen, den seine einmal ausgesprochenen Worte zwischen seiner Frau und ihm hervorrufen würden. Und noch mehr: er fühlte sich der Zustimmung seiner Tochter nicht mehr sicher, er hätte nicht sagen können, weshalb, aber er fürchtete, die Probe zu machen. Für ein zärtliches Gemüt wie das seine war schon der Versuch eine Qual...

Inzwischen schrieb ihm ein befreundeter Arzt, er hätte in seinem Hospital einen Schwerverwundeten, der an der Offensive in der Champagne teilgenommen und Maxime gekannt hatte. Clerambault eilte sofort hin, um ihn zu sehen.

Er fand auf einem Bett einen Mann unbestimmbaren Alters auf dem Rücken liegend, unbeweglich ausgestreckt, umschnürt wie eine Mumie. Aus den weißen Bandagen starrte das magere Gesicht eines Bauern, gegerbt, zerfaltet, mit großer Nase und grauem Bart. Der freie rechte Unterarm stützte eine massige und entstellte Hand auf die Decke, vom Mittelfinger fehlte ein Glied, aber das zählte nicht, das war eine Friedenswunde. Unter den buschigen Brauen sahen die Augen ruhig und klar: man hätte ein so mildes graues Licht in dem verbrannten Antlitz nicht erwartet.

Clerambault trat an ihn heran, erkundigte sich nach seinem Zustande, der Mann dankte höflich, aber ohne sich auf Einzelheiten einzulassen, gleichsam als ob es nicht nötig wäre, von sich zu sprechen.

«Ich danke Ihnen, mein Herr, es geht gut, es geht ganz gut.»

Aber Clerambault erneuerte liebevoll seine Fragen, und es dauerte nicht lange, so fühlten die grauen Augen, daß in den blauen Augen, die sich zu ihnen niederneigten, mehr als Neugier sich regte.

«Wo sind Sie denn verwundet?» fragte Clerambault.

«Ach! Das wäre zu lang zu erzählen, mein Herr! Eigentlich ein wenig überall.»

Und als jener weiterfragte:

«Ich habe es hier und da abgekriegt, überall wo gerade ein Platz war – und dabei bin ich nicht einmal besonders dick. Ich hätte nie gedacht, daß es in einem Körper soviel Platz dafür gibt.»

Schließlich erfuhr Clerambault, daß jener ungefähr zwanzig – oder genauer gesagt siebzehn – Verwundungen hatte. Er war buchstäblich von einem Schrapnell überschüttet (oder wie er sagte «gespickt») worden.

«Siebzehn Verwundungen!» schrie Clerambault.

Der Mann berichtigte:

«Um der Wahrheit völlig die Ehre zu geben: ich habe jetzt nur mehr etwa zehn.»

«Sind die anderen schon geheilt?»

«Man hat mir die Füße abgeschnitten.»

Clerambault war so erschüttert, daß er fast den Zweck seines Besuches vergaß. Oh, diese Fülle von Unglück! Mein Gott! Was ist da das unsere, dieser Tropfen im Meer! Er legte seine Hand auf die harte Hand des Mannes und drückte sie. Die ruhigen Augen des Verwundeten betrachteten Clerambault von oben bis unten, bemerkten das Trauerband am Hute, und er sagte:

«Sie haben auch Unglück gehabt?»

Clerambault raffte sich auf.

«Ja», sagte er, «nicht wahr, Sie haben ihn gekannt, den Sergeanten Clerambault?»

«Natürlich habe ich ihn gekannt.»

«Das war mein Sohn.»

Ein Bedauern kam in den Blick.

«Ach, Sie armer Herr... Natürlich habe ich ihn gekannt, Ihren tapferen kleinen Jungen! Wir waren fast ein ganzes Jahr zusammen, und das zählt, dieses Jahr! Durch Tage und Tage wie die Maulwürfe im selben Loch... Ach, man hat zusammen viel Elend erlebt.»

«Hat er viel gelitten?»

«Na, mein Herr, manchmal war es hart. Den Kleinen hat es manchmal fest gepackt, besonders im Anfang. Er war es eben nicht gewöhnt; wir, wir kennen das.»

«Sie sind vom Lande?»

«Ich war Gutsknecht, da lebt man das Leben mit den Tieren, lebt ein wenig wie sie selbst... Obwohl, mein Herr, um es offen zu sagen, der Mensch heutzutage von den Menschen schlechter als das Vieh behandelt wird... *Seid gut zu den Tieren*, diese amtliche Mahnung hatte irgendein Spaßvogel in unserem Schützengraben aufgehängt. Aber was für sie nicht gut ist, war noch immer gut genug für uns... Tut nichts! – Ich beklage mich ja nicht. Es ist nun einmal so. Und wenn es sein muß, muß es eben sein. Aber der kleine Sergeant, bei dem merkte man's, daß er nicht gewöhnt war an all das. An den Regen und an den Schlamm und die Niedertracht und vor allem an den Schmutz. Was immer man anrührte, was man aß, und dann auf einem selbst: das Ungeziefer... Im Anfang, da sah ich's, da war er ein paarmal ganz nahe daran zu weinen. Da versuchte ich ihm ein bißchen zu helfen. Mich lustig zu machen über die Sachen, um ihm zu helfen – aber so, daß er nicht merkte, daß man ihm helfen wolle, denn er war stolz, der Kleine, und wollte nicht, daß man ihm helfe – aber er war doch froh, wenn man's tat. Und ich war es auch. Dort hat man ja nötig, zueinanderzurücken und sich zu helfen. Schließlich war er soweit und so abgehärtet wie ich, hat mir seinerseits auch geholfen. Hat nie geklagt, wir lachten sogar zusammen, denn man muß doch lachen: Es gibt ja kein Unglück, das ewig dauert, und das hilft einem über das Elend hinweg.»

Clerambault hörte bedrückt zu. Er fragte:

«So war er also weniger traurig am Ende?»

«Ja, mein Herr, er hatte sich abgefunden, wie schließlich wir alle. Man weiß nicht, wieso das kommt, man steht jeden Tag fast jeder mit demselben Fuß auf, man ist einander nicht ähnlich, aber schließlich ist man schon mehr die andern als man selbst. Und das ist besser so, man leidet nicht mehr soviel, man fühlt sich selbst weniger, man wird eine einzige Masse. Außer, wenn es Urlaub gibt – dann wird es schlecht für die, die zurückkommen –, und so war's auch gerade bei dem kleinen Sergeanten, als er zum letztenmal wiederkam... da geht es dann nicht mehr gut...»

Clerambault sagte hastig aus gepreßtem Herzen:

«Wie, damals, als er zurückkam...?»

«Ja, da war er sehr niedergedrückt. Niemals hatte ich ihn so kleinmütig gesehen wie in jenen Tagen.»

Ein schmerzlicher Ausdruck malte sich in Clerambaults Gesicht. Bei einer Bewegung, die er machte, wendete sich der Verwundete, der, bisher die Augen zur Zimmerdecke gerichtet, gesprochen hatte, mit dem Blick gegen ihn, sah und verstand offenbar alles, denn er fügte hinzu:

«Aber er hat sich schon wieder herausgerappelt nachher.»

Clerambault faßte von neuem die Hand des Kranken.

«Sagen Sie mir, was er Ihnen erzählte, sagen Sie mir alles.»

Der Mann zögerte, dann sagte er:

«Ich erinnere mich nicht mehr ganz genau.»

Er schloß die Augen und blieb unbeweglich. Clerambault, über ihn gebeugt, suchte zu sehen, was diese Augen unter ihren geschlossenen Lidern in sich erblickten.

Mondlose Nacht. Eisige Luft. Aus der Tiefe des gehöhlten Grabens sieht man den kalten Himmel und die starren Sterne. Geschosse schlagen in dem harten Boden auf. Im Schützengraben zusammengeknäuelt, die Knie unter dem Kinn, rauchen Maxime und sein Gefährte Seite an Seite. Der Kleine war eben an diesem Tage von Paris zurückgekommen.

Er war bedrückt und gab auf Fragen keine Antwort, er verschloß sich in einem bösen Schweigen. Der andere hatte ihn den ganzen Nachmittag mit Absicht allein gelassen, damit er mit seiner Qual fertig werde; aus dem Augenwinkel heraus beobachtete er ihn, und als er dann im Dunkeln den Augenblick gekommen sah, näherte er sich ihm. Er wußte, der Kleine würde jetzt von selbst mit ihm sprechen. Der Anschlag einer Kugel, die über ihre Köpfe fuhr, ließ eine vereiste Scholle Erde sich loslösen.

«Heda, du Totenvogel», sagte der andere, «du hast es eilig.»

«Wenn es nur schon vorüber wäre», sagte Maxime, «sie wollen es ja alle.»

«Was, um den Boches eine Freude zu machen, ließest du dich umbringen? Du bist wirklich ein guter Kerl.»

«Es sind nicht nur die Boches allein, alle schaufeln sie zusammen an unserem Grab...»

«Wer denn?»

«Alle! Die von dort hinten, von wo ich komme, die von Paris, die Freunde, die Verwandten, die Lebendigen, die vom anderen Ufer. Wir, wir sind ja schon tot.»

Ein Schweigen. Der Flug eines Projektils heulte durch den Himmel. Der Kamerad tat einen tiefen Zug aus der Pfeife.

«Also, es hat dir hinten nicht gefallen, mein Kleiner? Ich habe es mir gleich gedacht.»

«Warum denn?»

«Weil, wenn der eine schuftet und der andere nicht, so haben die beiden einander nichts zu sagen.»

«Aber sie leiden ja auch...»

«Ja, aber es ist nicht dasselbe Brot. Du kannst noch so geschickt sein, du wirst niemals einem, der ihn nicht kennt, den Zahnschmerz erklären können. So versuche mal denen da hinten, die in ihren Betten liegen, begreiflich zu machen, was hier vorgeht. Für mich ist es nicht neu, ich habe den Krieg nicht nötig gehabt... Ich habe das mein ganzes Leben gekannt. Aber glaubst du, wenn ich mich auf der Erde abrackerte und mir das Mark aus den Knochen schwitzte, daß andere sich darüber beunruhigt haben? Ich sage damit nicht, daß sie deshalb schlecht sind. Sie sind nicht gut, sind nicht schlecht, sind eben, wie fast alle Welt ist. Können's halt nicht auffassen. Um etwas zu verstehen, muß man's selber spüren, die Sache auf sich nehmen, die ganze Qual auf sich nehmen. Wenn nicht – und man tut es ja nicht, mein Junge –, da muß man eben das Kreuz darüber machen, versuch's nicht zu erklären. Die Welt ist eben so, wie sie ist. Da ist nichts zu ändern.»

«Das wäre zu furchtbar. Dann lohnte es ja nicht mehr zu leben.»

«Warum denn nicht, zum Teufel? Ich habe es ganz gut ertragen, und du bist nicht weniger wert als ich. Du bist klüger, du kannst lernen, man lernt alles ertragen. Alles. Und dann – etwas zusammen zu ertragen, ist zwar noch keine Freude, aber es ist nicht mehr ganz eine Qual. Allein zu sein, das ist das härteste. Du bist nicht allein, mein Kleiner.»

Maxime sah ihm ins Gesicht und sagte:

«Dort hinten war ich's, hier bin ich es nicht mehr...»

Aber der Mann, der mit geschlossenen Augen auf seinem Bette hingestreckt lag, sagte nichts von dem, was er in sich sah. Als er jetzt wieder ruhig die Augen aufschlug, fand er den verängstigten Blick des Vaters auf sich gerichtet, der ihn anflehte zu sprechen.

Und da versuchte er mit einer linkischen und zärtlichen

Gutmütigkeit zu erklären, daß der Kleine offenbar deshalb traurig gewesen war, weil er die Seinen hatte verlassen müssen, aber daß *man* ihn schon wieder aufgerichtet hätte. *Man* verstand ja seine Not... Er selbst, der Krüppel, hätte ja nie einen Vater gekannt, aber als Kind hätte er davon geträumt, welches Glück es für die, die einen haben, sein müsse. «So habe ich mir erlaubt... und habe zu ihm gesprochen, mein Herr, so, als ob ich Sie wäre... und der Kleine hat sich beruhigt. Er sagte mir, daß man doch eine Sache diesem verfluchten Krieg danke, nämlich daß er einem gezeigt habe, es gäbe viele arme Teufel auf der Erde, die sich nicht kennen und die aus demselben Holz geschnitzt sind. Man hört es oft genug, daß wir Brüder seien, von den Anschlagzetteln oder aus den Predigten, nur glaubt man's eben nicht. Um es wirklich zu wissen, muß man einmal miteinander geschuftet haben... und da hat er mich umarmt.»

Clerambault stand auf, neigte sich über das umwickelte Gesicht des Verwundeten und küßte ihn auf die rauhe Wange.

«Sagen Sie, was ich für Sie tun kann», fragte er.

«Sie sind sehr gut, mein Herr, aber viel ist nicht mehr zu tun. Ich bin sozusagen fertig. Ohne Beine, mit einem gebrochenen Arm, mit fast nichts Gesundem mehr, wozu wäre ich noch gut? Übrigens ist ja noch gar nicht gesagt, daß ich überhaupt davonkomme. Na, es wird eben gehen, wie es geht. Fahre ich ab, dann gute Reise, und bleibe ich, so wird man schon sehen. Man muß warten, es gibt ja immer Züge.»

Clerambault bewunderte seine Geduld. Der andere wiederholte immer seinen Refrain:

«Ich bin halt eben daran gewöhnt, es ist kein großes Verdienst, geduldig zu sein, wenn man nicht anders kann... und dann, wir kennen ja das schon, ein bißchen mehr oder ein bißchen weniger... für uns dauert der Krieg das ganze Leben lang.»

Clerambault bemerkte, daß er in seinem Egoismus noch

gar nicht nach Einzelheiten aus dem Leben des andern gefragt hatte, ja nicht einmal seinen Namen wußte.

«Mein Name? Der paßt gut zu mir: Courtois, Aimé. Aimé ist der Vorname. Paßt wie ein Handschuh zu einem, der im Dreck sitzt... Und dazu noch Courtois, ein guter Witz. Meine Eltern habe ich nicht gekannt, ich bin ein Findelkind. Der Pfleger vom Hilfshaus, ein Pächter in der Champagne, hat es übernommen, mich aufzuziehen, und er verstand sich darauf, der Kerl... Ich bin gut herausgearbeitet worden! Na, ich habe wenigstens zu rechter Zeit schon gewußt, was mich im Leben erwartet. Es hat gut in meinen Napf geregnet.»

Und dann erzählte er mit ein paar kurzen trockenen Sätzen, ohne irgendwelche Erregung, die ganze Reihe der Unglücksfälle, die sein Leben zusammensetzten: die Ehe mit einem Mädchen, wie er ohne einen Pfennig Geld, der «Hunger, der den Durst heiratet», Krankheiten, Todesfälle, den Kampf gegen die Natur – und das alles wäre noch nichts gewesen, hätte nicht noch der Mensch vom Seinen dazugetan. Homo homini... homo... Die ganze soziale Ungerechtigkeit, die auf den Leuten der unteren Schichten lastet. – Clerambault konnte seine Erbitterung nicht verbergen, wie er ihm so zuhörte, aber Aimé Courtois regte sich durchaus nicht auf. Es ist eben so, es war immer so, und es wird immer so sein. Die einen sind da, um zu leiden, die anderen nicht. Es gibt keine Berge ohne Täler. Der Krieg war ihm als ein Blödsinn erschienen, aber er hätte nicht einen Finger gerührt, um ihn zu verhindern. In seiner Art war die ganze fatalistische Passivität des Volkes, das auf gallischer Erde sich in eine ironische Sorglosigkeit hüllt, das «Man darf sich nichts daraus machen» der Schützengräben. Und es war auch die ganze falsche Scham der Franzosen darin, die vor nichts so Furcht haben wie vor dem Lächerlichen, die tausendmal lieber für eine Tollheit und sogar für eine, die sie selbst als solche erkennen, sich opfern würden, als sich dem Spott für irgendeine vernünftige Handlung auszusetzen, die nur nicht an der Tagesordnung war. Sich dem Kriege entgegenstellen, das wäre so, wie sich gegen das Gewitter stellen. Wenn's hagelt, kann man halt nichts tun als, wenn es noch geht, die Fenster zuschließen und nachher sich die zugrunde gerichtete Ernte anschauen. Und dann fängt man wieder an bis zum nächsten Hagel, bis zum nächsten Krieg – in alle Ewigkeit. «Man darf sich halt nichts daraus machen» – nie kam ihm der Gedanke, daß der Mensch den Menschen ändern könnte.

Clerambault erbitterte sich innerlich über diese heroische und dumme Resignation, die wohl dazu angetan ist, die privilegierten Klassen zu begeistern, denn ihr verdanken sie ja die eigene Erhaltung – die aber andererseits aus der menschlichen Rasse und ihrer tausendjährigen Anstrengung ein Danaidenfaß macht, da sich ihr ganzer Mut, ihre ganze Tugend, ihre ganze Arbeit darin erschöpfen, auf anständige Art zu sterben … Als aber seine Augen sich wieder auf das verstümmelte Stück Mensch richteten, das da vor ihm lag, bedrückte ihn ein unendliches Mitleid. Was konnte er tun, was konnte er wollen, dieser Mann des Elends, dieses Symbol des hingeschlachteten und verstümmelten Volkes? So viele Jahrhunderte leidet und blutet es schon vor unseren Augen, ohne daß wir, seine glücklicheren Brüder, ihm mehr geben als irgendein nachlässiges Lob von fern, das unser Wohlergehen gar nicht stört und das Volk sogar aufmuntert, nur so fort zu tun! Welche Hilfe bringen wir ihm denn? Da wir schon nichts für dieses Volk tun, widmen wir ihm nicht einmal unser Wort! Von der freien Entfaltung unseres Denkens – die wir doch seinen Opfern danken – bewahren wir die Frucht für uns, ja wir wagen nicht einmal, es davon kosten zu lassen. Wir haben Furcht vor dem Lichte, Furcht vor der frechen Meinung und den Herren der Stunde, die sagen: «Löschet das Licht! Ihr, die ihr es habt, trachtet es zu verbergen, damit man nichts davon sieht, wenn ihr wollt, daß man es euch verzeihe.» – Genug der Feigheit! Wer soll sprechen, wenn nicht wir? Die anderen sterben mit dem Knebel im Munde …

Ein Schatten von Qual lief über das Antlitz des Verwundeten. Seine Augen sahen starr zur Decke, sein großer verkrümmter Mund, hartnäckig verschlossen, wollte keine Antwort mehr geben.

Clerambault entfernte sich. Er hatte seinen Entschluß gefaßt. Das Schweigen des Volkes auf seinem Totenbett hatte ihn bestimmt, das Wort zu ergreifen.

Dritter Teil

Clerambault kam vom Spital zurück, schloss sich in sein Zimmer ein und begann zu schreiben. Frau Clerambault versuchte einmal einzudringen, sah mit einer Art Mißtrauen nach, was er machte. Es war, als ob ein bei dieser Frau sehr seltenes Ahnungsvermögen – sie merkte sonst nie etwas – ihr ein dunkles Angstgefühl vor dem, was ihr Mann vorbereitete, einjagte. Es gelang ihm, seine Abgeschlossenheit zu verteidigen, bis er fertig war. Sonst ersparte er den Seinen nichts von dem, was er geschrieben hatte, es war ein Genuß für seine naive, liebevolle Eitelkeit, aber auch zärtliche Pflicht, auf die er ebensowenig wie die anderen hätte verzichten können. Diesmal nahm er davon Abstand, ohne sich den Grund dafür selbst klarzumachen. Obwohl er noch weit davon entfernt war, die ganze Tragweite seiner Tat zu überschauen, hatte er doch Furcht vor Widerspruch, denn er fühlte sich seiner noch nicht sicher genug, sich ihm auszusetzen. So zog er es vor, die anderen lieber vor die vollendete Tatsache zu stellen.

Sein erster Schrei war eine Selbstanklage:

Ihr Toten, verzeihet uns!

Diese öffentliche Beichte trug als Motto die Melodie einer alten Klage des Königs David, der an der Leiche seines Sohnes Absalom weint:

Ich hatte einen Sohn. Ich liebte ihn. Und ich habe ihn getötet. Ihr Väter des trauernden Europa, nicht für mich allein, für Euch alle spreche ich, Ihr Millionen Väter, verwitwet an Euren Söhnen, Feinde oder Freunde, und alle bedeckt von ihrem Blute gleich mir. Ihr alle sprecht durch die Stimme eines der Euren, durch meine arme Stimme, die leidet und Buße tut.

Mein Sohn ist für die Euren, durch die Euren (ich weiß es nicht), ist wie die Euren getötet worden. Und wie Ihr habe ich den Feind dafür angeklagt und den Krieg. Aber den Hauptschuldigen sehe ich erst heute, und ich klage ihn an: ich bin es. Ich bin es, und dieses Ich seid Ihr. Wir sind es. Könnte ich Euch doch zwingen, das zu hören, was Ihr wohl wißt und nicht wissen wollt!

Mein Sohn war zwanzig Jahre alt, als er dem Krieg zur Beute fiel. Zwanzig Jahre lang habe ich ihn zärtlich geliebt, habe ihn geschützt gegen Hunger, Kälte, Krankheiten, gegen die geistige Dunkelheit, gegen Unwissenheit, Irrtum, gegen alle Fallstricke, die das Leben in seinem Schatten birgt. Aber was habe ich getan, um ihn zu verteidigen gegen die aufsteigende große Gefahr?

Dabei habe ich niemals zu jenen gehört, die mit den Leidenschaften des eifersüchtigen Nationalismus gemeinsame Sache machten. Ich liebte die Menschen, und es war mir eine Freude, an ihre zukünftige Brüderlichkeit zu denken. Warum habe ich also nichts getan gegen das, was sie bedrohte, gegen das schleichende Fieber, gegen den lügnerischen Frieden, der mit einem Lächeln auf den Lippen schon zum Mordanschlag ausholte? Es war vielleicht Furcht zu mißfallen, Furcht vor Feindschaften? Ich liebte es zu sehr zu lieben und vor allem geliebt zu werden. Ich fürchtete, erworbenes Wohlwollen zu gefährden, hielt zu viel auf die zerbrechliche und kraftlose Gemeinschaft mit jenen, die um uns sind, auf diese Komödie, die man mit sich und den anderen spielt und mit der man sich ja gar nicht selbst betrügt, denn von beiden Seiten fürchtet man immer, das Wort aus-

zusprechen, das den Mörtel abfallen ließe und das zerfressene Haus zeigte. Ich hatte Furcht, klar in mich selbst zu sehen, war erfüllt von jener inneren opportunistischen Unsicherheit, die alles schonen will, die die alten Instinkte und den neuen Glauben verbinden will, die Kräfte, die sich gegenseitig vernichten und aufheben, Vaterland, Menschheit, Krieg und Frieden. Ich habe nie genau gewußt, auf welche Seite ich mich hinneigen sollte und bin von der einen zur anderen wie eine Schaukel geschwankt. Ich hatte Angst vor der Anstrengung, mich zu entscheiden und eine Wahl zu treffen... Faulheit war es und Feigheit! Ich übertünchte all das mit einem gefälligen Glauben an die Güte der Dinge, die alles schon – so dachte ich – von selbst in schönste Ordnung bringen würden. Und wir begnügten uns, zuzuschauen, den unfehlbaren Lauf des Schicksals noch zu verherrlichen – wir Höflinge der Gewalt! Da wir verzichtet haben, Einfluß zu erlangen, so haben die Dinge – oder die Menschen, andere Menschen als wir – für uns entschieden. Und wir haben das erst bemerkt, als wir schon getäuscht waren. Aber das Eingeständnis war für uns so entsetzlich, wir waren so dessen entwöhnt, wirklich wahrhaft zu sein, daß wir auch dann weiter so getan haben, als wären wir mit dem Verbrechen im vollen Einverständnis. Und als Bürgschaft unseres Einverständnisses haben wir unsere Söhne ausgeliefert...

Ach, wir haben sie sehr geliebt! Sicher mehr als unser eigenes Leben – ach, hätte es sich nur darum gehandelt, unser Leben hinzugeben! Aber wir haben sie nicht mehr geliebt als unseren Stolz, der verzweifelt bemüht war, unsere moralische und sittliche Verwirrung zu verbergen, die Leere unseres Geistes und die Nacht unseres Herzens.

Alle diese Dinge wären aber noch verzeihlich bei solchen, die an das alte Idol, an das heimtückische, neidische, mit getrocknetem Blut überdeckte Götzenbild glaubten – an das barbarische Vaterland. Wenn jene ihre und der anderen Kinder opferten, so töteten sie, aber sie wußten wenigstens nicht, was sie taten – diejenigen aber, die nicht mehr daran glaub-

ten, die nur mehr daran glauben wollen (und das bin ich, das sind wir) – die opfern ihre Kinder, indem sie sie einer Lüge *darbieten (denn im Zweifel ja sagen, heißt lügen), und sie opfern sie, um sich selbst ihre* Lüge *zu beweisen. Und jetzt, da unsere Lieben für unsere* Lüge *gestorben sind, arbeiten wir uns, statt den Irrtum offen zuzugeben, nur noch tiefer, bis über die Augen hinein, nur um nichts mehr zu sehen, denn wir wollen, daß nach den unseren noch die anderen, alle anderen, für unsere* Lüge *sterben.*

Aber ich, ich kann das nicht mehr, ich denke an die noch lebenden Söhne. Was soll mir das Gutes tun, daß andern Böses geschieht? Bin ich ein Barbar aus den Zeiten Homers, um zu glauben, daß ich den Schmerz meines toten Sohnes, seinen Hunger nach Licht lindern könne, wenn ich auf die Erde, die ihn hinabgeschlungen hat, das Blut anderer Söhne hingieße? Haben wir noch immer diese Vorstellungen? – Nein! Jeder neue Mord tötet meinen Sohn noch einmal, läßt auf seinem Gebein den schmutzigen Schlamm des Verbrechens lasten. Mein Sohn war die Zukunft, und wenn ich ihn retten will, muß ich die Zukunft retten, muß ich künftigen Vätern den Schmerz ersparen, der auf mich gefallen ist. Zu Hilfe! Helft mir! Verwerfen wir diese Lüge! Geht denn der Kampf zwischen den Staaten, dieses Brigantentum des Weltalls, wirklich um unseretwillen vor sich? Was tut uns denn wahrhaft not? Die erste Freude, das erste Gesetz, ist es nicht jenes Lebensgesetz des Menschen, der gleich einem Baum gerade aufsteigt und sich in dem zugewiesenen Kreis Erde erfüllt, der durch seinen freien Saft und seine stille Arbeit, sein vielfältiges Leben in sich und seinen Söhnen sich ruhig entfalten sieht? Wer von uns Brüdern der Welt ist eifersüchtig auf den anderen, wer will ihm solch gerechtes Glück nehmen? Was haben wir zu tun mit den Ambitionen und Rivalitäten, mit der Habgier und den geistigen Krankheiten, mit denen die Schänder des Wortes den Namen des Vaterlandes bedecken? Das Vaterland sind wir, die Väter. Das Vaterland sind unsere Söhne. All unsere Söhne. Retten wir sie!

Ohne irgend jemand zu fragen, überbrachte er diese Seiten, kaum daß er sie geschrieben hatte, einem kleinen sozialistischen Verleger seines Viertels. Er kam erleichtert zurück und dachte:

So, jetzt habe ich gesprochen. Jetzt beschäftigt es mich nicht mehr.

Aber in der kommenden Nacht belehrte ihn plötzlich ein Stich in der Brust, daß es ihm mehr als je naheging. Er wachte auf. – Was habe ich denn getan? ... Er fühlte eine schmerzliche Scham, der Öffentlichkeit seinen heiligen Schmerz ausgeliefert zu haben. Ohne daran zu denken, daß seine Worte Zorn erregen könnten, hatte er doch ein Vorgefühl von Unverständnis, von grobschlächtiger Auslegung, die er als Profanation empfand.

Die nächsten Tage gingen vorüber. Es geschah nichts. Schweigen. Der Aufruf war in der allgemeinen Unaufmerksamkeit untergegangen. Der Verleger gehörte zu den wenig bekannten, die Versendung der Broschüre war nachlässig geschehen, und es gibt keinen gefährlicheren Tauben als den, der nicht hören will. Die wenigen Leser, die der Name Clerambault angezogen hatte, legten nach den ersten Zeilen die unwillkommene Lektüre zur Seite. Sie dachten:

Der arme Mann, sein Unglück ist im Begriff, ihm den Kopf ganz zu verdrehen!

Ein guter Vorwand für sie, das Gleichgewicht ihres Herzens nicht in Erschütterung zu bringen.

Ein zweiter Artikel folgte. Clerambault nahm darin Abschied von dem alten, blutigen Götzenbild Vaterland, oder vielmehr, er stellte dem großen fleischfressenden Untier, dem sich die armen Menschen jener Zeit als Fraß hinwarfen, der römischen Wölfin, die erhabene Mutter alles Lebendigen entgegen: das Weltvaterland!

Kein bitterer Schmerz, als Abschied zu nehmen von der, die man einst geliebt. Sie aus meinem Herzen zu reißen, heißt mein Herz selbst ausreißen. Du Teure, Du Gute, Du Schöne – ach, hätte man wenigstens den blinden Vorzug jener leidenschaftlichen Liebhaber, die alles vergessen können, die ganze Liebe, das ganze Gute und Schöne von einst, um nur das Böse zu sehen, das man heute von der Geliebten erleidet, und zu erkennen, wie tief sie gesunken ist! Aber ich kann nicht, ich kann nicht vergessen. Ich werde Dich immer so sehen, wie ich Dich liebte, als ich noch an Dich glaubte, als Du mein Leitstern warst und mein bester Freund – Du, mein Vaterland! Warum hast Du mich verlassen? Warum hast Du uns verraten? Wäre ich allein mit meinem Leiden, ich verhehlte vielleicht die traurige Erkenntnis unter meiner hingegangenen Zärtlichkeit. Aber ich sehe Deine Opfer, die Völker, die jungen gläubigen und begeisterten Männer (und erkenne unter ihnen den, der ich einst war)... Wie hast Du uns betrogen! Deine Stimme schien uns die der brüderlichen Liebe, Du riefst uns zu Dir, um uns zu vereinen. Es sollte keine Einsamen mehr geben, alle sollten wir Brüder sein! Jedem liehest Du die Kräfte von tausend anderen, Du ließest uns unseren Himmel, unsere Erde und das Werk unserer Hände lieben, und wir liebten uns alle, indem wir Dich liebten... Wohin hast Du uns jetzt geführt? Waren Deine Absichten, indem Du uns vereintest, einzig die, uns zahlreicher zu machen für den Haß und den Mord? Ach, wir hatten ja genug an unserem Einzelhaß. Jeder hatte sein Bündel von schlechten Gedanken, aber zumindest wußten wir, wenn wir ihnen nachgaben, daß es schlechte waren. Du aber, Du Vergifterin der Seele, Du nennst sie heilige... Wofür diese Kämpfe? Für unsere Freiheit? Du machst ja Sklaven aus uns. Für unser Gewissen? Das schändest Du ja. Für unser Glück? Das plünderst Du doch. Für unser Wohlergehen? Unsere Erde ist zerstampft... Wozu bedürfen wir neuer Eroberun-

gen, da schon das Feld unserer Väter uns zu groß wurde: einzig nur für die Habgier von einigen Ausbeutern? Ist es denn die Aufgabe des Vaterlandes, diese Bäuche mit dem allgemeinen Elend zu füllen? Vaterland, das Du Dich den Reichen verkauft hast, den Händlern mit der Seele und den Körpern der Völker, Vaterland, das Du Mithelferin und Verbündete geworden bist und ihre Niederträchtigkeit mit Deiner heroischen Gebärde deckst – hüte Dich! Die Stunde ist gekommen, wo die Völker ihr Ungeziefer von sich abschütteln, ihre Götter und ihre Herren, die sie mißbrauchen. Mögen sie unter sich selbst die Schuldigen verfolgen. Ich gehe geradeaus zum Herrn, dessen Schatten sie alle bedeckt. Du aber, das Du unbewegt thronst, indes die Massen sich in Deinem Namen hinschlachten, Du, das sie alle anbeten, indem sie einander alle hassen, Du, das Du Dich ergötzest, die blutige Brunst der Völker zu entzünden, Du Weibwesen, beutegierige Gottheit, Du falsche Christin, die Du über dem Gemetzel schwebst mit kreuzgefalteten Flügeln und Habichtsklauen – wer wird Dich aus unserem Himmel herabreißen, wer gibt uns die Sonne und die Liebe unserer Brüder zurück?

Ich bin allein. Ich habe nichts als meine Stimme, die ein Hauch auslöschen kann, aber ehe sie hinschwindet, schreie ich auf:

Du wirst fallen, Tyrann, Du wirst fallen! Die Menschheit will leben. Die Zeit wird kommen, wo der Mensch Dein lügnerisches Joch zerbrechen wird. Die Zeit kommt. Die Zeit ist da.

Die Antwort der Geliebten

Dein Wort, mein Sohn, ist wie der Stein, den ein Kind gegen den Himmel wirft. Es erreicht mich nicht, es fällt auf Dich selbst zurück. Die Du schmähst und die meinen Namen fälschlich angenommen, ist ein Götzenbild, das Du Dir selbst geformt hast. Nach Deinem Bilde ist es geschaffen, nicht nach dem meinen. Das wahre Vaterland ist das des Allvaters, gemeinsam alle umfangend, und es ist nicht seine Schuld, wenn Ihr es klein macht nach Eurem eigenen Wuchs... Ihr Unglücklichen, Ihr beschmutzt alle Eure Götter, es gibt nicht eine große Idee, die Ihr nicht erniedrigt. Das Gute, das man Euch erweisen will, verwandelt Ihr in Gift, das Licht, mit dem man Euch überschüttet, dient, Euch zu verbrennen. Ich war zu Euch gekommen, um Eure Einsamkeit zu erwärmen, ich habe Eure fröstelnden Seelen zu Herden vereinigt, aus Eurer zerstreuten Schwäche ein Bündel geformt. Denn ich bin die brüderliche Liebe, die große Bindung. Und gerade meinen Namen, o Tolle, habt Ihr gewählt als Vorwand, um Euch zu vernichten.

Seit Jahrhunderten bemühe ich mich, Euch von den Ketten der Roheit zu befreien, Euch aus Eurer harten Selbstigkeit herauszutreiben. Keuchend schreitet Ihr vorwärts auf der Straße der Zeit. Die Provinzen und die Nationen sind die tausendjährigen Grenzen, die bisher als Rastpunkt Eurer Erschöpfung gesteckt waren. Eure Hinfälligkeit allein hat sie aufgerichtet. Um Euch weiter zu führen, muß ich warten, bis Ihr wieder Atem geholt habt... Aber Ihr seid so schwach an Atem und am Herzen, daß Ihr aus Eurer Unfähigkeit eine Tugend macht. Ihr bewundert Eure Helden um der Grenzen willen, vor denen sie erschöpft haltmachen mußten, und nicht deshalb, weil sie sie als erste erreichten. Ihr aber, die Ihr mühelos dorthin gekommen seid, wo jene heldischen Vorläufer hingesunken sind, glaubt nun, selbst schon Helden zu sein... Was habe ich mit Euren Schatten der Vergangenheit heute noch zu schaffen? Das Heldentum, dessen ich bedarf, ist nicht mehr das eines Bayard, einer Jeanne d'Arc, der Ritter und Märtyrer einer längst überwundenen Sache. Ich fordere Apostel der Zukunft, große Herzen, die sich für ein größeres Vaterland, für ein höheres Ideal aufopfern. Vorwärts! Überschreitet die Grenzen! Da Ihr aber noch Krücken braucht für Eure Schwäche, so rückt die Grenzen wenigstens weiter hinaus, an die Tür des Abend-

landes, an das Ende Europas, bis Ihr Schritt um Schritt zum Ziel kommt, und die ganze Menschheit Hand in Hand rings den Erdball umschlingt.

Du erbärmlicher Schreiber, der Du Schmähreden gegen mich richtest, steige in Dein Selbst hinab und prüfe Dich selbst! Ich habe Dir die Macht des Wortes gegeben, daß Du die Männer Deines Volkes führest, und Du hast sie benützt, um Dich selbst zu betrügen und sie zu verwirren. Du hast die, die Du retten solltest, tiefer in ihren Irrtum hinabgestoßen, Du hattest den traurigen Mut, Deiner Lüge jenen hinzuopfern, den Du liebtest – Deinen Sohn. Wirst Du wenigstens jetzt, Du arme Ruine, wagen, Dich den anderen als Schaubild hinzustellen und zu sagen: «Da, sehet mein Werk, ahmt es nicht nach!» Geh hin und möge Dein Unglück andere, die später kommen, vor gleichem Schicksal beschützen! Wage es zu sprechen, schreie ihnen zu:

Völker, ihr seid toll, ihr tötet das Vaterland, indes ihr glaubt, es zu verteidigen. Das Vaterland seid ihr, ihr alle, eure Feinde sind eure Brüder! Umarmt euch, ihr Millionen Lebendiger.

Das gleiche Schweigen schien auch diesen neuen Schrei hinabzuschlucken.

Clerambault lebte außerhalb jener niederen Volkskreise, wo die warme Sympathie der schlichten und gesunden Herzen ihm gewiß nicht gefehlt hätte. So aber bemerkte er nichts von irgendeinem Echo seiner Ideen.

Aber obwohl er sich allein sah, wußte er doch, daß er es nicht war. Zwei verschiedene Gefühle, die einen Gegensatz zu bilden schienen – seine Bescheidenheit und sein Glaube –, vereinten sich, um ihm zu sagen: Was du denkst, denken auch andere, deine Wahrheit ist zu groß, und du bist zu klein, als daß sie nur in dir allein existieren könnte. Das, was du mit deinen schlechten Augen hast wahrnehmen können, dieses Licht strahlt, so wie zu dir, auch in andere Augen. In diesem Augenblick neigt sich der Große Bär zum Horizont, tausend Blicke schauen vielleicht zu ihm auf, du siehst nicht diese Blicke, aber das ferne Licht vereint sie mit dem deinen.

Die Einsamkeit des Geistes ist nur eine Illusion, eine bittere und schmerzhafte, aber eine, der keine tiefe Wirklichkeit entspricht. Selbst die Losgelöstesten von uns gehören doch alle zu einer sittlichen Familie, und diese Gemeinschaft der Geister ist nicht innerhalb eines Landes oder einer Zeit, sondern ihre Elemente sind verstreut durch die Völker und Jahrhunderte. Für einen konservativen Geist sind sie in der Vergangenheit, die Revolutionäre und die Verfolgten finden sie in der Zukunft. Zukunft und Vergangenheit sind nicht weniger wirklich als die augenblickliche Gegenwart, deren Mauer die zufriedenen Blicke der großen Menge einengt. Und selbst die Gegenwart ist nicht so, wie es die willkürlichen Abgrenzungen der Staaten, Nationen und Religionen glauben machen möchten. Die gegenwärtige Menschheit stellt einen Jahrmarkt von Gedanken dar. Ohne sie voneinander zu scheiden, hat man sie in Haufen aufgeschichtet, die rasch aufgerichtete Regale voneinander trennen: so sind oft Brüder von den Brüdern geschieden und unter Fremde geschichtet. Jeder Staat umschließt ganz verschiedene Rassen, die keineswegs geartet sind, gemeinsam zu denken und zu handeln, und jede der ideellen Familien oder Schwägerschaften, die man Vaterland nennt, umschließt Naturen, die in Wirklichkeit zu ganz anderen Familiengruppen der Gegenwart, der Vergangenheit oder der Zukunft gehören. Da die Staaten sie nicht aufsaugen können, so unterdrücken sie sie, und sie können sich der Vernichtung nur durch allerlei Schleichwege entziehen – entweder durch scheinbare Unterwerfung und innere Auflehnung, oder durch die Flucht, indem sie freiwillige Emigranten werden – *Heimatlose**. Wirft man ihnen vor, daß

* Die mit einem Sternchen versehenen Kursivstellen sind auch im französischen Original deutsch.

sie dem Vaterland unbotmäßig seien, so ist das ebenso unberechtigt, als wollte man den Irländern oder Polen vorwerfen, daß sie sich der Aufsaugung durch England oder Preußen zu entziehen suchen. Hier wie dort bleiben diese Menschen ihren wahren Vaterländern treu.

Oh, ihr, die ihr vorgebt, dieser Krieg habe die Aufgabe, jedem Volke das Selbstbestimmungsrecht zu geben, wann werdet ihr dies Recht der über die Welt hin verstreuten Republik der freien Seelen geben?

Diese Republik fühlte Clerambault in all seiner Einsamkeit als eine Wirklichkeit. Wie das Rom des Sartorius lebte sie in ihm. Und ganz in all jenen einander Unbekannten, für die sie das wahre Vaterland ist.

Plötzlich fiel die Mauer von Schweigen, die das Wort Clerambaults umschloß. Aber es war nicht die Stimme eines Bruders, die der seinen Antwort gab. Wo die Kraft der Sympathie zu schwach gewesen war, um die Schranken zu zerbrechen, hatten die Dummheit und der Haß blindlings eine Bresche geschlagen.

Schon glaubte sich Clerambault nach einigen Wochen vergessen und dachte an eine neue Veröffentlichung, als eines Morgens Léo Camus mit Getöse bei ihm eintrat. Er krümmte sich vor Zorn. Mit tragisch erhobener Stirne reichte er Clerambault eine aufgefaltete Zeitung hin.

«Lies!»

Und während Clerambault las, sagte er, hinter ihm stehend:

«Was hat diese Niedertracht zu bedeuten?»

Clerambault sah ganz niedergeschmettert sich von einer Hand gemeuchelt, die er für eine Freundeshand hielt. Ein bekannter Schriftsteller, zu dem er in guter persönlicher Beziehung stand, ein Kollege Perrotins, ein ernster ehrenwerter Mensch, hatte, ohne zu zögern, die Rolle übernommen, ihn in der Öffentlichkeit zu denunzieren. Obwohl er Clerambault lange genug kannte, um an der Reinheit seiner Absichten nicht zweifeln zu können, stellte er ihn doch in einer entehrenden Weise vor die Öffentlichkeit. Als Historiker darin geübt, mit Texten umzugehen, hatte er aus der Broschüre Clerambaults einige verstümmelte Sätze herausgelöst und schwenkte sie empor wie einen Beweis von Verrat. Seine tugendhafte Erbitterung hatte sich nicht mit einem privaten Brief begnügt, gerade die lärmendste Tageszeitung, das niedrigste Erpresserblatt hatte sie sich ausgesucht, das eine Million Franzosen verachtet, während sie gleichzeitig seine Aufschneidereien mit offenen Mäulern einschluckt.

«Das ist nicht möglich», stammelte Clerambault, den diese unerwartete Gehässigkeit wehrlos überfiel.

«Da ist kein Augenblick zu verlieren», sagte Camus, «du mußt antworten.»

«Antworten? Was denn?»

«Zuerst natürlich diese niederträchtige Erfindung dementieren.»

«Aber das ist doch keine Erfindung», sagte Clerambault, der den Kopf gehoben hatte und Camus ansah.

Nun war es an Camus, wie vom Donner gerührt zu sein.

«Das ist keine...? Das ist keine...?» stammelte er vor Überraschung.

«Die Broschüre ist von mir», sagte Clerambault, «aber ihr Sinn ist durch den Artikel entstellt...»

Camus hatte das Ende des Satzes nicht abgewartet, er brüllte los:

«Du hast so etwas geschrieben, du, du...»

Clerambault versuchte seinen Schwager zu beruhigen, bat ihn, doch nicht zu urteilen, ehe er alle Einzelheiten wüßte. Aber der andere behandelte ihn hartnäckig wie einen Wahnsinnigen und schrie:

«Ich kümmere mich nicht um das alles. Hast du gegen den Krieg, gegen das Vaterland geschrieben oder nicht?»

«Ich habe geschrieben, daß der Krieg ein Verbrechen

ist und daß alle Vaterländer sich damit beschmutzt haben.»

Camus fuhr auf, ohne Clerambault die Möglichkeit zu geben, sich weiter zu erklären, machte eine Bewegung, als ob er ihn am Halse fassen wollte, hielt sich aber zurück und schleuderte ihm ins Gesicht, daß *er* der Verbrecher sei und daß er verdiente, sofort vor das Kriegsgericht zu kommen.

Auf sein Geschrei hin begann das Mädchen an der Tür zu horchen, Frau Clerambault lief herbei, versuchte mit einem Strom von Worten über sein aufgebrachtes Wesen ihren Bruder zu beruhigen. Clerambault, ganz betäubt, bot vergebens Camus an, ihm die beschuldigte Broschüre vorzulesen, aber Camus verweigerte es mit einem Zornesausbruch und sagte, ihm genüge schon, das von diesem Dreck zu kennen, was die Zeitungen davon gebracht hatten. (Er nannte die Zeitungen Lügner, bestätigte aber ihre Lügen.) Schließlich trat er als Richter auf, forderte Clerambault auf, unverzüglich und in seiner Gegenwart eine briefliche öffentliche Abschwörung zu schreiben. Clerambault zuckte die Achseln und sagte, er sei niemandem Rechenschaft schuldig als seinem Gewissen, er sei frei.

«Nein!» schrie Camus.

«Wie? Ich bin nicht frei! Nein, du hast nicht dieses Recht», schrie Camus ganz außer sich. «Du hast Rücksichten zu nehmen auf das Vaterland und vor allem auf deine Familie. Sie hätte das Recht, dich einsperren zu lassen.» Er verlangte, daß der Brief sofort geschrieben würde, augenblicklich!

Clerambault wandte ihm den Rücken. Camus ging weg, schlug die Tür zu und schrie, er würde nie mehr den Fuß hierher setzen, zwischen ihnen sei alles zu Ende.

Nachher mußte Clerambault noch die Fragen seiner in Tränen aufgelösten Frau über sich ergehen lassen, die, ohne zu wissen, was er getan hatte, seine Unvorsichtigkeit beklagte und ihn fragte, warum in aller Welt er denn nicht schweige. Hätten sie denn noch nicht Unglück genug, wozu dieses Bedürfnis zu reden und vor allem diese unsinnige Sucht, anders reden zu wollen als die anderen.

Rosine kam von einer Besorgung zurück. Clerambault nahm sie zum Zeugen, erzählte ihr wirr die peinliche Szene, die sich eben abgespielt hatte, bat sie, sich an seinen Tisch zu setzen, damit er ihr den Artikel vorlesen könne. Ohne sich die Zeit zu nehmen, die Handschuhe auszuziehen oder den Hut abzulegen, setzte sich Rosine zu ihrem Vater, hörte still und klug zu. Als er geendigt hatte, stand sie auf, umarmte ihn und sagte:

«Ja, das ist schön! – Aber, Papa, wozu hast du das getan?»

Clerambault war ganz verstört.

«Wie? Wie? Wozu ich das getan habe? Ist es denn nicht richtig?»

«Ich weiß nicht, ja, ich glaube... es muß wohl richtig sein, da du es sagst... Aber vielleicht war es nicht nötig, es zu schreiben.»

«Nicht nötig? Wenn es richtig ist, so ist es auch nötig.»

«Aber es macht ja einen solchen Lärm.»

«Ist das ein Grund dagegen?»

«Aber wozu die Leute aufreizen?»

«Sieh, Kind, du glaubst doch auch, was ich geschrieben habe?»

«Ja, ich glaube, Papa...»

«Warte. Du glaubst... Du verabscheust den Krieg; wie ich, möchtest du ihn beendet sehen. Alles, was ich hier gesagt habe, habe ich dir schon früher gesagt, und du dachtest genauso wie ich...»

«Ja, Papa.»

«Also du findest es richtig?»

«Ja, Papa.»

Sie legte ihre Arme um seinen Hals.

«Aber es ist doch nicht notwendig, alles niederzuschreiben.»

Clerambault versuchte traurig, ihr zu erklären, was ihm ganz klar schien. Rosine hörte zu und gab ruhig Antwort. Aber das einzig Klare war, daß sie nichts verstand. Um ein Ende zu machen, umarmte sie nochmals ihren Vater und sagte:

«Ich habe dir meine Ansicht gesagt, aber du weißt das ja besser als ich. Es steht mir nicht zu, darüber zu entscheiden.»

Sie lächelte ihrem Vater zu und kehrte in ihr Zimmer zurück, ohne zu ahnen, daß sie ihm seine beste Stütze genommen hatte.

Der beschimpfende Angriff blieb nicht vereinzelt. Sobald einmal die Schellen gelöst waren, hörten sie nicht mehr auf zu klingeln. Nur hätte sich in der allgemeinen Verwirrung ihr Lärm verloren ohne die erbitterte Anstrengung einer Stimme, die gegen Clerambault den ganzen Chor vielfältigster Bösartigkeit dirigierte.

Es war die eines seiner ältesten Freunde, des Schriftstellers Octave Bertin. Sie waren zusammen im Lycée Henri IV Schüler gewesen. Dort hatte der junge, feine, elegante, frühreife Pariser Bertin das linkische und enthusiastische Entgegenkommen dieses großen Burschen gern angenommen, der aus der Provinz kam, geistig ebenso unbeholfen wie körperlich (seine Arme und Beine schienen in den zu kurz gewordenen Kleidern kein Ende nehmen zu wollen), und der ein ganz seltsames Gemisch von Unschuld, naiver Unwissenheit, schlechtem Geschmack, von Pathos und überschäumender Kraft, von originellen Einfällen und packenden Bildern darstellte. Weder die Lächerlichkeiten noch der innere Reichtum Clerambaults waren den klugen und scharfen Augen Bertins entgangen, und er hatte ihn schließlich als intimen Freund aufgenommen, wobei die Bewunderung Clerambaults für ihn keinen geringen Einfluß auf diesen seinen Entschluß hatte. Durch mehrere Jahre hatten sie im geschwätzigen Überschwang ihre jugendlichen Gedanken geteilt. Beide träumten davon, Künstler zu werden, lasen einander ihre Versuche vor und bekämpften einander in endlosen Diskussionen. Bertin behielt immer das letzte Wort, wie er ja in allem die Überlegenheit behielt, die übrigens Clerambault ihm zu bestreiten niemals die Absicht hatte. Er hätte sie viel eher mit Faustschlägen jedem aufgezwungen, der sie geleugnet hätte. Mit offenem Munde bestaunte er die gedankliche und stilistische Virtuosität dieses blendenden jungen Mannes, der gleichsam im Spiel auf der Universität alle Erfolge davontrug und den seine Lehrer von vornherein zu den höchsten Stellungen berufen sahen – womit sie natürlich meinten, zu allen offiziellen und akademischen. Auch Bertin verstand es so. Er hatte Eile emporzukommen und dachte, daß die Frucht des Ruhmes am besten schmecke, wenn man sie mit den Zähnen eines Zwanzigjährigen zerbeiße. Noch ehe er die Schule verlassen hatte, fand er eine Möglichkeit, in einer großen Pariser Revue eine Serie von Essays zu veröffentlichen, die sofort seinen Namen bekannt machten, und ohne nur Atem zu schöpfen, brachte er dann Schlag auf Schlag einen Roman in der Art d'Annunzios, eine Komödie im Stile Rostands, ein Buch über die Liebe, ein anderes über die Reform der Gesetzgebung, eine Enquête über den Modernismus, eine Monographie Sarah Bernhardts und schließlich jene *Dialoge der Lebendigen* heraus, deren sarkastische und klug abgewogene Geschmeidigkeit ihm die Pariser Chronik in einem der ersten Boulevardblätter verschaffte. Nun einmal in den Journalismus eingetreten, blieb er darin. Er gehörte schon zu den Sternen des literarischen Tout-Paris, als der Name Clerambaults noch unbekannt war. Clerambault dagegen nahm erst ganz langsam von seiner inneren Welt Besitz. Er hatte zuviel damit zu tun, gegen sich selbst zu kämpfen, als daß er viel Zeit auf die Eroberung der Öffentlichkeit hätte verwenden können. So kamen auch seine ersten Bücher, die er mit Not hatte zum Druck bringen können, kaum über einen Kreis von zehn Lesern hinaus.

Man muß Bertin die Gerechtigkeit widerfahren lassen, daß er zu diesen zehn gehörte, daß er das Talent Clerambaults zu schätzen wußte und dies sogar gelegentlich aussprach. Und solange Clerambault noch unbekannt war, leistete er sich den Luxus, ihn zu verteidigen, allerdings nicht ohne dem Lob einige freundschaftliche Ratschläge von oben herab beizufügen, die Clerambault nicht immer befolgte, aber immer mit dem gleichen zärtlichen Respekt anhörte.

Dann wurde Clerambault bekannt, schließlich sogar berühmt. Bertin war darüber sehr erstaunt, eigentlich aufrichtig zufrieden mit dem Erfolg seines Freundes und doch darüber ein wenig verärgert. Er ließ durchblicken, daß er ihn übertrieben fände, daß für ihn der beste Clerambault der unbekannte war – jener vor dem Ruhm. Er versuchte es manchmal, dies Clerambault zu erklären, der nicht nein und nicht ja sagte, denn er wußte nichts darüber und befaßte sich damit kaum, er hatte immer nur ein neues Werk im Kopfe. Die beiden alten Kameraden waren in ausgezeichneten Beziehungen verblieben, aber sie waren allmählich mehr voneinander abgerückt.

Der Krieg hatte aus Bertin einen wilden Scharfmacher gemacht. Früher im Lycée hatte er den provinzlerischen Clerambault immer erschreckt durch seine freche Respektlosigkeit gegen alle politischen oder gesellschaftlichen Werte, gegen Vaterland, Moral und Religion, und er hatte auch dann in seinen literarischen Werken diesen Anarchismus wohlgefällig zur Schau getragen, allerdings in einer skeptischen, mondänen und matten Form, mit der er ja dem Geschmacke seines reichen Leserkreises am besten entsprach. Mit diesem Leserkreis und dessen Lieferanten, den Kollegen von der Boulevardpresse und den Boulevardtheatern, diesen Enkelchen eines Parny und des jüngeren Crébillon, richtete er sich plötzlich als Brutus auf, der bereit ist, seine Söhne zu opfern. Er hatte vielleicht dafür die Entschuldigung, daß er keine besaß, aber das tat ihm möglicherweise leid.

Clerambault hatte ihm nichts vorzuwerfen und dachte auch nicht daran. Aber noch weniger dachte er daran, daß sein alter Kamerad, der Amoralist, ihm gegenüber den Anwalt des beleidigten Vaterlandes spielen würde; war er aber wirklich nur der des Vaterlandes? Die zornerbitterte Schmähschrift, die Bertin Clerambault entgegenschleuderte, schien ihm irgendwie einen persönlichen Haß zu enthüllen, den Clerambault sich nicht erklären konnte. Bei der allgemeinen Verwirrung der Geister wäre es verständlich gewesen, daß Bertin von den Gedanken Clerambaults empört gewesen und sich dann offen unter vier Augen mit ihm auseinandergesetzt hätte. Aber ohne ihn vorher zu verständigen, begann er mit einer öffentlichen Abschlachtung. Auf der ersten Seite seines Blattes fiel er ihn mit einer unerhörten Heftigkeit an und beschimpfte nicht nur seine Ideen, sondern auch seinen Charakter. Die tragische Gewissenskrise Clerambaults deutete er als einen Anfall literarischer Großmannssucht, die durch den übermäßigen Erfolg seiner Werke verursacht sei, und es machte den Eindruck, als hätte er eigens die Ausdrücke gesucht, die für Clerambaults Selbstgefühl am verletzendsten sein mußten. Der Aufsatz endete in einem Ton beleidigender Überhebung und forderte die sofortige Zurücknahme des Irrtums.

Die Vehemenz des Artikels, der bekannte Name des Chronisten machten sofort aus dem «Fall Clerambault» ein Pariser Ereignis. Er beschäftigte die Presse beinahe eine ganze Woche, was für jene Spatzenhirne viel bedeutet. Fast niemand nahm sich die Mühe, die Texte Clerambaults selbst zu lesen: das war ja nicht nötig, Bertin hatte sie ja gelesen. Die Kollegenschaft hat nicht die Gewohnheit, eine überflüssige Arbeit noch einmal zu machen, es handelte sich auch nicht darum zu lesen, es handelte sich darum, jemand zu richten. Eine seltsame Art von Burgfrieden kam auf Kosten Clerambaults zustande. Klerikale, Jakobiner waren darin einig, ihn totzumachen. Von einem Tag zum andern war ohne Übergang der gestern bewunderte Mann in den

Schlamm gezogen, der nationale Dichter ein Feind der Gemeinschaft geworden. Alle die Myrmidonen der Zeitung beteiligten sich an der heroischen Beschimpfung, und die meisten brachten gleichzeitig mit ihrer ursprünglichen bösen Absicht auch eine ganz unwahrscheinliche Unbildung zutage. Denn nur wenige von ihnen kannten die Werke Clerambaults, kaum wußten sie seinen Namen und den Titel eines seiner Bücher, aber das hinderte sie ebensowenig, ihn heute herunterzureißen, wie sie es gestern gestört hatte, ihn in den Himmel zu heben, als er noch in Mode war. Jetzt fanden sie in allem, was er geschrieben hatte, Spuren von «Bochismus». Ihre Zitate waren übrigens regelmäßig ungenau, einer von ihnen bedachte sogar Clerambault im Feuer seiner Anklage mit der Autorschaft des Werkes eines andern, der dann, bleich vor Furcht, sofort mit Entrüstungsprotesten jede Solidarität mit dem gefährlichen Kollegen öffentlich ablehnte. Clerambaults Freunde, beunruhigt über ihre Intimität mit ihm, warteten nicht darauf, daß man sie ihnen vorwarf. Sie trafen ihre Vorkehrungen und richteten an ihn *Offene Briefe*, die die Zeitungen an bester Stelle veröffentlichten. Die einen, wie Bertin, fügten ihrem öffentlichen Tadel eine pathetische Beschwörung bei, mea culpa zu machen, andere wandten sich, selbst ohne diesen milden Vorbehalt, in bitteren und beleidigenden Worten von ihm ab. Diese Fülle von Gehässigkeit machte Clerambault ganz wirr. Sie konnte doch nicht durch seine Aufsätze allein verursacht sein, sie mußte doch längst schon in den Herzen dieser Menschen gebrütet haben. Mein Gott, soviel verborgener Haß... Was hatte er ihnen denn getan? – Der erfolgreiche Künstler ahnt nicht, daß mehr als einer unter denen, die ihm mit einem freundlichen Lächeln folgen, unter diesem Lächeln die Zähne verbirgt, die nur auf die Stunde warten, da sie zuschnappen können.

Clerambault bemühte sich, vor seiner Frau die Beschimpfungen der Zeitungen verborgen zu halten. Wie ein Schulbub, der seine schlechten Noten verschwinden läßt, lauerte er auf den Postboten, um die bösartigen Zeitungen rechtzeitig beiseite zu schaffen. Aber ihr Gift drang schließlich bis in die Luft, die sie atmeten. Frau Clerambault und Rosine bekamen in der Gesellschaft verletzende Anspielungen, kleine Beleidigungen und Beschimpfungen zu hören. Mit dem eingebornen Instinkt für Gerechtigkeit, der für das menschliche Wesen und besonders für die Frau so charakteristisch ist, machte man sie verantwortlich für die Ideen Clerambaults, die sie kaum kannten und nicht guthießen. (Diejenigen, die sie beschuldigten, kannten sie allerdings ebensowenig.) Die Höflichsten unter ihnen übten die Technik des Verschweigens, sie vermieden es sichtlich, nach Clerambault zu fragen oder seinen Namen auch nur auszusprechen... *Man spricht nicht vom Strick des Henkers im Hause des Gehenkten.* Dieses berechnete Schweigen wirkte dann noch beleidigender als ein Tadel: es war, als ob Clerambault eine betrügerische Schwindelei oder ein Sittlichkeitsverbrechen begangen hätte. Frau Clerambault kam erbittert heim. Rosine tat so, als kümmerte sie sich nicht darum, aber Clerambault merkte, daß sie daran litt. Eine Freundin, die ihnen auf der Straße begegnete, ging auf das andere Trottoir hinüber und wandte den Kopf weg, um nicht grüßen zu müssen. Rosine wurde aus einem Wohltätigkeitskomitee ausgeschlossen, wo sie seit mehreren Jahren aufopferungsvolle Arbeit tat.

In dieser allgemeinen patriotischen Mißbilligung zeichneten sich vor allem die Frauen durch ihre Erbitterung aus. Nirgends fand der Ruf Clerambaults zur Annäherung und Versöhnung wütendere Gegner. Und so war es überall. Die Tyrannei der öffentlichen Meinung, diese vom modernen Staat geschaffene Unterdrückungsmaschine, die noch despotischer ist als er selbst, hat während des Krieges keinen grausameren Handlanger gefunden als gewisse Frauen. Bertrand Russell erzählte den Fall eines armen Kerls, eines Straßenbahnschaffners, der, verheiratet, Familienvater und vom Heere zurückgestellt, sich aus Verzweiflung über die

Beschimpfungen, mit denen die Frauen von Middlesex ihn verfolgten, das Leben nahm. In allen Ländern sind Tausende Unglückliche wie er von diesen Bacchantinnen des Krieges gehetzt, verrückt gemacht und an die Schlachtbank geliefert worden... Seien wir darüber nicht überrascht. Um diese fanatische Wildheit nicht erwartet zu haben, mußte man zu jenen gehören, die so wie Clerambault bisher im Einklange mit der öffentlichen Meinung und in der Idealistik des allgemeinen Ruhezustandes gelebt haben. Trotz aller Anstrengung der Frauen, immer dem lügnerischen Ideal zu gleichen, das sich der Mann zu seiner Zufriedenheit und seiner Beruhigung ersonnen hat, ist doch die Frau, mag sie selbst so bleichsüchtig, verfeinert und veredelt sein wie die von heute, doch noch mehr dem Urmenschen verwandt als der Mann. Sie lebt näher der Quelle der Instinkte und ist stärker begabt mit jenen Kräften, die weder moralisch noch unmoralisch, sondern ganz einfach animalisch sind. Wenn auch die Liebe ihre wesentliche Funktion ist, so ist es doch keineswegs die durch die Vernunft sublimierte Liebe, sondern die blinde und überschwengliche Liebe im Urzustand, wo sich Egoismus und Opfermut vermengen, beide gleich unbewußt und beide im Dienste der dunklen Ziele der Rasse. Alle die zarten und blütenhaften Verzierungen, unter denen dieses Paar jene Gewalten zu verbergen sucht, vor denen es selbst erschrickt, sind gleichsam ein Geflecht von Schlingpflanzen über einem Sturzbach. Ihr Zweck ist, über die Wirklichkeit hinwegzutäuschen. Würden die schwächlichen Seelen der Menschen geradeaus den ungeheuren Kräften, von denen sie fortgerissen werden, ins Auge schauen, so könnten sie das Leben nicht ertragen. Darum bemüht sich ihre erfindungsreiche Feigheit, sich geistig ihrer Schwäche anzupassen. Sie lügen in ihrer Liebe, sie lügen im Hasse, lügen in bezug auf die Frau, lügen in bezug auf das Vaterland und seine Götter. Aus Angst, die sichtbar werdende Wirklichkeit könnte sie aus dem Gleichgewicht bringen und erschüttern, ersetzen sie sich diese Wirklichkeit durch die matten Farben ihres Idealismus.

Der Krieg nun hatte diesen schwächlichen Schutzwall hinstürzen lassen. Clerambault sah, wie das Kleid der katzenhaften Höflichkeit, mit der sich die Zivilisation umhüllte, zu Boden fiel. Nun wurde das grausame Tier sichtbar.

Die Nachsichtigsten unter den früheren Freunden Clerambaults waren jene, die zur politischen Welt gehörten, die Abgeordneten, die Minister von gestern oder von morgen. Gewohnt, die Menschenherde an der Nase herumzuführen, wußten jene, wie wenig sie wert ist. Ihnen schien die kühne Äußerung Clerambaults recht naiv. Sie selbst dachten noch zehnmal Böseres, fanden es aber töricht, diese Erkenntnis auszusprechen, gefährlich, sie niederzuschreiben, und am allergefährlichsten, auf sie zu antworten. Denn was man offen angreift, macht man dadurch bekannt, und was man verurteilt, dem mißt man doch eine Bedeutung bei. Nach ihrer Meinung wäre es daher am besten gewesen, klug zu den unbedeutenden Schriften zu schweigen, die ja die verschlafene und verdöste öffentliche Meinung von selbst gar nie bemerkt hätte.

Diese Art Technik war ja während des Krieges in Deutschland von oben aus anbefohlen und befolgt worden. Dort erstickten die öffentlichen Machthaber die unbotmäßigen Schriftsteller, wenn sie sie nicht ohne Lärm erdrosseln konnten, unter Blumengewinden. Aber der politische Geist der französischen Demokratie ist offener und gleichzeitig beschränkter. Sie verstehen sich dort nicht auf Schweigen. Statt ihren Haß zu verstecken, reißen sie ihn auf die Tribüne, um ihn dort in die Welt zu donnern. Die französische Freiheit ist so, wie Rude sie dargestellt hat: brüllend, mit aufgerissenem Mund. Wer nicht ganz so denkt wie sie, ist allsogleich ein Verräter; es findet sich gleich irgendein kleiner Journalist, der erzählt, um wieviel Geld diese freie Stimme gekauft sei, und zwanzig Besessene hetzen gegen sie die Tollwut der Maulaffen. Ist dann einmal der Tanz im Gang, so kann man nichts tun als warten, bis sich die Tollheit durch ihr Übermaß erschöpft hat; solange: rette sich, wer kann! Die Vorsichtigen bringen sich in Sicherheit oder heulen mit den Wölfen.

Der Leiter jener Tageszeitung, die seit einigen Jahren sich eine Ehre daraus gemacht hatte, die Gedichte Clerambaults zu veröffentlichen, ließ ihm vertraulich sagen, er fände diesen ganzen Lärm lächerlich, und die ganze Sache sei kein Hundshaar wert, aber zu seinem großen Bedauern sehe er sich genötigt, um seiner Abonnenten willen ihm eins zu versetzen... natürlich in aller Höflichkeit... Selbstverständlich in aller Form... Und nichts für ungut, nicht wahr? Und wirklich, der Angriff war gar nicht gewalttätig, er beschränkte sich bloß darauf, Clerambault lächerlich zu machen. Und selbst Perrotin – wie kläglich ist doch das Menschengeschlecht! – ironisierte ihn in einem Interview auf geistreichste Weise, ließ die Leute auf seine Kosten lachen, gedachte aber dabei heimlich sein Freund zu bleiben.

In seinem eigenen Hause fand Clerambault keine Unterstützung mehr. Seine alte Gefährtin, die seit dreißig Jahren nur durch ihn dachte und seine Gedanken wiederholte, ehe sie sie selber verstand, war erschrocken und zornig über seine neuen Worte, warf ihm bitter vor, diesen Skandal heraufbeschworen, seinen Namen und den der ganzen Familie ins Unrecht gesetzt und das Andenken ihres toten Kindes, die Idee der heiligen Rache und des Vaterlandes geschädigt zu haben. Rosine ihrerseits liebte ihn noch immer, aber sie verstand ihn nicht mehr. Eine Frau kann selten die Forderungen des Geistes anerkennen, sie kennt nur die Forderungen des Herzens. Ihr hatte es genügt, daß ihr Vater sich nicht mit Worten des Hasses verband, daß er mitleidsvoll und gut blieb, doch wünschte sie keineswegs, daß er diese Gefühle in Theorien verwandelte, und noch weniger, daß er sie öffentlich aussprach. Sie hatte den zugleich zärtlichen und praktischen gesunden Menschenverstand einer, die die

Forderungen des Herzens gewahrt wissen will und sich mit dem übrigen abfindet. Aber das unbeugsame logische Bedürfnis, das den Mann treibt, die äußersten Konsequenzen seines Glaubens zu ziehen, war ihr unverständlich. So weit konnte sie nicht mit. Ihre Stunde war vorüber, die Stunde, wo sie unbewußt die Aufgabe übernommen und erfüllt hatte, mütterlich ihren schwachen, unsicheren und zerbrochenen Vater aufzurichten und ihn unter ihrem Flügel zu bergen, sein Gewissen zu retten und ihm die Fackel wieder in die Hand zu drücken, die er fallen gelassen hatte. Jetzt, da er sie wieder in Händen trug, war ihre Aufgabe erfüllt. Sie war wieder das liebende, unscheinbare «kleine Mädchen» geworden, das die großen Geschehnisse der Zeit mit ein wenig gleichgültigen Blicken sieht, und nur im Grunde ihrer Seele blieb etwas zurück von dem feurigen Licht der überirdischen Stunde, die sie gelebt hatte, die sie fromm bewahrte und deren Sinn sie nicht mehr verstand.

Ungefähr um dieselbe Zeit empfing Clerambault den Besuch eines jungen Urlaubers aus einer befreundeten Familie. Daniel Favre, Sohn eines Ingenieurs und selbst Ingenieur, dessen lebendige Intelligenz aber nicht durch seinen Beruf beschränkt wurde, hatte seit langem eine Leidenschaft für Clerambault gefaßt: der mächtige Aufschwung der modernen Wissenschaft hatte sein Gebiet seltsam jenem der Dichtung angenähert, war doch die Technik gewissermaßen selbst das größte der zeitgenössischen Gedichte geworden. Daniel war ein enthusiastischer Leser Clerambaults. Sie hatten innige Briefe gewechselt, und der junge Mann, dessen Familie mit der Clerambaults in Beziehungen stand, kam oft zu ihnen, und vielleicht auch nicht bloß, um dem Dichter zu begegnen. Die Besuche dieses liebenswerten, etwa dreißigjährigen Menschen, eines großen, gutgewachsenen Burschen mit festen Zügen, einem scheuen Lächeln, mit hellen Augen im sonnverbrannten Gesicht, wurden immer freudig aufgenommen, und Clerambault war nicht der einzige, den sie erfreuten. Für Daniel wäre es leicht gewesen, sich einen Hinterlandsdienst in irgendeiner Metallfabrik zu sichern, aber er hatte selbst gefordert, seinen gefährlichen Posten an der Front nicht verlassen zu müssen, wo er sich rasch den Leutnantsgrad erworben hatte. Der Urlaub bot ihm Gelegenheit, Clerambault zu besuchen.

Clerambault war allein, seine Frau und seine Tochter waren ausgegangen. Freudig empfing er den jungen Freund. Aber Daniel schien befangen, und nachdem er längere Zeit auf die Fragen Clerambaults recht und schlecht geantwortet hatte, schnitt er geradewegs die Sache an, die ihm am Herzen lag. Er sagte, er hätte an der Front von den Artikeln Clerambaults gehört, und dies hätte ihn verwirrt. Man sagte... oder man behauptete... schließlich, man sei ja so streng... er wisse ja, daß es ungerecht sei... aber er sei gekommen – und dabei faßte er die Hand Clerambaults in einer Art zärtlicher Scheu –, um ihn zu bitten, sich nicht von jenen zu trennen, die ihn liebten. Er erinnerte ihn an die Ehrfurcht, die der Dichter, der einst die französische Erde und die innere Größe der Rasse gefeiert hatte, allgemein einflöße... «Bleiben Sie, bleiben Sie mit uns in dieser Stunde der Prüfungen...»

«Nie bin ich mehr mit euch gewesen», antwortete Clerambault. Und er fragte ihn:

«Sie sagen mir, lieber Freund, daß man das, was ich geschrieben hätte, verunglimpfe. Was denken Sie selbst davon?»

«Ich habe es nicht gelesen», sagte Daniel. «Ich wollte es nicht lesen. Ich hatte Furcht, in meiner Zuneigung für Sie gekränkt oder an der Erfüllung meiner Pflicht gehindert zu sein.»

«Dann haben Sie wenig Vertrauen zu sich, wenn Sie fürchten, durch das Lesen von ein paar Zeilen in Ihrer Überzeugung erschüttert zu werden.»

«Ich bin meiner Überzeugung sicher», antwortete Daniel

ein wenig gereizt, «aber es gibt gewisse Dinge, für die es besser ist, wenn man sie nicht in die Diskussion zieht.»

«Seltsam», sagte Clerambault, «das ist ein Wort, das ich mir nicht von einem Mann der Wissenschaft erwartete. Was hat die Wahrheit dabei zu verlieren, wenn man sie untersucht?»

«Die Wahrheit nichts, aber die Liebe. Die Liebe zum Vaterland.»

«Mein lieber Daniel, Sie sind viel kühner als ich. Ich stelle die Wahrheit nicht in einen Gegensatz zur Vaterlandsliebe. Ich versuche nur, sie in Einklang zu bringen.»

Daniel schnitt kurz ab:

«Man diskutiert nicht über das Vaterland.»

«Es ist also», sagte Clerambault, «ein Glaubensartikel?»

«Ich glaube an keine Religion», protestierte Daniel, «an keine, und gerade darum denke ich so. Was bliebe denn noch auf Erden, wenn es nicht das Vaterland gäbe?»

«Nun, ich denke, es gibt auf der Erde viele gute und schöne Dinge, das Vaterland ist bloß eines davon. Ich liebe es auch. Und ich stelle auch nicht die Liebe zum Vaterland in Frage, sondern nur die Art, es zu lieben.»

«Es gibt nur eine», sagte Daniel.

«Und die wäre?»

«Ihm gehorchen.»

«Also die Liebe mit geschlossenen Augen, so wie im antiken Symbol. Ich meinerseits möchte sie ihr lieber öffnen.»

«Nein, lassen Sie uns, wie wir sind! Unsere Aufgabe ist schon ohnehin hart genug, machen Sie sie uns nicht noch grausamer.» Und mit einigen nüchternen, abgehackten, von Erregung bebenden Sätzen stellte Daniel die furchtbaren Bilder jener Wochen hin, die er eben im Schützengraben verlebt hatte, den Ekel und den Abscheu vor alldem, was er gelitten hatte, leiden gesehen und leiden gemacht hatte.

«Aber, mein lieber Freund», sagte Clerambault, «wenn Sie diese erbärmliche Schande selber sehen, warum sollen wir sie denn nicht verhindern?»

«Weil es unmöglich ist.»

«Um das zu wissen, käme es erst auf einen Versuch an.»

«Das Gesetz der Natur ist der Kampf der Wesen gegeneinander. Zerstören oder zerstört werden. So und nur so ist es.»

«Und wird sich das nie ändern?»

«Nein», sagte Daniel mit einem Ton hartnäckigen Schmerzes, «es ist ein Gesetz.»

Es gibt Männer der Wissenschaft, denen die Wissenschaft so sehr die Wirklichkeit, die sie umschließt, verbirgt, daß sie sie unter dem Netz nicht mehr sehen; sie hat sich ihnen entzogen. Sie umfassen die ganze von der Wissenschaft umspannte Zone, halten es aber für unmöglich und sogar lächerlich, dieses Reich über die einmal von der Vernunft gezogene Grenze hinaus zu erweitern. Sie glauben bloß an einen Fortschritt, der an die Innenseite der Umfriedung gekettet ist. Clerambault kannte nur zu gut das spöttische Lächeln, mit dem die großen Gelehrten der offiziellen Schulen ohne jede nähere Prüfung die Eingebungen der Erfinder ablehnen. Eine gewisse Art der Wissenschaft ist mit Folgsamkeit vollkommen vereinbar. Wenigstens verband Daniel mit der seinen keine Ironie, vielmehr den Ausdruck einer stoischen und unbeirrbaren Traurigkeit. Es fehlte ihm nicht an geistiger Kühnheit, aber die hatte er einzig in den abstrakten Dingen. Dem Leben selbst gegenübergestellt, bot er eine Mischung – oder besser eine Aufeinanderfolge – von Ängstlichkeit und Starrsinn dar, von zögernder Bescheidenheit und trotziger Überzeugung. Wie die meisten Menschen war er ein zusammengesetztes, zwiespältiges Wesen, aus einzelnen Teilen und Stücken bestehend, nur daß bei einem Intellektuellen und besonders bei einem Mann der Wissenschaft die einzelnen Stücke nicht ganz ineinanderpassen und daß die Fugen sichtbar werden.

«Aber», sagte Clerambault, die Betrachtungen, die in der Stille durch seinen Sinn gingen, laut zu Ende führend, «selbst die Voraussetzungen der Wissenschaft sind doch in

Umformung begriffen. Seit zwanzig Jahren durchlaufen die Grundvorstellungen der Chemie und der Physik eine Krise der Erneuerung, die sie gleichzeitig erschüttert und doch fruchtbar macht. Und einzig die sogenannten Gesetze, die die menschliche Gesellschaft oder, besser gesagt, das chronische Räubertum der Nationen regieren, sollten unveränderlich sein? Habt ihr in eurem Gedankenkreis keinen Raum für die Hoffnung einer höheren Zukunft?»

«Wir können nicht kämpfen», sagte Daniel, «hätten wir nicht die Hoffnung, eine gerechtere und menschlichere Weltordnung zu begründen. Viele meiner Gefährten sind der Überzeugung, dieser Krieg mache allen Kriegen ein Ende. Ich teile diese Hoffnung nicht, ich verlange nicht soviel. Ich weiß nur das eine, daß unser Frankreich in Gefahr ist und daß seine Niederlage die der ganzen Menschheit wäre.»

«Die Niederlage jedes Volkes ist eine der ganzen Menschheit, denn alle sind für sie notwendig. Die Vereinigung aller Völker wäre der einzige wahrhafte Sieg. Jeder andere richtet ebenso die Sieger wie die Besiegten zugrunde. Jeder Tag, der diesen Krieg verlängert, läßt das kostbare Blut Frankreichs fließen, und es ist in Gefahr, für immer erschöpft zu werden.»

Daniel gebot diesen Worten mit einer erregten und schmerzlichen Geste Einhalt. Ja, das wußte er... Das wußte er... Wer wußte es besser als er, daß Frankreich hinstarb, Tag für Tag, an seiner heroischen Anstrengung, daß die Blüte seiner Jugend, seiner Kraft, seiner Intelligenz, das lebendige Mark der Rasse in Sturzbächen hinströmte und zugleich der Reichtum, die Arbeit und der Kredit des französischen Volkes... Frankreich, blutend an allen Gliedern, ging den Weg, den Spanien vier Jahrhunderte zuvor gegangen war und der zu den Einsamkeiten des Escorial führt... Aber er wollte nicht, daß man ihm von den Möglichkeiten eines Friedens, der diese Qual beendigte, spräche, ehe der

ZEIT IST GELD

Gold gab ich zur Wehr
Eisen nahm ich zur Ehr
In eiserner Zeit – 1916

Inschriften wie diese
finden sich auf Eisenmedaillen …

... die seit Kriegsbeginn erhält, wer Goldmünzen aus Privatbesitz zum Nennwert gegen Papiermark an die Reichsbank verkauft. Großer Erfolg war dieser Aktion nicht beschieden, denn die Goldmünzen waren schon bald aus dem Umlauf verschwunden und wurden gehortet; auch die Silbermünzen wurden knapp.

Auch wenn es makaber erscheint, angesichts eines so tragischen Ereignisses in der Menschheitsgeschichte von Geld zu sprechen – ohne die nötigen Mittel geht es nicht, das wußten schon die alten Römer. Das Deutsche Reich war in diesem Punkt denkbar schlecht gerüstet: Der Reichskriegsschatz umfaßte 360 Millionen Goldmark – ein Tropfen auf den heißen Stein. Man schätzt, daß der Erste Weltkrieg insgesamt 730 Milliarden an direkten und 610 Milliarden Goldmark an indirekten Kosten verursacht hat.

Weshalb wir einmal mehr den Frieden preisen: Sichert er doch unser Leben und unsere Existenz.

Feind gänzlich zu Boden geschmettert. Man dürfe nicht auf die Angebote, die Deutschland damals machte, antworten, nicht einmal, um sie in Erwägung zu ziehen. Man dürfe nicht einmal sprechen darüber. Und wie die Politiker, die Generale, die Journalisten und die Millionen armer Geschöpfe, die tollwütig die Lektion, die man ihnen eingelernt hatte, wiederholten, schrie auch Daniel:

«Bis zum letzten Mann!»

Clerambault sah mit zärtlichem Mitleid diesen wackeren, scheuen und heldenmütigen Burschen an, der von dem Gedanken erschreckt wurde, das Dogma in Frage zu ziehen, dessen Opfer er war. Hatte dieser wissenschaftliche Geist gar keinen Widerstand gegen den Widersinn eines solchen blutigen Spieles, dessen Einsatz der Tod ebenso für Frankreich wie für Deutschland – und vielleicht für Frankreich mehr als für Deutschland – war?

Ja, er wehrte sich dagegen, aber er raffte sich trotzig zusammen, um es sich nicht einzugestehen. Von neuem beschwor Daniel Clerambault.

«Ja, diese Gedanken mögen vielleicht wahr und gerecht sein, aber nur nicht jetzt, jetzt sind sie nicht an der Zeit... in zwanzig oder fünfzig Jahren! – Lassen Sie uns nur zuerst unsere Aufgabe erfüllen, zu siegen, und die Freiheit der Welt, die Brüderlichkeit der Menschen durch den Sieg Frankreichs begründen.»

Ach, der arme Daniel! Sah er denn nicht selbst im günstigsten Falle die Überhebung voraus, die verhängnisvoll diesen Sieg beschmutzen würde, und daß es dann am Besiegten sein würde, den krankhaften Wunsch und Willen zur Revanche und zum gerechten Sieg für sich zu erneuern? Jede Nation will das Ende aller Kriege durch ihren eigenen Sieg. Und von Sieg zu Sieg stürzt die Menschheit tiefer in ihre Niederlage hinab.

Daniel erhob sich, um Abschied zu nehmen. Er drückte Clerambaults Hand und erinnerte ihn mit Ergriffenheit an seine Gedichte von einst, in denen er das heroische Wort

Beethovens wiederholte, um das schöpferische Leiden zu feiern, das Wort: *Durch Leiden Freude*.*

«Ach! Ach! Wie ihr uns mißversteht! – Wir besingen das Leiden, um uns davon zu befreien, aber ihr begeistert euch dafür. So wird unser Hymnus der Befreiung für die anderen Menschen ein Sang der Knechtung.»

Clerambault gab keine Antwort. Er liebte diesen jungen Menschen; diese armen Kerle, die sich aufopfern, wissen wohl, daß sie nichts im Kriege zu gewinnen haben. Aber je mehr Opfer man von ihnen verlangt, desto gläubiger werden sie. Mögen sie dafür gesegnet sein! – Aber wenn sie nur nicht mit sich selbst auch die ganze Menschheit hinopfern wollten!

Clerambault hatte Daniel gerade bis zur Wohnungstür geleitet, als Rosine zurückkam. Als sie den Besucher sah, hatte sie eine Bewegung entzückter Überraschung. Auch das Antlitz Daniels erhellte sich, und Clerambault entging nicht die freudige Belebtheit der beiden jungen Leute. Rosine forderte Daniel auf, noch einmal zurückzukommen und die Unterhaltung fortzusetzen, Daniel war schon im Begriff, es zu tun, zögerte dann, lehnte ab, sich noch einmal niederzusetzen, und schützte dann mit einem schmerzlich gespannten Gesichtsausdruck irgendeinen vagen Vorwand vor, der ihn zwinge fortzugehen. Clerambault, der im Herzen seiner Tochter las, bestand freundschaftlich darauf, daß er wenigstens noch einmal vor seinem Urlaubsende wiederkäme. Daniel, in die Enge getrieben, sagte zuerst nein, dann ja, ohne sich fest zu verpflichten, um dann schließlich, dem Drängen Clerambaults nachgebend, einen bestimmten Tag festzusetzen. Dann nahm er in einer etwas kühlen Weise Abschied. Clerambault kehrte wieder in sein Arbeitszimmer zurück und setzte sich nieder. Rosine blieb unbeweg-

* Die mit einem Sternchen versehenen Kursivstellen sind auch im französischen Original deutsch.

lich und gedankenverloren mit schmerzlichem Ausdruck stehen. Clerambault lächelte ihr zu. Sie kam zu ihm und umarmte ihn.

Der festgesetzte Tag ging vorüber, Daniel kam nicht zu ihnen herauf. Man wartete noch den nächsten Tag und den übernächsten, aber er war schon an die Front zurückgegangen. Auf Betreiben Clerambaults machte kurz darauf seine Frau mit Rosine den Eltern Daniels einen Besuch. Sie wurden von ihnen mit eisiger und beinahe verletzender Kälte empfangen. Frau Clerambault erklärte, als sie zurückkam, sie wolle nie mehr in ihrem Leben diese unerzogenen Leute sehen. Rosine hatte Mühe, ihre Tränen zu verbergen.

In der Woche darauf kam ein Brief von Daniel an Clerambault. Ein wenig beschämt über sein Verhalten und das seiner Eltern, versuchte er weniger, es zu entschuldigen als zu erklären. Er machte eine zarte Anspielung, er hätte Hoffnung gehabt, einmal Clerambault näherzustehen als bloß durch die Bande der Bewunderung, des Respektes und der Freundschaft. Aber, fuhr er fort, Clerambault hätte seine Zukunftsträume durch seine bedauerliche Rolle zunichte gemacht, die er glaubte in der Tragödie auf sich nehmen zu müssen, bei der es um das Leben des Vaterlandes ginge, und durch den Widerhall, den seine Stimme gefunden hätte. Seine Worte, die zweifellos falsch verstanden, aber sichtlich unklug gewesen waren, hätten einen frevelhaften Charakter enthüllt, der die öffentliche Meinung aufgewühlt hätte. Unter den Offizieren der Front sei ebenso wie bei seinen Freunden im Hinterland die Erbitterung darüber die gleiche. Seine Eltern, die von jenem Traum des Glückes gewußt hätten, legten jetzt Protest ein, und so sehr er darunter leide, glaube er doch nicht das Recht zu haben, die Bedenken beiseite zu stoßen, deren Quelle ein tiefes Mitleid mit dem gekränkten Vaterland sei. Die öffentliche Meinung würde es nicht verstehen können, daß ein Offizier, der die Ehre hatte, sein Blut dem Vaterlande darbieten zu dürfen, an eine Verbindung denken könne, die man als eine Zustimmung zu so verderblichen Ideen ausdeuten könne. Freilich, die öffentliche Meinung hätte zweifellos unrecht, aber man müsse immer mit der öffentlichen Meinung rechnen. Denn die öffentliche Meinung eines Volkes, selbst wenn sie scheinbar übertrieben und ungerecht ist, will doch geachtet sein, und dies gerade sei der Irrtum Clerambaults gewesen, sie herausfordern zu wollen. Daniel drängte Clerambault noch einmal, seinen Irrtum zu bekennen und öffentlich abzuschwören, durch neue Aufsätze den beklagenswerten Eindruck zu verwischen, den die ersten hevorgebracht hätten. Er stellte es ihm als eine Pflicht dar, eine Pflicht gegen das Vaterland, eine Pflicht gegen sich selbst und eine Pflicht – er ließ es deutlich durchblicken – gegen jene, die ihnen beiden so teuer war. – Der Brief schloß mit verschiedenen anderen Betrachtungen, in denen noch zwei- oder dreimal der Name der öffentlichen Meinung wiederkehrte; sie nahm in seinem Denken den Rang der Vernunft und selbst des Gewissens ein.

Clerambault erinnerte sich lächelnd an die Szene Spittelers, wo der König Epimetheus, der Mann der entschlossenen Überzeugung, in der Stunde, da er sie auf die Probe stellen soll, sie nicht mehr in die Hand bekommt, sie entwischen sieht, ihr nachsetzt und, um sie zu fassen, sich bäuchlings auf die Erde wirft und sie unter seinem Bette sucht. Clerambault erkannte, daß man gleichzeitig ein Held vor dem Feuer des Feindes und doch ein ganz kleiner Junge vor der öffentlichen Meinung seiner Mitbürger sein könne. Er zeigte Rosine den Brief. Und so ungerecht auch die Liebe sonst sein mag, Rosine war doch in ihrem Herzen durch die Heftigkeit verletzt, die ihr Freund der Überzeugung ihres Vaters antun wollte. Sie dachte, Daniel liebe sie nicht genug, und sagte, sie ihrerseits liebe ihn nicht genug, um solche Forderungen anzunehmen. Selbst wenn Clerambault ihm nachgeben wolle, so würde sie es nicht erlauben, denn es sei eine Ungerechtigkeit.

Hier umarmte sie ihren Vater, zwang sich, tapfer zu lachen und ihr grausames Mißgeschick zu vergessen. Aber man vergißt nicht ein erträumtes Glück, solange noch irgendeine schwache Möglichkeit vorhanden ist, es wiederzufinden. Sie mußte immer daran denken, und nach einiger Zeit fühlte Clerambault, wie sie sich von ihm entfernte. Wer die Verleugnung besitzt, sich aufzuopfern, besitzt nur selten auch jene andere, dann nicht jenen gram zu sein, für die er sich aufgeopfert hat. Gegen ihren eigenen Willen zürnte Rosine ihrem Vater um ihr verlornes Glück.

Ein seltsames geistiges Phänomen trat nun bei Clerambault zutage. Er fühlte sich niedergeschlagen und doch gleichzeitig gefestigt. Er litt daran, gesprochen zu haben, und fühlte doch, daß er von neuem sprechen würde. Er gehörte sich selbst nicht mehr. Seine Schriften hielten ihn fest, seine Schriften übten einen Zwang auf ihn aus: kaum hatte er seine Gedanken ausgesprochen, so war er schon an sie gebunden. Das aus dem Herzen entsprungene Werk wirkt wieder auf das Herz zurück. Geboren aus einer Stunde geistiger Erregung, verlängert und erneuert es sich diese Stunde im Geiste, der ohne diesen Aufschwung erschöpft in sich zusammenstürzte. Denn diese Stunde ist Lichtstrahl aus den letzten Tiefen, ist das Beste des inneren Wesens, das Ewigste und reißt den tierhaften Teil des irdischen Wesens mit sich fort. Ob er will oder nicht, schreitet der Mensch, von seinen Werken getragen und gezogen, weiter, sie leben außerhalb seiner selbst, erneuern in ihm die verlorne Kraft, erinnern ihn an seine Pflicht, führen ihn und befehlen ihm. Clerambault hatte die Absicht zu schweigen. Und doch begann er immer wieder zu sprechen.

Er war sich seiner Schwäche freilich recht bewußt. *Du zitterst, Kadaver, weil du weißt, wohin ich dich jetzt führe*, pflegte Turenne vor einer Schlacht zu seinem Leibe zu sagen. Die Leiblichkeit Clerambaults bot keinen stolzen Anblick. Wenn auch die Schlacht, in die er sie führte, eine viel unscheinbarere war, so war es doch kein geringerer Kampf, denn er stand darin allein und ohne Armee. Das Schauspiel, das er sich selbst in der Nacht vor der Schlacht darbot, war beschämend: er sah sich selbst nackt, in seiner Mittelmäßigkeit, einen schwachen Menschen, scheu von Natur, ein wenig feig, einen Menschen, der der anderen bedurfte, ihrer Liebe, ihrer Zustimmung. Und es war furchtbar schwer, alle diese Beziehungen mit ihnen zu zerreißen, gesenkten Kopfes gegen ihren Haß anzurennen... Würde er stark genug sein, um Widerstand leisten zu können? – Wieder stürmten die schon verjagten Zweifel gewaltsam auf ihn ein. Wer zwang ihn denn dazu zu sprechen? Wer würde auf ihn hören? Und wozu das alles? Warum hielt er sich nicht an das Beispiel der Klügeren, die schwiegen?

Und doch fuhr sein entschlossenes Hirn fort, ihm das zu diktieren, was er schreiben sollte, und die Hand schrieb es nieder, ohne ein Wort zu mildern. Er bestand gewissermaßen aus zwei Menschen, aus einem der hingestreckt lag, Angst hatte und schrie: «Ich will mich nicht herumschlagen», und aus einem anderen, der voll Verachtung für den Feigling ihn am Genick fortschleppte und sagte: «Vorwärts, du wirst gehen.»

Und doch wäre es zuviel Ehre, wollte man ihm zuerkennen, daß er aus Mut so handelte. Er handelte so, weil er nicht anders konnte. Selbst wenn er hätte innehalten wollen, so mußte er doch nach vorwärts und sprechen... «Es ist deine Mission.» Clerambault verstand das nicht und fragte sich, warum gerade er ausersehen worden war, er, der Dichter, der Zärtliche, geschaffen in einem stillen, kampflosen, opferlosen Leben, indessen doch andere, starke, krieggewohnte, kampfgeartete Menschen mit Athletenseelen da waren, die unbeschäftigt blieben. – «Es hat keinen Sinn, sich darüber den Kopf zu zerbrechen. Gehorche! Es ist nun einmal so.»

Und gerade diese Zwiespältigkeit seiner Natur zwang ihn, sobald einmal eine der beiden Seelen in ihm die Oberhand behalten hatte, sich ihr restlos hinzugeben. Ein normalerer Mensch hätte die beiden Naturen verschmolzen oder verbunden, hätte einen Kompromiß gefunden, bei dem die Anforderungen der einen und die Vorsicht der anderen zu ihrem Recht gekommen wären. Aber ein Clerambault war immer nur einseitig, dem einen oder dem anderen unterworfen. Hatte er einmal einen Weg gewählt, so ging er ihn ganz geradeaus, ob er ihm gefiel oder nicht. Und aus dem gleichen Grunde, der ihn früher so leichtgläubig für den Glauben der Welt rings um ihn gemacht hatte, mußte er jetzt rücksichtslos die Lügen, denen er zum Opfer gefallen war, offenbaren, sobald er sie erkannt hatte. Andere, die sich anfangs nicht so hemmungslos hatten narren lassen, hätten sie nie zu enthüllen vermocht.

So begann der Mutige wider seinen eigenen Willen, ein anderer Ödipus, den Kampf mit der Sphinx des Vaterlandes, die ihn am Kreuzweg erwartete.

Der Angriff Bertins lenkte auf Clerambault die Aufmerksamkeit einiger Politiker der äußersten Linken, die nicht recht wußten, wie sie ihre Opposition gegen die Regierung (die ja ihre Existenzbedingung war) mit jener «heiligen Eintracht» in Einklang bringen sollten, die zu Kriegsbeginn gegen den feindlichen Einbruch beschlossen war. Sie druckten die beiden ersten Artikel Clerambaults in einem jener sozialistischen Blätter nach, deren Gedankengang damals zwischen diesen Gegensätzen pendelte. Man bekämpfte dort den Krieg und votierte gleichzeitig Kriegskredite. Begeisterte internationale Bekenntnisse standen dort dicht neben Mahnreden von Ministern, die eine nationalistische Politik trieben. In diesem Schaukelspiel hätten die Seiten Clerambaults mit ihrem vagen Lyrismus, wo der Angriff maßvoll war und die Kritik der Vaterlandsideen von tiefem Mitleid umhüllt, den ganz wertlosen Charakter eines platonischen Protests gehabt, wenn nicht die Zensur darin einzelne Sätze mit der Zähigkeit einer Termite ausgefressen hätte. Die Spuren ihrer Zähne lenkten aber gerade die Blicke auf das, was der allgemeinen Unaufmerksamkeit sonst entgangen wäre. So kratzte die Zensur in dem Aufsatz *An die einst Geliebte!* das Wort Vaterland, nachdem sie es zum erstenmal in Verbindung mit einem liebenden Anruf ruhig hatte stehenlassen, bei allen anderen, bedeutend weniger schmeichelhaften Stellen rücksichtslos heraus. Ihre Dummheit sah nicht, daß nun das Wort, linkisch vom Lichtschirm bedeckt, nur noch besser im Geiste des Lesers aufleuchtete. So gelang es ihr, einem Aufsatz, der eigentlich recht bedeutungslos war, Bedeutung zu verleihen, wobei allerdings hinzuzurechnen war, daß in dieser Stunde allgemeiner Passivität das geringste Wort freier Menschlichkeit, insbesondere aber ein von einem bekannten Namen ausgesprochenes, sofort eine ganz außerordentliche und weite Wirkung gewann. Der andere Artikel, *Ihr Toten, verzeihet uns!*, war oder konnte durch seinen schmerzlichen Akzent noch gefährlicher für die große Masse der einfachen, vom Krieg aufgewühlten Seelen sein. So versuchte die bisher gleichgültige Zensur bei dem ersten Wind, den sie davon bekam, ihn glatt vor der Öffentlichkeit zu unterdrücken. Geschickt genug, um nicht auf Clerambault durch eine öffentliche Maßnahme besondere Aufmerksamkeit zu lenken, verstand sie es, auf das Journal auf Umwegen einzuwirken. Ein heftiger Widerstand gegen den Schriftsteller zeigte sich plötzlich in der internen Redaktion der Zeitung selbst. Natürlich warfen sie ihm nicht den Internationalismus seines Gedankens vor, sondern sie beschuldigten ihn bourgeoiser Empfindsamkeit. Dafür bot ihnen nun Clerambault selbst Argumente mit einem dritten Artikel, in dem sein Widerstand gegen jede Gewalt ebenso die Revolution wie den Krieg zu verurteilen schien. Die Dichter sind eben immer schlechte Politiker.

Es war eine erbitterte Antwort auf jenen *Aufruf an die Toten*, den Barrès, die zitternde Nachteule, von einer Friedhofzypresse herabwimmerte.

Aufruf an die Lebendigen

Der Tod beherrscht die Welt. Ihr, die ihr lebendig seid, schüttelt sein Joch ab! Es genügt ihm nicht, die Völker zu vernichten, er will, daß sie ihn auch noch verherrlichen, daß sie ihm singend entgegenlaufen, und ihre Herren verlangen, daß sie ihre eigene Aufopferung verherrlichen. Es ist das schönste Los, das beneidenswerteste, das man erlangen kann! *Sie lügen! Es lebe das Leben! Einzig das Leben ist heilig, und die Liebe zum Leben ist die erste Tugend. Aber die Menschen von heute besitzen sie nicht mehr. Dieser Krieg beweist – und beweist bei vielen schon seit fünfzehn Jahren – (gesteht es euch nur ein!) das Vorhandensein einer wahnwitzigen Hoffnung auf eine solche Katastrophe. Ihr liebt das Leben nicht, wenn ihr keine bessere Verwendung dafür habt, als es dem Tod zum Fraß hinzuwerfen. Euer Leben ist euch eine Last, euch, ihr Reichen, ihr Bürger, ihr Diener der Vergangenheit, ihr Konservativen, die ihr darüber greint aus Mangel an Appetit, aus moralischem Übelbefinden, mit euren vor Überdruß schleimigen und sauren Seelen und Mäulern – und euch, ihr Proletarier, ihr Armen und Unglücklichen aus Mutlosigkeit über das Schicksal, das euch zugefallen ist. In der dumpfen Mittelmäßigkeit eures Lebens, in der Hoffnungslosigkeit, es jemals zu verwandeln (ihr Kleingläubigen!), wartet ihr einzig darauf, ihm durch einen Gewaltakt zu entrinnen, der euch dem Sumpf, zumindest für die Spanne einer Minute, nämlich der letzten, entreißt. Die Stärksten unter euch, jene, die am besten die Energie der ursprünglichen Instinkte bewahrt haben, die Anarchisten und Revolutionäre, appellieren bloß an sich selbst, um diese befreiende Tat zu erfüllen. Aber die große Volksmasse ist zu müde, um die Initiative zu ergreifen. Deshalb begrüßt sie mit solcher Gier die mächtige Welle, die ihre Vaterländer aufrührt: den Krieg! Sie gibt sich ihm mit einer düsteren Wollust hin. Denn er ist der einzige Augenblick im Leben, wo diese verschatteten Existenzen sich vom Atem des*

Unendlichen durchweht fühlen. Und gerade dieser Augenblick ist der der Vernichtung.

Ah, eine schöne Art, sein Leben anzuwenden... Es einzig dadurch zu bejahen, daß man es verneint zugunsten irgendeines menschenfresserischen Gottes, mag er Vaterland oder Revolution heißen, der zwischen seinen Kinnladen die Gebeine von Millionen Menschen zerkrachen läßt...

Sterben, Zerstören, was liegt da für ein Ruhm darin! Das einzige Wichtige wäre, zu leben. Und das versteht ihr nicht. Ihr seid des Lebens nicht würdig. Nie habt ihr die Segnungen der lebendigen Minute empfunden, der Freude, die im Lichte tanzt. Oh, ihr hinsterbenden Seelen, ihr wollt, daß alles mit euch sterbe, kranke Brüder, denen wir die Hand hinreichen, sie zu retten, und die uns wütend mit sich in den Abgrund reißen...

Aber nicht mit euch, ihr Unglücklichen, will ich abrechnen, sondern mit euren Gebietern. Mit euch, den Herren der Stunde, unsern geistigen Gebietern, den politischen Machthabern, den Herren des Geldes, des Eisens, des Blutes und des Gedankens! Mit euch, die ihr diese Staaten in Händen haltet, die ihr diese Armeen in Bewegung setzt, die ihr mit euren Zeitungen, Büchern, Schulen und Kirchen diese Generation geformt und aus diesen freien Seelen Herden gemacht habt. Ihre ganze Erziehung – euer Werk der Knechtung –, die Laienerziehung wie die christliche, lobpreist gleicherweise mit ungesundem Jubel den nichtigen militärischen Ruhm und seine Glückseligkeit. Am Ende der Angel hält sowohl die Kirche als auch der Staat den Tod als Köder hin.

Ihr heuchlerischen Schriftgelehrten und Pharisäer, Schande über euch! Politiker und Priester, Künstler und Schriftsteller, ihr Chorführer des Todes, ihr seid innen voll von Totengebein und Verwesung. Ach, ihr seid so recht die Söhne jener, die Christus getötet haben. Wie jene beschwert ihr die Schultern der Menschen mit entsetzlichen Lasten, zu denen ihr selbst nicht den Finger aufhebt. Wie jene, so kreuzigt ihr gerade solche, die den unglücklichen Völkern helfen wollen, solche, die zu euch kommen, in den Händen den Frieden, den gesegneten Frieden. Ihr sperrt sie ein und schmäht sie und jagt sie, so wie es geschrieben steht in der Schrift, von Stadt zu Stadt, bis daß das ganze vergossene Blut der Erde in Strömen auf euch zurückfällt.

Ihr Kuppler des Todes, ihr arbeitet nur für ihn! Das Vaterland dient euch nur dazu, um die Zukunft der Vergangenheit hörig zu machen und die lebendigen Menschen an die vermoderten Toten zu ketten. Ihr verurteilt das neue Leben in alle Ewigkeit, einzig die leeren Gebräuche der Gräber ängstlich zu erfüllen… Aber laßt uns auferstehen! Lassen wir die Glocken klingen zum Osterfest der Lebendigen!

Ihr Menschen, es ist nicht wahr, daß ihr die Sklaven der Toten seid und durch sie wie Hörige an die Erde gebunden. Laßt die Toten ihre Toten begraben und selbst in die Grube fahren. Ihr aber seid Söhne der Lebendigen und selbst lebendig! Ihr jungen, gesunden Brüder, zerbrecht die nervenschwache Müdigkeit eurer Seelen, die sich den vergangenen Vaterländern verschrieben haben und die nur manchmal in plötzlichen Krämpfen der Raserei sich aufraffen. Werdet selbst die Herren der Stunde, die Herren der Vergangenheit, Väter und Söhne eurer Werke! Seid frei! Jeder von euch ist Mensch – nicht der verweste Leib der in den Gräbern stinkend Vermoderten, sondern das knisternde Feuer des Lebens, das die Verwesung tilgt, das die Leichen der vergangenen Jahrhunderte zerstört, das immer neue junge Feuer, das die Erde mit seinen brennenden Armen umschlingt. Seid frei! Ihr Eroberer der Bastille, ihr habt noch nicht jene andere erobert, die in euch selbst ist, das falsche Schicksal, das seit Jahrhunderten alle jene zu eurer Niederhaltung gebaut haben, die – entweder Sklaven oder Tyrannen (sie sind von der gleichen Galeere) – Furcht haben, daß ihr euch eurer Freiheit bewußt würdet. Der wuchtige Schatten der Vergangenheit – Religionen, Rassen, Vaterländer, die materialistische Wissenschaft – verdeckt eure Sonne. Geht ihr entgegen! Die Freiheit ist jenseits all jener Wälle und Türme von Vor-

urteilen, jener toten Gesetze, jener geheiligten Lügen, die die Interessen einzelner Auguren, die Meinung der militarisierten Massen und euere eigenen Zweifel an euch selbst noch behüten. Wagt es, zu wollen! Und ihr werdet plötzlich hinter der Mauer des trügerischen Schicksals, kaum daß sie hinstürzt, wieder die Sonne und die unbegrenzte Ferne sehen.

Statt die revolutionäre Flamme dieses Aufrufes zu erkennen, klammerte sich das Redaktionskomitee der Zeitung nur an die drei oder vier Zeilen, in denen Clerambault die Gewalttätigkeiten aus beiden Lagern, von rechts und links, in denselben Sack zu stecken schien. Woher nahm dieser Dichter das Anrecht, in einem Parteiblatt den Sozialisten Lektionen erteilen zu wollen? Im Namen welcher Theorien tat er es? War er denn überhaupt Sozialist? Ein solcher Bourgeois sollte nur mit diesen tolstoianischen und anarchistischen Schreibübungen bei der Bourgeoisie bleiben. Vergebens protestierten einige weitsichtigere Köpfe dagegen und betonten, jeder freie Gedanke, ob mit, ob ohne politische Etikette, müsse willkommen geheißen werden, und jener Clerambaults, so wenig er auch die Parteitheorie kenne, sei in Wahrheit sozialistischer als mancher der Sozialisten, die sich der nationalen Schlächterei beigesellt hätten. Dennoch ging man glatt darüber hinweg, und der Artikel wurde, nachdem er ein paar Wochen in einer Schublade geschlafen hatte, Clerambault zurückgegeben unter dem Vorwand, sie hätten zuviel aktuelle Aufsätze und zuwenig Raum.

Clerambault brachte den Artikel einer kleinen Revue, die sich mehr von seinem literarischen Ruf als von seinen Ideen zum Abdruck verleiten ließ. Das Resultat war, daß auf Befehl der Polizei die Revue am Tage nach dem Erscheinen des fast ganz unterdrückten Artikels verboten wurde.

Clerambault aber wurde nur noch hartnäckiger. Gerade diejenigen, die ihr ganzes Leben unterwürfig gewesen waren, werden die erbittertsten Revolutionäre, wenn man sie dazu zwingt. Ich erinnere mich, einmal ein großes Lamm gesehen zu haben, das, von einem Hund beunruhigt, endlich auf ihn losstürmte, und der Hund, durch diese unerwartete Umkehrung der Naturgesetze erschreckt, floh vor Entsetzen und Angst bellend davon. Der Köter Staat ist seiner Zähne zu sicher, um sich über ein paar unbotmäßige Lämmer zu beunruhigen, aber das Lamm Clerambault berechnete nicht mehr den Widerstand, sondern stieß mit dem Kopf kreuz und quer. Die Eigentümlichkeit schwacher, aber edler Herzen ist es, ohne Übergang aus einer Übertreibung in die andere zu verfallen. Aus dem Übermaß eines Massengefühls war Clerambault mit einem Ruck zu einem Übermaß des isolierten Individualismus hinübergesprungen, und eben weil er die Geißel des Gehorsams so gut kannte, sah er überall nur sie, diese soziale Suggestion, deren Folgen in allen Gesellschaftsklassen gleich sichtbar waren: die heroische Passivität der Armeen, die man bis zum Irrsinn gepriesen hatte, die Millionen der von der Hauptschar eingeschlossenen Ameisen, die Unterwürfigkeit der Parlamente, die den Chef der Regierung zwar mißachteten, aber doch solange mit ihrer Stimme unterstützten, bis zufällig einmal der Ausbruch eines einzelnen Revoltierenden eine Explosion hervorrief, die griesgrämige, aber doch militärische Unterwürfigkeit selbst der linksstehenden Parteien, die dem absurden Idol einer abstrakten Einigkeit selbst ihre Existenzberechtigung aufopfern. Und diese Leidenschaft, den eigenen Willen preiszugeben, war für ihn der Feind. Er erkannte seine Aufgabe darin, den Zweifel zu erwecken, den Geist, der die Kette zernagt, und möglicherweise den großen Wahn zu zerstören.

Die Wurzel des Übels war die Idee der Nation. Und diese geschwürige Stelle durfte man nicht anrühren, ohne daß die Bestie aufschrie. Clerambault attackierte sie schonungslos.

Was habe ich mit euren Nationen zu tun? Ihr verlangt von mir, ich solle einzelne Völker lieben und einzelne hassen. Ich liebe oder hasse Menschen. Und es gibt innerhalb jeder Nation vornehme, niederträchtige und mittelmäßige, nur daß in jeder einzelnen Nation die vornehmen und die niederträchtigen selten sind, die mittelmäßigen dagegen die große Masse bilden. Ich liebe einen Menschen oder liebe ihn nicht um dessentwillen, was er ist, und nicht dafür, was die anderen sind. Und gäbe es in einer Nation nur einen einzigen Menschen, den ich liebe, so würde mir das schon genug sein, um sie nicht als Gesamtheit zu verurteilen. – Ihr sprecht mir von den Kämpfen und dem eingebornen Haß der Rassen? Die Rassen sind die Farben im Prisma des Lebens, erst aus ihrem leuchtenden Zusammenspiel entsteht das Licht. Wehe dem, der dieses Prisma bricht! Ich gehöre nicht einer Rasse an, ich gehöre dem Leben, dem ganzen Leben. Ich habe Brüder bei allen Nationen, ob sie freundlich oder feindlich sind, und die mir zunächst Stehenden sind nicht immer jene, die ihr mir als Landsleute aufzwingen wollt. Die seelischen Familien sind über die ganze Welt hin zerstreut. Führen wir sie wieder zusammen! Unsere Aufgabe ist es, die chaotischen Nationen zu zerstören und an ihrer Stelle harmonische Gruppen zu bilden. Nichts wird dies verhindern können, und selbst die Verfolgungen werden aus dem allgemeinen Leiden nur die allgemeine Liebe der gemarterten Völker formen.

Und andere Male betonte er in schonungsloser Weise seine persönliche Loslösung von dem Wettstreit der Nationen, obwohl er die Idee der Nation nicht leugnete, ja sogar als eine natürliche Tatsache anerkannte; denn Clerambault versteifte sich nicht auf die Logik, ihm kam es nur darauf an, das Götzenbild durch alle Lücken seines Harnisches zu treffen. Diese seine Haltung war nicht minder gefährlich.

Ich kann keinen Anteil nehmen an den Streitigkeiten eurer Nationen um die Überlegenheit. Mir ist es gleichgültig, ob im Wettrennen diese oder jene Farbe den Sieg behält. Wer auch gewinnt, es ist doch immer die Menschheit, die den Sieg davonträgt. Für mich ist es nur gerecht, daß das lebendigste, das klügste, das arbeitsamste Volk in dem friedlichen Kampfe der Arbeit den Triumph erringe. Entsetzlich dagegen wäre, wenn die zurückgedrängten Nebenbuhler oder diejenigen, die eine Zurückdrängung befürchten, zur Gewalt griffen, um sich die Konkurrenz vom Halse zu schaffen. Dies würde die Unterordnung des Interesses aller Menschen unter einen geschäftlichen Gesichtspunkt bedeuten. Das Vaterland ist aber kein geschäftlicher Gesichtspunkt. Es ist nun gewiß traurig, daß das Aufsteigen der einen Nation den Niedergang der anderen verursacht, aber warum sagt ihr nicht, wenn der große Handel des eigenen Landes den kleinen Handel des eigenen Landes zugrunde richtet, dies sei ein Majestätsverbrechen gegen den Staat? Und doch richtet dieser Kampf viel traurigere und unverdientere Verheerungen an. Das ganze gegenwärtige ökonomische Gesellschaftssystem der Welt ist verhängnisvoll und lasterhaft, hier müßte man mit der Heilung einsetzen. Der Krieg aber, der versucht den glücklicheren oder geschickteren Konkurrenten zugunsten des ungeschickteren oder trägeren zu begaunern, vergrößert nur die Mängel dieses Systems, denn er bereichert einzelne wenige und ruiniert die ganze Gemeinschaft.

Es ist unmöglich, daß alle Völker auf derselben Straße im selben Schritt vorwärtsmarschieren. Abwechselnd überholen bald die einen die anderen und werden wieder selbst überholt. Aber was tut es, wenn sie nur im selben Zuge schreiten! Nur keine dumme Eigenliebe! Der Pol der Weltenergie verändert ständig seine Stelle, selbst im gleichen Lande verlegt er oft seinen Ruhepunkt. In Frankreich ist er von der römischen Provence an die Loire der Valois übergegangen, jetzt ist er in Paris, wird aber nicht immer dort bleiben. Die ganze Erde gehorcht einem wechselnden Rhyth-

mus fruchtbaren Frühlings und einschlummernden Herbstes, die großen geschäftlichen Routen bleiben nicht unveränderlich, und die Schätze unter der Erde sind nicht unerschöpflich. Ein Volk, das sich durch Jahrhunderte, ohne zu rechnen, verausgabt hat, geht durch seinen Glanz dem Ende entgegen. Es kann sich nur erhalten, wenn es auf die Reinheit seines Blutes verzichtet und sich den anderen vermengt. Es ist zwecklos, es ist verbrecherisch, seine vergangene Zeit der Reife angeblich verlängern zu wollen, indem man andere hindert heranzuwachsen oder, wie unsere alten Leute von heutzutage, die Jungen in den Tod schickt. Das macht sie nicht jünger, aber sie töten die Zukunft damit.

Ein gesundes Volk versucht, statt sich gegen die Lebensgesetze entrüstet aufzulehnen, sie zu verstehen. Es sieht seinen wahren Fortschritt nicht im stupiden Willen, durchaus nicht alt werden zu wollen, sondern in einer unablässigen Bemühung, mit dem Alter fortzuschreiten, anders und größer zu werden. Jedes Alter hat seine Aufgabe. Ein ganzes Leben sich an dieselbe anzuklammern, ist Faulheit und Schwäche. Lernt, euch zu verwandeln, der Wandel ist das Leben. Die Werkstätte der Menschheit hat Arbeit für alle! So arbeiten wir Völker jedes für seinen Teil, und jedes sei stolz auf die Arbeit aller. Die Mühe und das Genie aller anderen sind auch die unseren.

Diese Artikel erschienen da und dort, wo es ihnen eben gelang, in irgendeinem jener kleinen fortschrittlichen, anarchistischen oder literarischen Blätter unterzukommen, in denen sonst die gewalttätigen Angriffe gegen Einzelpersonen den wohlbedachten Kampf gegen das Regime zu ersetzen versuchten. Die Aufsätze waren fast ganz unleserlich, so hatte die Zensur sie zugerichtet, die übrigens, wenn der Artikel dann in einer anderen Zeitung nachgedruckt wurde, manchmal mit launischer Vergeßlichkeit das durchrutschen ließ, was sie gestern verboten hatte, und das wieder wegschnappte, was sie gestern hatte durchgehen lassen. Es gehörte eine wirkliche Anstrengung dazu, ihren Sinn zu erfassen. Seltsamerweise waren es aber nicht die Freunde, sondern die Gegner Clerambaults, die sich dieser Mühe unterzogen. In Paris sind sonst die Polemiken von kurzer Dauer, denn die gefährlichsten Gegner, die wahrhaft Geschulten im Federkrieg, wissen sehr genau, daß Schweigen mehr schadet als Beschimpfung, und so gebieten sie oft ihrer Gehässigkeit Stille, um sich gewissere Wirkung zu sichern.

Aber in der hysterischen Krise, die damals die Seelen Europas schüttelte, gab es keine Richtschnur mehr, nicht einmal mehr eine für den Haß. Die Heftigkeit der Attacken Octave Bertins brachte Clerambault jeden Augenblick wieder der Öffentlichkeit in Erinnerung. Es half nichts, daß Bertin selbst verächtlich die anderen aufforderte: «Reden wir nicht mehr davon!» Er redete selbst davon am Ende jedes einzelnen Artikels, in dem er seine Galle entlud.

Nun kannte Bertin zu genau alle geheimen Schwächen, alle geistigen Mängel und alle kleinen Lächerlichkeiten seines einstigen Freundes, als daß er sich das Vergnügen versagen konnte, sie mit sicherem Pfeil zu treffen. Clerambault, im Tiefsten verwundet und nicht klug genug, seinen Ärger zu verbergen, ließ sich in den Kampf hineinreißen, antwortete und zeigte, daß auch er den anderen bis aufs Blut verletzen könne. Eine brennende Gehässigkeit brach zwischen den beiden los.

Das Resultat war vorauszusehen. Bisher war Clerambault ungefährlich gewesen. Er beschränkte sich im ganzen auf die sittliche Abhandlung, seine Polemik trat nicht aus dem gedanklichen Kreis hervor und hätte ebensogut sich auf Deutschland, England oder auf das Rom von einst beziehen können wie auf das Frankreich von heute. In Wahrheit verstand er eigentlich höchst wenig von den politischen Dingen, über die er sich verbreitete, ebensowenig wie neun Zehntel aller Männer seiner Gesellschaftsklasse und seines Berufes. So konnte auch das, was er aufspielte, nicht die Herren der Stunde verwirren. Der lärmende Federkrieg

Clerambaults und Bertins aber, inmitten des Durcheinanders und Getöses der Zeitungen, hatte eine doppelte Folge. Einerseits gewöhnte er Clerambault in seinem Gefecht zu feinerer Technik, und das zwang ihn, sich einen sichereren Grund unter den Füßen zu suchen, als den der bloß logischen Streitigkeiten, andererseits brachte er ihn in Zusammenhang mit Männern, die die Tatsachen besser kannten und ihm Unterlagen für seine Aufsätze brachten. Seit einiger Zeit hatte sich in Frankreich ein kleiner, halb unterirdischer Zirkel gebildet, der sich mit einer unbeeinflußten Untersuchung und freien Kritik des Krieges und seiner Ursachen befaßte. Der Staat, der sonst so wachsam jeden Versuch freien Denkens zermalmte, hielt diese klugen, ruhigen Menschen, die meist Gelehrte waren, kein lärmendes Aufsehen zu bewirken suchten und sich mit Privatdebatten begnügten, für ungefährlich. Es schien ihm politischer, sie bloß zu bewachen als zwischen vier Mauern einzusperren. Aber er täuschte sich in seiner Berechnung. Ist einmal die Wahrheit in bescheidener Mühe gefunden, und sei sie auch nur fünf oder sechs Menschen offenbar, so kann sie nicht mehr entwurzelt werden: sie steigt aus der Erde mit unwiderstehlicher Kraft. Clerambault erfuhr damals zum erstenmal, daß es solche leidenschaftlichen Wahrheitssucher gab, die an jene aus der Zeit des Dreyfus-Prozesses erinnerten, und ihr geheimes Apostolat unter der allgemeinen Unterdrückung erinnerte ihn irgendwie an die kleine christliche Gemeinschaft zur Zeit der Katakomben. Mit ihrer Hilfe entdeckte er jetzt neben den Ungerechtigkeiten auch die Lüge des «großen Krieges». Bisher hatte er davon nur ein dunkles Vorgefühl gehabt, doch vermochte er nicht zu ahnen, bis zu welchem Grade unsere nächste Zeitgeschichte gefälscht worden war. Sein Entsetzen war ungeheuer. Selbst in den Stunden eindringlichster Prüfung hatte sich seine naive Vorstellungsweise niemals die trügerischen Untergründe ausdenken können, auf denen ein solcher Kreuzzug für das Recht beruhte. Und da er nicht der Mann war, seine

Entdeckung für sich zu behalten, schrie er sie in Aufsätzen offen aus, die sofort von der Zensur untersagt wurden, schob sie dann in satirischer, ironischer oder symbolischer Form in kleine Erzählungen und Fabeln in der Art Voltaires ein, die manchmal infolge Unachtsamkeit des Zensors glücklich durchgingen, aber Clerambault den Machthabern als einen ausgesprochen gefährlichen Menschen erscheinen ließen.

Die ihn zu kennen meinten, waren sehr von ihm überrascht. Von seinen Gegnern war er bisher allgemein als Sentimentaler behandelt worden, der er ja auch im Grunde gewiß war. Weil er es aber wußte und gleichzeitig Franzose war, besaß er die Gabe, selbst darüber zu lachen und sich lustig zu machen. Deutschen Sentimentalen mag es passen, blindlings an sich zu glauben; aber im Grunde der Seele des so beredten und empfindsamen Clerambault wachte der Blick des Galliers, der immer auf der Hut ist im tiefsten Dickicht seiner großen Wälder, der beobachtet, nichts übersieht und immer bereit ist zu lachen. Und das seltsamste war, daß dieser urhafte Trieb gerade in jenem Augenblick bei ihm ausbrach, wo man es am wenigsten erwartet hätte, in der Zeit der härtesten Prüfung und drohenden Gefahr. Das Gefühl für das Lächerliche der Welt belebte Clerambault gleichsam von neuem. Sein Charakter bekam plötzlich, kaum daß er sich von den Konventionen, in denen er gefangen war, frei gemacht hatte, eine lebendige Vielfalt. Gut, zärtlich, kampfsüchtig, reizbar, über das Ziel hinausschießend, den Mißgriff anerkennend und heiter darüber hinweggehend, sentimental, ironisch, skeptisch und gläubig – immer erstaunte er selbst von neuem, wenn er sich im Spiegel dessen sah, was er schrieb. Sein ganzes Leben, das er bisher vorsichtig und bürgerlich in sich verschlossen hatte, brach nun, durch die moralische Einsamkeit und die gesunde Luft des Kampfes verstärkt, aus ihm heraus.

Und Clerambault merkte, daß er sich selber nicht kannte. Er war wie neugeboren seit jener Nacht der Angst, er hatte eine Art Freude kennengelernt, von der er nie gewußt hatte, die schwindelige und losgelöste Freude des freien Mannes im Kampfe. Alle seine Sinne waren wie ein Bogen, gut und straff gespannt. Und er genoß im Tiefsten dieses vollkommene Wohlgefühl.

Jene aber in seiner nächsten Umgebung hatten von diesem Wohlergehen keinen Gewinn. Frau Clerambault bekam von dem Kampf nur die Unannehmlichkeiten zu fühlen, eine allgemeine Feindseligkeit, die schließlich selbst bei den kleinen Lieferanten ihres Bezirkes zutage trat. Rosine siechte sichtlich dahin. Die Wunden ihres Herzens, die sie verbarg, ließen sie schweigend verbluten. Sie selbst beklagte sich nie, aber ihre Mutter tat es für zwei. Ihre Verbitterung erstreckte sich gleicherweise auf die Dummköpfe, die sie beschimpften, und den unvorsichtigen Clerambault, der ihr diese Beschimpfung einbrachte. Bei jeder Mahlzeit gab es ungeschickte Vorwürfe, die ihn zum Schweigen bewegen sollten. Aber sie richtete nichts aus, die stummen wie die lärmenden Anklagen glitten machtlos an Clerambault ab. Zweifellos war er oft traurig und bedrückt, aber er gab sich jetzt ganz der Leidenschaft des Kampfes hin, und ein unbewußter, ja sogar ein wenig kindlicher Egoismus ließ ihn alles ausschalten, was ihm dieses neue Vergnügen hätte stören können.

Äußere Umstände kamen Frau Clerambault zu Hilfe. Eine alte Verwandte, die sie aufgezogen hatte, starb und hinterließ den Clerambaults ihren kleinen Besitz im Berry, den sie bewohnt hatte. Frau Clerambault benützte diesen Trauerfall, um sich von Paris zu entfernen, das ihr jetzt zum Abscheu geworden war, und vor allem, um ihren Mann diesem gefährlichen Milieu zu entreißen. Sie schützte außer ihrem Schmerz praktische Gründe und die Gesundheit Rosinens vor, der diese Luftveränderung gut tun würde. Clerambault gab nach. Sie reisten alle drei ab, um ihre kleine

Erbschaft in Besitz zu nehmen, und blieben den Sommer und Herbst über im Berry.

Das altbürgerliche Haus lag auf dem Lande, am Ausgang eines Dorfes. Aus der Erregung von Paris war Clerambault plötzlich in eine stockende Ruhe versetzt. Die Stille der Tage unterbrach nur der Ruf der Hähne in den Bauernhöfen, das Brüllen des Viehes auf der Weide. Aber das Herz Clerambaults war zu sehr fieberhaft geworden, um sich dem friedfertigen und langsamen Rhythmus der Natur anzupassen. Einst hatte er ihn bis zur Vergötterung geliebt, einst war er in Harmonie mit dem Landvolk gewesen, dem seine eigene Familie entstammte, aber heute machten ihm die Bauern, mit denen er zu sprechen versuchte, den Eindruck von Menschen eines anderen Planeten. Zwar waren sie nicht vom Kriegsgift verseucht, sie zeigten keine Leidenschaft und keinen Haß gegen den Feind, aber sie zeigten auch keinen gegen den Krieg. Sie nahmen ihn als eine Tatsache hin, ließen sich nichts über ihn vormachen (gewisse Bemerkungen voll gutmütiger Ironie verrieten, daß sie wußten, was er wert sei), aber zunächst beschränkten sie ihre Bemühungen darauf, ihn auszunützen. Sie machten gute Geschäfte. Sie verloren zwar ihre Söhne, aber sie verloren nicht ihr Hab und Gut. Wenn ihre Trauer sich auch nicht sehr offensichtlich ausdrückte, so konnte man ihnen doch deutlich anmerken, daß sie für das Leid nicht unempfindlich waren. Aber schließlich: ein Menschenleben geht dahin, und die Erde bleibt. Sie hatten wenigstens nicht wie die Bourgeoisie der Städte ihre Kinder aus nationalem Fanatismus in den Tod geschickt, aber sobald es einmal geschehen war, wußten sie ihre Opfer in gute Werte umzusetzen, und wahrscheinlich hätten das sogar ihre hingeopferten Söhne ganz natürlich gefunden. Muß man denn, wenn man das, was man liebt, verliert, immer auch gleich den Kopf dazu verlieren? Die Bauern hatten ihn nicht verloren. Man erzählt, der Krieg habe im französischen Flachland etwa eine Million neuer Grundbesitzer geschaffen. Die Gedankenwelt Clerambaults fühlte sich hier ganz einsam und ausgeschlossen. Sein Denken und das ihre sprachen nicht dieselbe Sprache. Hie und da tauschten sie mit ihm einige allgemeine bekümmerte Reden aus. Aber die Bauern beklagen sich ja immer, wenn sie mit dem Städter sprechen. Es ist bei ihnen schon so Sitte, eine Art, sich gegen einen möglichen Appell an ihren Geldsack zu schützen. Sie hätten im selben Ton über Maul- und Klauenseuche gesprochen. Clerambault blieb für sie der Pariser. Was immer sie auch denken mochten, ihm hätten sie es nie gesagt. Er war für sie von einer anderen Rasse.

Dieses Fehlen jeder Resonanz erstickte das Wort Clerambaults. Leicht zu beeinflussen, wie er war, kam er dahin, es selbst nicht mehr zu hören. Stille war um ihn. Die Stimmen der unbekannten und fernen Freunde, die ihn zu erreichen versuchten, wurden durch die Spionage der Post aufgefangen – einem jener Schandmale, mit dem sich diese Zeit entehrt hat. Unter dem Vorwand, die Spionage des Auslandes zu unterdrücken, machte der Staat damals aus seinen eigenen Bürgern Spione. Er begnügte sich nicht damit, die Politik zu überwachen, er vergewaltigte auch das Denken und erzog seine Agenten zum gemeinen Dienst von Horchern an der Wand. Die Vorteile, die er ihnen für eine solche Niedrigkeit bot, erfüllten bald das Land (alle Länder) mit freiwilligen Spitzeln, Leuten der guten Gesellschaft, drückebergerischen Schriftstellern in großer Zahl, die ihre Sicherheit dadurch erkauften, daß sie die der andern verrieten und ihre Angebereien mit dem Worte «Vaterland» deckten. Dank diesen Angebern war es den frei Denkenden, die sich suchten, nicht möglich, einander die Hände zu reichen. Das ungeheure Untier Staat hatte eine mißtrauische Angst vor dem halben Dutzend freier, alleinstehender, schwacher machtloser Menschen, so sehr brannte es der Dorn seines schlechten Gewissens. Und jede dieser freien Seelen siechte hin in ihrem Kerker, umschlossen von einer unsichtbaren Überwachung. Und da einer vom anderen nicht wußte, daß sie alle das gleiche litten, starben sie langsam hin in ihrer eisigen Einsamkeit, ihrer Verzweiflung.

Die Seele, die Clerambault in seinem eigenen Leibe trug, war zu brennend, um sich durch dieses Leichentuch von Schnee ersticken zu lassen. Aber die Seele allein reicht nicht aus in solchen Krisen. Der Körper ist eine Pflanze, die der menschlichen Erde bedarf. Der Sympathie beraubt, gezwungen, sich von seiner eigenen Substanz zu nähren, kränkelt er hin. Alle Überlegungen Clerambaults, mit denen er sich zu beweisen suchte, daß sein Gedankengang jenem von Tausenden Unbekannten entspräche, konnten nicht den lebendigen, leibhaftigen Kontakt mit einem einzigen schlagenden Herzen ersetzen. Der Geist kann sich mit dem Glauben begnügen. Aber das Herz ist der ungläubige Thomas, der berühren muß, um zu glauben.

Clerambault hatte diese seine physische Schwäche nicht vorausgesehen. Es war wie eine Erstickung: die Haut wird trocken, das Blut vom brennenden Körper aufgesogen, die Quellen des Lebens versiegen im luftleeren Raum.

Da geschah es eines Abends, als er wie ein Schwindsüchtiger an einem drückenden Tage von Zimmer zu Zimmer auf der Suche nach einem Atemzug frischer Luft durch das Haus geirrt war, daß ein Brief ankam, dem es gelungen war, zwischen den Maschen des Netzes durchzuschlüpfen. Ein Mann etwa seines Alters, ein Dorflehrer in irgendeinem verlorenen Tale des Dauphiné, schrieb ihm:

«Der Krieg hat mir alles genommen. Von denen, die ich kannte, hat er die einen getötet, die anderen erkenne ich nicht mehr. Auf allem, was mir einst das Leben lebenswert erscheinen ließ, auf meiner Hoffnung eines Fortschrittes, auf meinem Vertrauen in eine Zukunft geistiger Brüderlichkeit, stampfen sie mit ihren Füßen herum. Ich siechte hin vor Verzweiflung, als ich durch einen Zufall dank einer Zeitung, die Sie beschimpfte, Ihre Aufsätze *Ihr Toten, verzeihet uns!* und *An die einst Geliebte!* kennenlernte. Ich habe sie gelesen und vor Freude geweint. Man ist also doch nicht ganz allein? Man leidet also doch nicht allein? Und nicht wahr, mein Herr, Sie glauben noch an diesen Glauben, sagen Sie es mir, Sie glauben doch noch an ihn? Er lebt also immer noch, und sie werden ihn nicht töten können? Ach, wie wohl das tut, ich fing schon an zu zweifeln! Verzeihen Sie es mir, aber man ist alt, man ist allein, man ist recht müde... Ich segne Sie, mein Herr. Jetzt werde ich ruhig sterben können, jetzt weiß ich, dank Ihnen, daß ich mich nicht getäuscht habe!»

Und es war sofort, als ob die Luft durch irgendeine plötzliche Öffnung einbräche. Die Lunge spannte sich aus, das Herz begann wieder zu schlagen, die Quelle des Lebens wieder zu sprudeln, um das ausgetrocknete Strombett der Seele von neuem zu füllen. O wie doch immer ein liebender Mensch des andern bedarf! Du Hand, zu mir hinübergereicht in der Stunde der Angst, du Hand, die du mich fühlen ließest, daß ich nicht ein abgerissener Zweig war vom Baum des Lebens, sondern hinabreiche bis zu seinem Herzen – ich rette dich und du rettest mich. Ich gebe dir meine Kraft, und sie stirbt hin, wenn du sie nicht nimmst. Die einsame Wahrheit ist wie ein Funke, der als einziger, züngelnd und vergänglich vom Kiesel springt. Wird er nicht verlöschen? Nein. Er hat eine andere Seele berührt, und ein Stern flammt in der Tiefe des Horizonts auf.

Nur einen Augenblick war es Clerambault vergönnt, ihn zu sehen. Dann trat er hinter dem Gewölk zurück und verschwand für immer.

Clerambault schrieb noch am selben Abend dem unbekannten Freunde. Er vertraute ihm mit voller Hingabe seine Prüfungen und seine gefährlichen Überzeugungen an. Der Brief blieb ohne Antwort. Nach einigen Wochen schrieb Clerambault nochmals, hatte aber auch diesmal keinen Erfolg; doch sein Hunger nach einem Freund, mit dem er leiden und hoffen konnte, war so gierig geworden, daß er mit der Eisenbahn nach Grenoble fuhr und von dort zu Fuß bis zu dem Dorf ging, dessen Adresse er bewahrt hatte. Aber als er, das Herz schon ganz selig über die Überraschung, die er bereiten würde, an die Tür der Schule klopfte, verstand der Mann, der ihm auftat, nichts von dem, was er ihm sagte. Nach kurzer Auseinandersetzung erfuhr er, daß der Lehrer, mit dem er sprach, neu in das Dorf gekommen sei. Sein Vorgänger war vor einem Monat versetzt und strafweise in eine entfernte Gegend geschickt worden, aber es blieb ihm erspart, die Reise zu machen. Eine Lungenentzündung hatte ihn am Tage, ehe er den Ort verlassen sollte, den er dreißig Jahre bewohnt, dahingerafft. Nun durfte er noch weiter darin wohnen, aber unter der Erde. Clerambault sah das Kreuz auf dem noch frischen Hügel und erfuhr niemals, ob der entschwundene Freund wenigstens seine zärtlichen Worte empfangen hatte. Es war besser für ihn, im Zweifel zu verharren, denn niemals hatte der entschwundene Freund seine Briefe erhalten, selbst jenes letzten Lichtscheins hatte man ihn beraubt.

Das Ende jenes Sommers im Berry war eine der unfruchtbarsten Epochen im Leben Clerambaults. Er sprach mit niemandem mehr, er schrieb nicht mehr. Mit der arbeitenden Bevölkerung in direkten Verkehr zu kommen, bot sich keine Möglichkeit. Bei den seltenen Gelegenheiten, wo er vordem dem Volke nahetreten konnte (bei Massenaufläufen, bei Festlichkeiten und bei der Arbeit an der Volksuniversität), war es ihm immer lieb geworden. Aber eine Scheu, übrigens eine, die beiderseitig war, hinderte ihn, sich ganz hinzugeben. Beide Teile hatten immer das bald stolze, bald peinliche Gefühl der eigenen Minderwertigkeit. Denn Clerambault dünkte sich in vielen Dingen, und zwar in den wesentlichsten, geringwertiger als die intelligenten Arbeiter (und er hatte auch recht, denn aus ihren Reihen werden die Führer der Zukunft erstehen). Unter der Auslese der Arbeiterschaft gab es damals anständige und männliche Geister, die Clerambault wohl hätte verstehen können. Mit ihrem ungebrochenen Idealismus hielten sie sich fest an die Wirklichkeit, und gewöhnt an den täglichen Kampf, seine Täuschungen und seinen Betrug, hatten sich diese Männer, von denen einige, obzwar noch jung, schon Veteranen im sozialen Kampf waren, zur Geduld erzogen. Sie hätten Clerambault darin belehren können. Diese Leute wußten wohl, daß alles erarbeitet sein muß, daß man nichts umsonst bekommt, daß alle diejenigen, die das Glück der zukünftigen Generation wollen, es mit ihren persönlichen Leiden bezahlen müssen. Sie wissen, daß der geringste Fortschritt nur Schritt für Schritt erobert wird und oft zwanzigmal verlorengeht, ehe er endgültige erreicht wird. (Es gibt ja nichts wirklich Endgültiges...) Clerambault hatte großes Verlangen nach diesen Menschen, die stark und geduldig wie die Erde waren. Und seine heiße Intelligenz hätte sie bestrahlt und erwärmt.

Aber zwischen ihnen und ihm bestand das altväterliche, verletzende und der Gemeinschaft nicht weniger als dem einzelnen verhängnisvolle System der Kasten, das zwischen den angeblich gleichen Bürgern unserer verlogenen Demokratien steht und das aus der übergroßen Verschiedenheit der Vermögensverhältnisse, der Erziehung und der Lebensform stammt. Zwischen den einzelnen Kasten bestand nur eine Verbindung durch die Journalisten, die, eine Kaste für sich bildend, weder die eine noch die andere wirklich darstellten. Einzig die Stimme der Zeitungen durchhallte das Schweigen Clerambaults. Nichts war imstande, ihr *Brekekekex koax koax* zu stören.

Die unglücklichen Folgen einer neuen Offensive fanden die Journale wie immer unerschütterlich auf ihrem Posten. Wieder einmal waren die optimistischen Orakel der Hinterlandspriester zunichte geworden, aber niemand schien es zu bemerken. Sie ließen nur andere Orakel folgen, die mit der gleichen Zuversicht verabreicht und verschluckt wurden.

Weder diejenigen, die sie schrieben, noch die, die sie lasen, wollten eingestehen, daß sie sich getäuscht hatten, und so aufrichtig sie auch gegen sich sein mochten, sie merkten nichts davon. Sie erinnerten sich selber nicht mehr an das, was sie tags zuvor gesagt hatten. Und wie wollte man auch dies seltsame Wesen mit dem Vogelgehirn fassen? Kopf oben, Kopf unten – man mußte schließlich ihre Gabe anerkennen, nach allen Kapriolen immer wieder auf die Füße zu fallen. Jeden Tag hatten sie eine andere Überzeugung. Sie brauchte nicht dauerhaft zu sein, nachdem man am anderen Tage wieder eine andere hatte.

Zu Ende des Herbstes begann man in den Zeitungen, um die sinkende Moral des Hinterlandes, die bei dem Vorgefühl des traurigen Winters nachzugeben begann, wieder neu zu kräftigen, eine neue Propaganda deutscher Greuel. Sie erfüllte vortrefflich ihren Zweck. Das Thermometer der öffentlichen Meinung stieg plötzlich wieder zur Fiebertemperatur auf. Selbst in dem friedlichen Städtchen des Berry äußerten sich während einiger Wochen alle Leute in erbittertster Weise. Sogar der Priester steuerte sein Scherflein bei und hielt eine Rachepredigt. Clerambault, der es von seiner Frau beim Mittagessen erfuhr, sprach seine Ansicht darüber in Gegenwart des bedienenden Mädchens ohne Rücksicht aus. Am Abend wußte schon das ganze Dorf, daß er ein Boche sei, und seitdem konnte es Clerambault jeden Morgen an seiner Tür angeschrieben lesen. Die Laune Frau Clerambaults wurde dadurch nicht gebessert. Rosine wiederum, die in ihrem jugendlichen Kummer über die getäuschte Liebe eine religiöse Krise durchmachte, war zu sehr mit ihrem eigenen Schmerz und seinen Verwandlungen beschäftigt, um an die Qual der anderen zu denken. Selbst die zärtlichsten Naturen haben ihre Stunde eines naiven und vollkommenen Egoismus.

Ganz allein sich selbst hingegeben und der Möglichkeit des Wirkens beraubt, wandte Clerambault sein ganzes fieberndes Denken gegen sich. Nichts konnte ihn nunmehr auf dem Wege der bitteren Wahrheit zurückhalten, nichts mehr ihr grausam scharfes Licht abdämpfen. Er fühlte in sich die brennende Seele jener fuorusciti, die, verstoßen aus den Mauern ihrer harten Stadt, sie von außen mit mitleidslosen Augen betrachteten. Nun war es nicht mehr die schmerzhafte Vision jener ersten Nacht der Prüfung, da die blutenden Wunden ihn noch mit seinem menschlichen Kreise verbanden. Jetzt waren alle Bande gelöst. Sein überklarer Geist schwebte, den Abgrund umkreisend, immer tiefer in langsamen Spiralen einsamen Schweigens in die Hölle hinab...

Ich sehe euch, ihr Herden, ihr Völker, ihr Myriaden Wesen, die ihr es nötig habt, euch wie Austern zusammenzudrängen, nur um euch vermehren und denken zu können. Jede eurer Gruppen hat ihren besonderen Geruch, der ihr heilig scheint. Ganz wie bei den Bienen, wo die Ausdünstung der Königin die Einheit des Bienenstockes und die Arbeitsfreude schafft. Ganz wie bei den Ameisen: Wer dort nicht riecht wie das Ich und seine Rasse, wird getötet. Ihr Menschenwaben, jede von euch hat ihren besonderen Geruch von Rasse, Religion, Moral und althergebrachten Sitten. Dieser Geruch durchdringt eure Körper, euer Werk und eure Brut. Er bestimmt euer Leben von der Geburt bis zum Tode. Weh dem, der ihn von sich abzuwaschen sucht.

Wer die Dumpfheit dieses Bienenschwarmgedankens, diesen Schweiß berauschter Nächte eines Volkes recht genießen will, möge doch einmal die Gebräuche und Glaubensformeln aus der Distanz der Geschichte betrachten; er möge sich von Herodot, dem ironischen Spötter, den Film der menschlichen Verirrungen aufrollen lassen, das lange Panorama der bald erbärmlichen, bald lächerlichen, aber immer hochgeehrten Gebräuche bei den Skythen, Issedonen, Geten, Nasomonen, Gindaren, Sauromaten, Lydiern, Libyern und Ägyptern, den Zweifüßlern aller Farben von Ost nach West und von Nord nach Süd. Der Großkönig, ein kluger Kopf, fordert zum Scherz die Griechen, die ihre Toten verbrennen, auf, sie zu verzehren, und die Hindus wiederum, die sie verspeisen, sie zu verbrennen, und belustigt sich dann über ihre beiderseitige Empörung. Der weise Herodot aber verneigt sich vor seinem Publikum, und unmerklich lächelnd, enthält er sich zwar eines Urteils, weist aber die zurecht, die sich über jene lustig machen; denn: würde man allen Menschen vorschlagen, eine Wahl unter den besten Gesetzen der verschiedenen Länder zu treffen, so würde sich doch jeder für die seines Vaterlandes entscheiden, denn es ist gewiß, daß jeder überzeugt ist, es gäbe keine besseren. Es gibt kein wahreres Wort als jenes Pindars: Die Gewohnheit ist die Königin aller Menschen. *Jeder trinkt gern aus seinem Napf; so sollte er es wenigstens ertragen, daß der andere aus dem seinigen trinkt. Aber gerade das Gegenteil gilt: Um sich an dem seinen zu erfreuen, muß man dem andern in seinen Napf spucken. So will es Gott, denn man braucht ja einen Gott – mag er sein wie er sei, Mensch oder Tier, oder bloß ein Gegenstand, eine schwarze oder rote Linie, oder wie im Mittelalter eine Amsel, ein Rabe, irgendein Wappenschild – nur damit man dann auf ihn die eigenen Torheiten abladen kann.*

Heute, da die Fahne das Wappenschild ersetzt hat, erklären wir uns frei von jedem Aberglauben. Doch wann war er undurchdringlicher als heute? Jetzt zwingt uns das neue Dogma der Gleichheit, genauso zu riechen wie die anderen, wir haben nicht einmal mehr die Freiheit zu sagen, daß wir nicht frei sind. Das wäre ein Gottesfrevel. Mit dem Tragsattel auf dem Rücken muß man brüllen: «Es lebe die Freiheit!» Die Tochter des Königs Cheops war auf Befehl ihres Vaters Dirne geworden, um mit dem Schandgeld ihres Körpers die Pyramide aufrichten zu helfen. Um eine Pyramide unserer massigen Republiken zu errichten, müssen Millionen Bürger ihr Gewissen, ihre Seele und ihre Körper der Lüge und dem

Haß prostituieren... Oh, wir sind Meister in der großen Kunst des Lügens geworden! – Allerdings, man hat ja immer gelogen, aber der Abstand zu jenen Frühern besteht darin, daß sie sich ihrer Lüge bewußt waren und es beinahe naiv eingestanden wie ein natürliches Bedürfnis, das man – wie es ja bei den Menschen des Südens Sitte ist – ungeniert in Gegenwart von Vorübergehenden abtut. Ich werde immer lügen, *sagt ganz unschuldig Darius*, denn wenn es nützlich ist zu lügen, so soll man sich darüber keine Skrupel machen. Diejenigen, die lügen, wünschen dasselbe zu erreichen wie jene, die die Wahrheit sagen: man lügt, in der Hoffnung, irgendeinen Gewinn davon zu haben, man sagt die Wahrheit, um daraus Vorteil zu ziehen und sich das Vertrauen zu sichern. So gehen wir zwar nicht den gleichen Weg, aber doch zum selben Ziele. Denn ohne Hoffnung auf Vorteil wäre es ja für den, der die Wahrheit sagt, gleichgültig, zu lügen, und für den, der lügt, ebensogut, er sagte die Wahrheit. *Aber wir, meine lieben Zeitgenossen, wir sind bedeutend schamhafter. Wir schauen uns selbst nicht zu, wenn wir auf offener Straße lügen... Wir lügen hinter geschlossenen Türen und Fenstern, wir belügen uns selbst. Aber wir gestehen es uns niemals ein, selbst nicht in aller Intimität. Nein, nein, wir lügen nicht, wir «idealisieren» nur... Ach, ich möchte, daß man euer Auge sehe und daß euer Auge sehend würde, ihr freien Menschen!*

Frei! Worin, wovon seid ihr frei? Wer von euch ist heute frei innerhalb eures gegenwärtigen Staates? Habt ihr die Freiheit zu handeln? Nein, da ja der Staat über euer Leben verfügt, euch zu Schlächtern oder Hingeschlachteten macht. Seid ihr frei, zu sprechen und zu schreiben, was ihr wollt? Nein, denn man sperrt euch ein, wenn ihr eure Gedanken aussprecht. Seid ihr frei, wenigstens für euch allein zu denken? Nein, außer ihr verbergt eure Gedanken gut, und selbst ein tiefer Keller ist für sie nicht sicher genug. Schweigt! Hütet euch! Ihr seid gut überwacht... Es gibt Galeerenhüter für die Tat: Unteroffiziere und Betreßte. Und es gibt Ga-

leerenhüter für den Geist: Kirchen und Universitäten, die genau vorschreiben, was man glauben und was man leugnen muß... Worüber beklagt ihr euch? (Aber ihr beklagt euch ja gar nicht!) Macht euch ja kein Kopfzerbrechen, wiederholt nur die Worte des Katechismus!

Nun sagt ihr, daß dieser Katechismus in freier Wahl von dem selbständigen und selbstherrlichen Volk genehmigt worden sei! Eine schöne Selbstherrlichkeit! Einfaltspinsel, die die Backen aufblasen mit ihrem Worte Demokratie... Demokratie, das ist die Kunst, sich an die Stelle des Volkes zu setzen und ihm feierlich in seinem Namen, aber zum Vorteil einiger guter Hirten die Wolle abzuscheren. In Friedenszeiten weiß das Volk nichts von dem, was vorgeht, außer dem, was die Leute, die ein Interesse daran haben es zu prellen, ihm in ihren geknechteten Zeitungen zu sagen Lust haben. Die Wahrheit ist unter Verschluß. In Kriegszeiten macht man das besser, da ist das Volk unter Verschluß. Selbst wenn es wirklich je gewußt hätte, was es will, so hat es doch keine Möglichkeit mehr ein Wort davon zu sagen. Kadavergehorsam... Zehn Millionen Kadaver... Und die Lebendigen taugen auch nicht viel mehr, nachdem sie vier Jahre im niederdrückenden Regime von patriotischen Aufschneidereien, von Jahrmarkts-Paraden gestanden haben und dem Tamtam, den Drohungen, Betrügereien, Gehässigkeiten, Angebereien, Hochverratsprozessen und dem Standgericht ausgesetzt waren. Die Demagogen haben das letzte Aufgebot der Dunkelmännerei zusammengerafft, um den letzten verzweifelten Lichtschein der Vernunft in ihren Völkern zu ersticken und sie völlig zu verblöden.

Ihnen genügt es nicht, sie zu knechten. Man muß die Völker so dumm machen, daß sie selbst geknechtet sein wollen. Die gewaltigen Autokratien Ägyptens, Persiens und Assyriens, die mit dem Leben von Millionen ihr Spiel trieben, schöpften das Geheimnis ihrer Macht aus dem übernatürlichen Glanz ihrer falschen Göttlichkeit. Jede absolute Monarchie war unbedingt bis an die äußersten Grenzen der gläu-

bigen Jahrhunderte eine Theokratie gewesen. In unseren Demokratien aber ist es unmöglich, an die Göttlichkeit irgend so eines Hanswursts, wie es unsere höchst anrüchigen und mißachteten Minister sind, zu glauben. Man hat sie zu sehr von der Nähe gesehen und kennt ihre Schäbigkeiten ... So haben sie die Erfindung gemacht, die Götter hinter die Leinwand ihres Jahrmarktzeltes zu stecken. Gott, das ist jetzt die Republik, das Vaterland und die Gerechtigkeit, die Zivilisation. Am Eingang des Zeltes sind sie aufgemalt, jede Jahrmarktsbude zeigt in mannigfachen Farben ihre schöne Riesin, und die Millionen drängen sich nur so hinein, um sie zu sehen. Freilich, was sie denken, wenn sie aus der Bude herauskommen, das wird nicht gesagt, und sie wären selbst sehr verlegen, wenn sie sich etwas dabei denken sollten. Die einen kommen überhaupt nicht mehr heraus, die andern haben nichts gesehen. Nur jene, die draußen geblieben sind vor der großen Bude, um zu gaffen, die sehen, für die ist Gott da (schön aufgemalt). Die Götter sind nichts als das Verlangen, an sie zu glauben.

Warum aber dann die brennende Wut dieses Verlangens? Weil man die Wirklichkeit nicht sehen kann. Oder eigentlich: gerade weil man sie sieht. *Das ist ja die ganze Tragik der Menschheit, daß* sie nicht sehen und nichts wissen will. *Sie hat nur das verzweifelte Bedürfnis, irgendwie ihren Schmutz göttlich zu machen. Wir aber wollen ihr ins Gesicht sehen!*

Der Instinkt des Mordes ist in das Herz der Natur geschrieben. Ein wahrhaft teuflischer Instinkt, weil er die Wesen nicht bloß geschaffen zu haben scheint, um zu essen, sondern auch, um gegessen zu werden. Eine Spielart des Kormorans nährt sich von Meerfischen. Die Fischer rotteten nun diese Vögel aus, da verschwanden die Fische, denn sie wiederum nährten sich von den Exkrementen der Vögel, die sich von ihnen nährten. So ist die Kette der Wesen eine Schlange, die sich in den Schwanz beißt und sich selber frißt ... Wäre nun wenigstens nicht auch noch das Bewußtsein geschaffen, daß der Mensch selbst dieser eigenen Marter zusehen muß! Oh, wie dieser Hölle entfliehen? – Zwei Wege gibt es, zwei einzige Wege, den Weg Buddhas, der den schmerzhaften Wahn des Lebens zum Erlöschen bringt – und den Weg des religiösen Wahns, der über Verbrechen und Schmerzen den Schleier einer blendenden Lüge wirft! Das Volk, das die andern vernichtet, wird da zum auserwählten Volke, es wirkt für seinen Gott. Das Gewicht der Ungerechtigkeiten, das die eine Waagschale des Lebens niederdrückt, findet sein Gegengewicht im Jenseits der Träume, wo alle Wunden und Qualen gelindert werden. Die Formen dieses Himmelreiches sind verschieden von Volk zu Volk, von Zeitalter zu Zeitalter, und diese Verschiedenheit nennt man dann Fortschritt. Aber es ist doch immer ein und dasselbe Verlangen nach einem Wahn. Man muß dieser furchtbaren Bewußtheit das Maul stopfen, die alles sieht und Rechenschaft verlangt für jede Ungerechtigkeit des Gesetzes. Wirft man ihr nun nicht rasch einen Brocken zum Fraße hin, irgendeinen Glauben, so heult sie vor Hunger und Angst. Man muß glauben. Glauben oder krepieren … Und darum haben sich die Menschen zu Herden zusammengedrängt, um sich gegenseitig zu bestärken und zu stützen. Um aus ihren einzelnen persönlichen Zweifeln eine gemeinsame Sicherheit zu machen.

Was tun wir aber jetzt mit der Wahrheit? Die Wahrheit – jetzt ist sie ja für jene der Feind. Freilich, das gestehen sie nicht ein. In einem stillschweigenden Übereinkommen nennen sie Wahrheit das widerliche Gemisch von ein bißchen Wahrheit und vieler Lüge, wobei das bißchen Wahrheit dazu dient, die Lüge zu übertünchen, die Lüge und die Knechtschaft, die ewige Knechtschaft … Nicht die Monumente des Glaubens und der Liebe sind die dauerhaftesten, sondern weit mehr jene der Knechtschaft. Reims und das Parthenon stürzen in Ruinen, aber die Pyramiden Ägyptens inmitten der Wüste, den Luftspiegelungen und dem wandernden Sand trotzen den Jahrhunderten … Wenn ich an die Tausende unabhängiger Menschen denke, die der Geist der

Knechtschaft im Laufe der Jahrhunderte verschlungen hat – die Ketzer und Revolutionäre, die Unbotmäßigen gegen Staat und Kirche –, so wundere ich mich nicht mehr über die Mittelmäßigkeit, die nun über der Welt wie eine dicke fettige Brühe schwimmt ...

Wir aber, die wir uns noch auf der düstern Oberfläche halten, die wir noch nicht untergetaucht sind, was sollen wir gegenüber dieser unbarmherzigen Welt tun, wo ewig der Starke den Schwächeren zermalmt und ewig wieder einen noch Stärkeren findet, der ihn seinerseits vernichtet? Sollen wir uns aus schmerzlichem Mitleid und aus Ermüdung zur freiwilligen Hinopferung entschließen, oder sollen wir mittun an der ewigen Erdrückung des Schwachen, ohne innerlich nur den Schatten einer Erkenntnis zu haben von der blinden Grausamkeit des Weltalls? Was bleibt uns denn sonst noch? Sollen wir etwa versuchen, uns aus dem hoffnungslosen Kampf wegzuschleichen aus Egoismus oder aus Weisheit, die ja doch nur eine andere Form des Egoismus ist?

In dieser Krise ätzenden Pessimismus, die Clerambault in jenen Monaten der menschenfremden Isolierung durchwühlte, sah er überhaupt keine Möglichkeit des Fortschrittes mehr, jenes Fortschrittes, an den er einst geglaubt hatte wie andere an den lieben Gott. Jetzt sah er die menschliche Rasse einem mörderischen Geschick rettungslos geweiht. Nachdem sie soviel andere Wesen auf ihrer Erde vernichtet hatte, war es ihr Schicksal, sich nun mit eigener Hand zu vernichten und damit ein Gesetz der Gerechtigkeit zu erfüllen. Denn der Mensch ist der Herr dieser Erde nur durch Raub, durch Betrug und Kraft geworden (hauptsächlich aber durch Betrug), wertvollere Wesen, als er ist, sind vielleicht, gewiß sogar, unter seinen Schlägen hingeschwunden, die einen hat er zerstört, die anderen erniedrigt, zu Tieren gemacht. Seit den Tausenden von Jahren, die er als Dasein mit den andern Wesen teilt, tut er so, als verstünde er sie nicht (er lügt), als wüßte er nicht, daß sie zu ihm Bruderwesen wären, leidend, liebend und träumend wie er. Um sie besser ausbeuten und ohne Gewissensbisse quälen zu können, hat er sich von seinen geistigen Führern bestätigen lassen, daß diese Wesen nicht denkfähig seien, daß er allein dieses Privileg besitze. Heute ist er nicht mehr weit davon entfernt, dies auch von den anderen Menschenvölkern zu sagen, die er bekämpft und vernichtet... Henker! Henker, du bist mitleidslos gewesen. Mit welchem Recht verlangst du heute Mitleid für dich?

Von den alten Freundschaften, die einst zum Kreise Clerambaults gehört hatten, war ihm eine einzige noch geblieben, die mit Frau Mairet, deren Mann vor kurzem im Argonnerwald gefallen war.

François Mairet, der noch nicht das vierzigste Lebensjahr erreicht hatte, als er unbemerkt im Schützengraben zugrunde ging, war einer der ersten französischen Biologen, ein bescheidener Gelehrter, ein großer Arbeiter gewesen, in dem ein geduldiges Genie schlummerte, das der Ruhm später gewiß entdeckt hätte. Er hatte aber gar keine Eile, den Besuch dieser schönen Dirne zu empfangen, man teilt ja ihre Gunst mit zu vielen Undankbaren. Ihm genügte die stille Freude, die die innige Beziehung zur Wissenschaft ihren Auserwählten gewährt, und ein einziges Herz auf Erden, um diese Freude mit ihm gemeinsam zu genießen. Seine Frau war die Hälfte all seiner Gedanken. Ein wenig jünger als er, aus Hochschulkreisen stammend, gehörte sie zu jenen ernsten, liebevollen, zugleich schwachen und stolzen Seelen, die das Bedürfnis haben, sich hinzugeben, die sich aber nur ein einziges Mal hingeben können. Sie lebte ganz im geistigen Leben Mairets. Vielleicht hätte sie ebensogut das eines anderen Mannes teilen können, wenn die Umstände sie mit ihm verbunden hätten. Aber sobald sie Mairet geheiratet hatte, hatte sie ihn restlos geheiratet. Wie viele Frauen, und gerade die besten von ihnen, befähigte sie ihre

Intelligenz, gerade den zu verstehen, den ihr Herz erwählt hatte. Sie hatte sich zu seiner Schülerin gemacht, um seine Gefährtin zu werden, sie nahm teil an seiner Arbeit, an seinen Experimenten. Kinder hatten sie keine. Ihre Gemeinschaft war eine der Gedanken. Beide waren sie freie Geister, voll hoher freigeistiger und übernationaler Ideale.

Als im Jahre 1914 Mairet einberufen wurde, folgte er dem Rufe, bloß um seiner Pflicht zu genügen, aber ohne innere Täuschung über die Sache, die der Zufall der Zeiten und der Vaterländer ihm zu vertreten auferlegte. Von der Front sandte er stoische und klare Briefe. Nie hatte er aufgehört, den Krieg als etwas Erbärmliches zu betrachten, aber er glaubte sich zum Opfer verpflichtet aus Gehorsam gegen das Geschick, das ihn eben den Irrtümern, den Leiden und Kämpfen jener armen Menschenrasse beigemengt hatte, die sich langsam einem unbekannten Ziel entgegen entwickelte. Er kannte Clerambault. Familienbeziehungen in der Provinz, aus der Zeit, ehe die einen oder die anderen nach Paris übersiedelten, waren die Grundlage ihres freundschaftlichen Verhältnisses geworden, das eigentlich mehr dauerhaft war als intim – denn Mairet gab nur seiner Frau sein Herz hin –, dessen unzerstörbare Grundlage aber eine beiderseitige reine Achtung war.

Seit Kriegsbeginn hatte jeder einzelne mit seinen Sorgen zu tun, und sie hatten nicht in Korrespondenz gestanden. Die draußen im Felde schickten nicht Briefe an viele Freunde herum, sie konzentrierten sie auf ein einzelnes Wesen, dem sie dann alles sagten. Mairet hatte mehr als jemals seine Gefährtin zum einzigen Verwalter seines Vertrauens gemacht, seine Briefe waren ein Tagebuch, wo er gewissermaßen mit lauter Stimme dachte. In einem seiner letzten Briefe sprach er von Clerambault. Er hatte von seinen ersten Artikeln durch die nationalistischen Zeitungen (die einzigen, die an der Front geduldet wurden) erfahren, die zu polemischen Zwecken Auszüge daraus brachten. Er schrieb seiner Frau, welche Erleichterung er bei diesen Worten eines anständigen und empörten Mannes empfunden hätte, und bat sie, Clerambault wissen zu lassen, daß seine alte Freundschaft für ihn dadurch nur noch inniger und wärmer geworden sei. Kurze Zeit darauf fiel er, noch ehe er die folgenden Aufsätze erhielt, die er seine Frau gebeten hatten, ihm zu senden.

Als er hingegangen war, suchte sie, die einzig für ihn lebte, sich jenen Menschen zu nähern, die ihm in den letzten Stunden seines Lebens nahegestanden hatten. Sie schrieb an Clerambault. Er, der sich in seinem Provinzwinkel innerlich verzehrte, ohne die Energie zu finden, sich daraus loszureißen, empfing den Ruf der Frau Mairet wie eine Erlösung. Er kam nach Paris zurück. Es bedeutete für sie beide ein bitteres Wohlgefühl, gemeinsam das Wesen des Dahingegangenen wiederzuerwecken, und sie teilten es sich so ein, daß sie sich einen Abend jeder Woche einzig dafür frei hielten, um gemeinsam mit ihm beisammen zu sein. Clerambault war der einzige aus dem Freundeskreis Mairets, der die geheime Tragödie eines Opfers verstehen konnte, das von keinem vaterländischen Wahn künstlich vergoldet war.

Zuerst fühlte Frau Mairet eine Erleichterung darin, ihm alles zu zeigen, was sie empfangen hatte. Sie las ihm die Briefe vor, die vertraulichen Mitteilungen seiner Enttäuschung. Mit Ergriffenheit durchschritten sie seine Gedankenkreise und kamen dazu, alle die Probleme aufzurollen, die den Tod Mairets und jenen von Millionen anderer verschuldet hatten. Nichts konnte Clerambault bei dieser unerbittlichen Fragestellung zurückhalten. Auch sie war nicht die Frau, einer Suche nach der Wahrheit auszuweichen. – Und doch…

Clerambault bemerkte bald, daß seine Worte ihr ein gewisses Unbehagen verursachten, sobald er laut aussprach, was sie nur zu gut selbst wußte und was die Briefe Mairets feststellten, nämlich die verbrecherische Sinnlosigkeit solchen Sterbens, die Fruchtlosigkeit einer solchen Aufopferung. Sie versuchte, das, was sie ihm anvertraut hatte, gleichsam wieder zurückzunehmen, sie stritt über den Sinn des Wortlautes mit einer Leidenschaft, die nicht immer ganz aufrichtig schien, und gab auf einmal vor, sich gewisser Worte Mairets zu erinnern, die eher eine Übereinstimmung, ja sogar Zustimmung zur öffentlichen Meinung bekundeten. Eines Tages bemerkte Clerambault, als sie ihm einen Brief, den sie schon früher einmal gelesen hatte, wieder vorlas, wie sie über einen Satz hinwegglitt, in dem sich der heroische Pessimismus Mairets deutlich verriet. Und als er darauf bestand, schien sie ein wenig beleidigt. Sie wurde ablehnend, allmählich verwandelte sich ihr peinliches Gefühl in Kälte, dann in Erregtheit, schließlich sogar in eine Art geheimer Feindseligkeit. Es endete damit, daß sie Clerambault mied, und ohne daß ihr Bruch offen eingestanden war, fühlte er, daß sie ihm böse war und ihn nicht mehr sehen wollte.

Denn in gleichem Maße, wie sich die unerbittliche Analyse Clerambaults verschärfte und die Grundlagen der ganzen zeitgenössischen Meinungen negierte, bildete sich bei Frau Mairet ein gegensätzlicher Prozeß im Sinne einer Wiederherstellung idealer Begriffe heraus. Ihre Trauer bedurfte der Überzeugung, daß sie trotz allem irgendeinen heiligen Grund habe. Es fehlte ihr eben der Verstorbene, um ihr zu helfen, die Wahrheit zu ertragen. Denn zu zweien ist selbst die furchtbarste Wahrheit noch eine Freude. Aber für den, der allein zurückbleiben muß, wird sie tödlich.

Clerambault verstand dies, seine bebende Feinfühligkeit spürte, daß er die Frau leiden gemacht hatte, und er fühlte ihr Leiden in sich selbst. Es fehlte nicht viel, so hätte er ihrem Widerstande gegen sich selbst zugestimmt, denn er sah, welch ungeheurer Schmerz in ihr verborgen war, und sah zugleich die ganze Kraftlosigkeit seiner Wahrheit, die ihr keine Erleichterung brachte. Ja noch mehr: er sah, daß er einem Leiden, das schon vorhanden war, nur noch ein neues Leiden hinzugefügt hatte...

Unlösbares Problem! Solch unglückliche Menschen können nicht ohne den mörderischen Wahn leben, dessen Opfer sie sind. Und man kann ihnen den Wahn nicht wegnehmen, ohne ihre Leiden unerträglich zu machen. Familien, die Söhne oder Gatten oder Väter verloren haben, bedürfen eben des Glaubens, es sei für eine gerechte und wahre Sache geschehen. Die lügnerischen Staatsmänner sind gezwungen, diese Lüge um der anderen willen und um ihrer selbst willen aufrechtzuerhalten, denn wenn sie nur einen Augenblick aufhörten, wäre das Leben weder für sie noch für die, über die sie gebieten, erträglich. Der unglückliche Mensch ist eben die Beute seiner eigenen Ideen, und wenn er ihnen auch alles schon hingegeben hat, so muß er ihnen jeden Tag noch immer mehr hingeben, oder er findet unter seinen Schritten das Leere und stürzt hinab... Was? Nach vier Jahren namenloser Qual und Zerstörung sollten wir zugeben, daß das alles umsonst war...? Nicht nur zugeben, daß selbst der Sieg eine Vernichtung wäre, sondern daß er es immer sein muß, daß der Krieg ein Wahnwitz ist und daß wir uns getäuscht haben... Niemals! Lieber sterben bis zum letzten Mann. Schon ein einziger Mensch, dem man die Erkenntnis aufzwingt, daß sein Leben sinnlos war, gibt sich der Verzweiflung hin. Wie aber erst, wenn man es einem Volke, zehn Völkern, der ganzen Menschheit sagt? Clerambault hörte den Schrei der menschlichen Menge:

«Leben um jeden Preis! Retten wir uns um jeden Preis!»

«Aber ihr wollt euch ja gerade nicht retten! Euer Weg führt euch in neue Katastrophen, in eine Unzahl neuer Qualen.»

«Mögen sie noch so arg sein, sie sind doch nicht so furchtbar wie das, was du uns darbietest. Lieber mit einem Wahn sterben als ohne einen Wahn leben! Ohne Wahn, ohne Illusionen leben... das wäre der lebendige Tod.»

Derjenige, der das Geheimnis des Lebens erkannt hat und sein Wort gelesen, sagt die harmonische Stimme Amiels, des Enttäuschten, *entgeht dem großen Rad des Lebens, er ist ausgetreten aus der Welt der Lebendigen... Ist einmal der Wahn dahin, so tritt wieder das Nichts in sein ewiges Reich, die farbige Seifenblase ist zergangen im ungeheuren Raum, die Qual des Gedankens aufgelöst in die regungslose Ruhe des unbegrenzten Nichts.*

Aber gerade diese Ruhe im Nichts ist ja die fürchterlichste Qual für den Menschen der weißen Rasse. Lieber alle Qualen, alle Qualen des Lebens! Nein, nehmt mir sie nicht weg! Wer mir die mörderische Lüge wegnimmt, von der ich lebe, ist mein Mörder.

Und Clerambault legte sich bitter den Titel bei, den ihm zum Spott ein nationalistisches Blatt gegeben hatte: *Einer gegen Alle.* – Ja, er war der gemeinsame Feind, der Zerstörer des Wahns, von dem die andern leben...

Aber er wollte es eigentlich gar nicht. Er litt zu sehr unter dem Gedanken, Leiden zu verursachen. Wie aus dieser tragischen Sackgasse herauskommen? Wohin immer er sich wandte, überall fand er den unlösbaren Zwiespalt: entweder todbringenden Wahn oder den Tod ohne Wahn.

«Ich will nicht das eine und will nicht das andere.»

«Ob du es willst oder nicht, gib nach! Hier ist kein Durchlaß.»

«Aber ich werde trotzdem zu meinem Ziele kommen.»

Vierter Teil

CLERAMBAULT DURCHSCHRITT EINE NEUE ZONE der Gefahr. Sein Wandeln in der Einsamkeit glich einer Bergbesteigung, bei der man sich plötzlich vom Nebel umhüllt sieht und an den Felsen klammern muß, ohne weiter vorwärts zu können. Vor sich sah er nichts mehr, und nach welcher Seite immer er sich wandte, von überall hörte er aus der Tiefe den Sturzbach des Leidens brausen. Aber doch: er konnte nicht unbeweglich verharren, obwohl er über dem Abgrund hing und sein letzter Halt nachzugeben drohte.

Er stand, von Dämmerung umgeben, an einem Wendepunkt. Dazu kam, daß gerade an diesem Tage die Neuigkeiten, die die Zeitungen belferten, ihm mit ihrem Wahnsinn die Seele niederdrückten. Wiederum vergebliche Menschenhekatomben, die der hypnotisierte Egoismus der Hinterlandleser natürlich fand, wiederum Grausamkeiten auf allen Seiten, verbrecherische Repressalien für Verbrechen, die aber von diesen, einst doch anständigen Leuten stürmisch gefordert und bejubelt wurden! Niemals war ihm der Horizont, der die armen Menschentiere in ihren irdischen Niederungen umschließt, umdüsterter und mitleidsloser erschienen.

Clerambault fragte sich, ob dieses Gesetz der Liebe, das er in sich fühlte, nicht vielleicht nur für andere Welten und eine andere Menschheit Geltung habe. Unter seiner Post fand er einige neue Drohbriefe, und im Vorgefühl, daß sein Leben in der tragischen Sinnlosigkeit der Zeiten in den Händen des erstbesten Narren stünde, wünschte er im stillen, diese Begegnung möge nicht allzulange auf sich warten lassen. Aber dennoch, von guter Rasse und fest verwurzelt, wie er war, führte er sein Leben unverändert weiter, erfüllte methodisch seine täglichen Pflichten und hielt sich zusammen, um aufrecht und ungebeugt den Weg bis zum Ziele zu schreiten, wohin auch immer er ihn führen sollte.

An diesem Tage nun erinnerte er sich, daß er seine Nichte Aline besuchen wollte, die eben eines Kindes genesen war; sie war die Tochter einer verstorbenen und von ihm geliebten Schwester, nur ein wenig älter als Maxime und dessen einstige Jugendgespielin. Als Mädchen hatte sie einen komplizierten Charakter gezeigt: unruhig, unbefriedigt, alles nur auf sich beziehend, gefallsüchtig, herrschsüchtig, allzu neugierig und von gefährlichen Abenteuern seltsam angezogen, dabei ein wenig trocken und doch leidenschaftlich, nachträgerisch, zornig und dann wieder plötzlich voll der Fähigkeit, zärtlich und verführerisch zu werden. Zwischen Maxime und ihr war es schon ziemlich weit geraten. Man mußte acht haben auf die beiden. Maxime ließ sich trotz seiner ironischen Veranlagung von diesen harten kleinen Augensternen leicht verlocken, die ihn manchmal mit ihren elektrischen Blitzen tief anstrahlten. Aline wiederum wurde erregt und angezogen von Maximes Ironie. Sie hatten sich recht geliebt, und recht aufeinander wütend gemacht. Dann waren sie beide zu anderen Erfahrungen übergegangen. Sie hatte in zwei oder drei andere Herzen Verwirrung gebracht und sich schließlich höchst vernünftig, als sie die Stunde und Gelegenheit für günstig hielt – alles hat ja seine Zeit –, mit einem ehrbaren Handelsmann, der gute Geschäfte in seinem Kunst- und Kirchenmöbelladen in der Rue Bonaparte machte, verheiratet. Sie befand sich gerade in anderen Umständen, als ihr Mann an die Front mußte. Selbstverständlich war sie glühende Patriotin, denn «wer sich selbst liebt, liebt auch die Seinen». Und sie wäre eine der letzten gewesen, bei denen Clerambault Verständnis für seine Gedanken des brüderlichen Mitempfindens erhofft hätte. Mitempfinden hatte sie wenig für Freunde, und keines für die

Feinde. Sie hätte sie am liebsten in einem Mörser zerstampft, mit derselben kalten Freude, mit der sie einst Herzen und Insekten gequält hatte, um sich für irgendwelche, ihr von anderen zugefügte Unannehmlichkeiten zu rächen.

Aber in demselben Maße, wie die in ihr wachsende Frucht reifte, wandte sich all ihre Aufmerksamkeit dieser zu, alle Kräfte ihres Herzens strömten nach innen. Der Krieg entfernte sich für sie, sie hörte nicht mehr die Kanonade von Noyon. Wenn sie davon sprach – immer weniger jeden Tag –, so schien es, als handelte es sich dabei um eine Kolonialexpedition. Sie erinnerte sich wohl der Gefahren ihres Mannes, und sicherlich, sie hatte ein mitleidiges «Armer Kerl» für ihn, zugleich mit einem kleinen gerührten Lächeln, das zu sagen schien: «Er hat wirklich Pech, er ist ein wenig ungeschickt.» Aber sie hielt sich bei diesem Thema nie lange auf, und es ließ, Gott sei Dank, keine Spuren in ihr zurück. Ihr Gewissen war ja ruhig, sie hatte ihre Zeche bezahlt. Und schleunigst kehrten Alinens Gedanken zur einzig wichtigen Aufgabe zurück. Im ganzen weiten Universum war das Ei, das sie zu legen hatte, anscheinend die einzige Sache von Belang für sie.

Clerambault, mit seinen Kämpfen vollauf beschäftigt, hatte Aline seit Wochen nicht gesehen und nichts von dieser Änderung ihrer Gesinnung wahrgenommen. Wenn Rosine einige Worte darüber fallenließ, so hatte seine abgewandte Aufmerksamkeit nicht darauf gehört. Ganz plötzlich, Schlag auf Schlag, innerhalb vierundzwanzig Stunden, empfing er die beiden Neuigkeiten zugleich: daß das Kind geboren sei und daß Alines Gatte, so wie seinerzeit Maxime, «vermißt» werde. Und sofort malte er sich den Schrecken der armen jungen Mutter aus. Er sah sie so, wie er sie immer gekannt hatte, geteilt zwischen einer Freude und einem Leid, immer befähigter, dieses als jene zu empfinden. Er sah sie, wie sie sich dem Schmerz ganz hingab und selbst in ihrer Freude irgendeinen Vorwand für ihr Leiden suchte, sah sie schon leidenschaftlich, bitter, aufgeregt, herausfordernd gegen das Schicksal und böse gegen alle. Ja, er war sogar nicht einmal sicher, ob sie nicht gerade jetzt aus dem Gefühl des Hasses und der Rache gegen ihn persönlich verärgert sein würde, um seiner Gedanken des Friedens und der Versöhnung willen. Daß seine Haltung die ganze Familie skandalisierte, wußte er, und bei niemandem vermeinte er dafür weniger Duldung zu finden als bei Aline. Aber es war ihm ein Bedürfnis, ob sie ihn nun gut oder schlecht aufnehmen wollte, mit seinen zärtlichen Gefühlen ihr zu Hilfe zu kommen. Und den Rücken gleichsam schon beugend vor dem kalten Wassersturz, dem er entgegenging, stieg er die Treppe empor und klingelte an Alinens Tür.

Er fand sie auf dem Bett hingestreckt, ausgeruhten Antlitzes, verjüngt, verschönt, zärtlichen Wesens und strahlend vor Glück, neben ihr das kleine Kind, das sie an die Seite ihres Bettes hatte stellen lassen. Wie eine leuchtende, ältere Schwester des weißgewickelten Säuglings sah sie aus, den sie mit dem Lächeln heiterer Bewunderung betrachtete, wie er, mit offenem Mäulchen auf dem Rücken liegend, in der Luft seine Fingerchen spreizte wie ein Maikäfer seine Beine. Er schien noch ganz in die Dumpfheit des unbewußten Lebens versunken, im Traum noch von der goldenen Nacht und der Wärme des mütterlichen Schoßes.

Sie begrüßte Clerambault mit triumphierendem Überschwang:

«Ah, mein guter Onkel, wie lieb Sie sind! Kommen Sie rasch, schauen Sie mein Süßes an, meinen Schatz!»

Sie frohlockte, ihr Meisterwerk zeigen zu dürfen, und war jedem dankbar, der es beschaute. Nie hatte Clerambault sie so zärtlich und so hübsch gesehen. Er beugte sich über das Kind, aber er sah es fast nicht an, obwohl er ihm alle höflichen Gesten machte und seiner Bewunderung in begeisterten Ausrufen Ausdruck gab, die die Mutter zu erwarten schien und im Flug wie eine Schwalbe einstreifte. Er sah sie an, sah nur dieses selige Antlitz, diese guten lachenden Augen, dieses gute Kinderlächeln. Oh, wie schön ist das Glück, wie tut es wohl! – Alles, was er hatte sagen wollen, war seinem Gedächtnis entschwunden. Er fühlte, es war hier unnötig, nicht am Platze. Jetzt mußte er nur das Wunder beschauen und höflich die Ekstase der kleinen Bruthenne teilen. Ach, welches entzückende, eitle, unschuldige Jubellied!

Manchmal freilich überflog seine Augen der Schatten des Krieges, der niedrigen und sinnlosen Metzelei, das Bild des toten Sohnes, des verschwundenen Gatten, und mit einem traurigen Lächeln über das Kind hingebeugt, mußte er denken: Ach, wozu Kinder in die Welt setzen, für eine solche Schlächterei! Was wird der arme Kleine in zwanzig Jahren vielleicht sehen müssen!

Aber sie, sie dachte nicht daran. Jeder Schatten schwand hin an dem Licht, das von ihr strahlte. Von all den nahen und fernen Sorgen – ach, alle waren jetzt ferne! – nahm sie nichts wahr. Sie strahlte nur: *Ich habe einen Menschen geboren.* Den Menschen, den Menschen, in dem sich für jede Mutter immer alle Hoffnungen der Menschheit verkörpern... Trauer und Torheit der Stunde, wo seid ihr? Ach, was tut's! *Er* ist es ja vielleicht, *er*, der sie enden wird! Für jede Mutter ist das Kind ja immer das Wunder, der Heiland!

Erst am Ende seines Besuches wagte Clerambault ein Wort betrübter Sympathie in bezug auf ihren Gatten. Sie tat einen tiefen Seufzer.

«Ach, der arme Armand», sagte sie, «sie haben ihn wohl gefangengenommen.»

Clerambault fragte:

«Hast du darüber etwas gehört?»

«O nein, aber es ist doch wahrscheinlich... Ich bin fast ganz sicher... Man hätte doch sonst was gehört.» Sie strich mit der Hand wie eine Fliege den peinlichen Gedanken fort (Weg mit dir, wie kommst du daher?). Und schon trat das kleine Lachen wieder in ihre Augen. «Weißt du», fügte sie bei, «es ist vielleicht besser für ihn so... jetzt kann er sich wenigstens ausruhen... mir ist es lieber, ihn dort zu wissen, als im Schützengraben.»

Und dann, ganz ohne Übergang, floß das Gespräch wieder zu der weißen Amsel zurück.

«Ach, wie wird er selig sein, wenn er mein Kleines, mein Liebes, mein Gotteskind sieht!»

Erst als Clerambault sich zum Fortgehen erhob, ließ sie sich herab, auch daran zu denken, daß es auf dieser Erde noch für andere ein Leiden gäbe. Sie besann sich des Todes Maximes, und sie sagte ihm freundlich irgendein kleines Wort der Sympathie. Wie gleichgültig, wie im Grunde gleichgültig klang es... aber immerhin, es war guten Willens gesagt. Und der gute Wille war etwas so Neues an ihr.

Und Wunder über Wunder! Mitten in der Zärtlichkeit, mit der das Glück sie überflutete, sah sie eine Sekunde das müde Antlitz, das müde Herz des alten Mannes. Sie erinnerte sich dunkel, daß er Unklugheiten begangen und dafür Unannehmlichkeiten gehabt hatte, und statt ihn auszuschelten, wie es ihre Pflicht war, gewährte sie ihm schweigend, mit einem großmütigen Lächeln Verzeihung. Wie eine kleine Prinzessin sagte sie zärtlichen Tones, in dem eine gönnerhafte Nuance durchschimmerte:

«Beunruhige dich nicht, mein guter Onkel... es wird schon wieder alles in Ordnung kommen... komm, gib mir einen Kuß.»

Und Clerambault ging lächelnd fort, erheitert von der Trösterin, die er hatte trösten wollen. Er fühlte, wie wenig unsere Leiden gegenüber der lächelnden Gleichgültigkeit der Natur sind. Für sie ist es allein wichtig, im Frühjahr zu blühen. Fallet ab, sterbet hin, tote Blätter! Der Baum schlägt nur um so schöner aus, und der Frühling blüht dann für andre...

O Frühling, o du lieber Frühling!

Aber wie unbarmherzig bist du, Frühling, gegen alle jene, denen du nicht mehr entgegenblühst, für alle, die ihre Geliebten, ihre Hoffnungen, ihre Kraft, ihre Jugend, ihren ganzen Lebenssinn verloren haben!

Die Welt war voll von verstümmelten Seelen und Körpern, die von Bitterkeiten zerfressen waren, die einen um ihres verlorenen Glückes, die anderen, noch Bemitleidenswerteren, um eines Glückes willen, das sie noch gar nicht gekannt hatten, und um das man sie in der schönsten Entfaltung ihrer Liebesfähigkeit und ihrer zwanzig Jahre gebracht hatte!

An einem nebelnassen und kalten Januarabend kehrte Clerambault vom Anstellen vor einem Holzlager zurück. Der Menge, innerhalb derer er wartete, bis an ihn die Reihe kam, war schließlich, nachdem sie stundenlang auf der Straße gewartet hatte, mitgeteilt worden, daß heute nichts mehr verteilt werde. An der Tür seines Hauses hörte er seinen Namen aussprechen: ein junger Mann, der einen Brief überbrachte, fragte nach ihm beim Hausmeister. Clerambault trat auf ihn zu. Der junge Mensch schien von der Begegnung verwirrt. Sein rechter Ärmel war an die Schulter aufgesteckt, sein rechtes Auge war unter einer Binde verborgen. Man sah an seiner blassen Farbe, daß er eine monatelange Krankheit überstanden hatte. Clerambault sprach ihn auf das herzlichste an und wollte den Brief entgegennehmen, aber der junge Mann zog ihn rasch zurück und sagte, es sei jetzt nicht mehr nötig. Clerambault lud ihn ein, zu einem Gespräch zu ihm hinaufzukommen. Der andere zögerte, und wäre Clerambault ein feiner Beobachter gewesen, so hätte er bemerkt, daß der Besucher von ihm fort wollte. Aber ein wenig langsam im Gedankenlesen, sagte er nur gutmütig:

«Es ist ja wahr, ich wohne ein wenig hoch...»

Sofort in seiner Eitelkeit gereizt, antwortete der andere:

«Ich kann noch ganz gut hinaufsteigen.»

Und er begann sogleich, die Treppen hinaufzusteigen.

Clerambault merkte sofort, daß er außer seinen anderen Wunden noch eine im Herzen hatte.

Sie setzten sich in seinem ungeheizten Arbeitszimmer zusammen hin. Wie das Zimmer, so war auch ihre Unterhaltung anfänglich kalt. Clerambault konnte von seinem Besucher nur steife, harte, ein wenig unklare Antworten herausbekommen, und alle in einem ein wenig gereizten Ton. Er erfuhr, daß jener sich Julien Moreau nannte, daß er Universitätsstudent war und drei Monate im Spital Val de Grâce gelegen hatte. Er lebte allein in Paris in einem Zimmer des Quartier Latin, obwohl seine verwitwete Mutter und einige Verwandte in Orléans waren. Er sagte nicht gleich, warum er nicht zu ihnen gezogen war.

Plötzlich, nach einem Schweigen, entschloß er sich zu sprechen. Mit erstickter Stimme, die nur mühsam sich durchzuringen vermochte und erst allmählich weicher wurde, sagte er Clerambault, welche Wohltat ihm die Lektüre seiner Aufsätze gewesen wäre, die ein Urlauber an die Front gebracht hatte und die dort von Hand zu Hand gingen. Sie entsprachen dem erstickten Schrei seiner Seele: Nicht lügen! – Die Zeitungen und die Schriften, die die Schamlosigkeit hatten, der Armee ein verlogenes Bild ihrer selbst zu zeichnen, die gefälschten Briefe von der Front, der schauspielerische Heroismus, die übel angebrachten Scherze und die widerlichen Windbeuteleien jener Drückebergerschriftsteller, die aus dem Tod der anderen pathetische Phrasen drechselten, alle diese Dinge hatten sie in Wut gebracht. Ein Greuel waren für sie die fetten und schmutzigen Küsse, mit denen diese Prostituierten von der Presse sie feucht bedeckten, ein Spott schienen sie ihnen auf ihr Leiden. In ihm, in Clerambault, hatten sie endlich ein Echo gefunden... Nicht als ob Clerambault sie verstanden hätte, denn keiner, der ihr Los nicht geteilt hatte, konnte sie verstehen. Aber er hatte Mitleid für sie gehabt, er hatte einfach und mit Menschlichkeit von jenen Unglücklichen unter allen Fahnen gesprochen, hatte gewagt, die allen Völkern gemeinsamen Ungerechtigkeiten einmal auszusprechen, die sie alle in gleiche Not getrieben. Er hatte nicht ihre Qual verschwiegen, sondern sie in eine Höhe des Verstandenwerdens erhoben, in der sie erträglich war.

«Wenn Sie wüßten, wie sehr man eines Wortes wahrer Sympathie bedarf! Es hilft nichts, daß man nach alledem, was man gesehen, gelitten und leiden gemacht hat, hart geworden ist, daß man alt geworden ist (es gibt unter uns Grauköpfe mit gekrümmten Schultern), wir sind doch alle in gewissen Augenblicken nur verlorene Kinder, die sich nach ihrer Mutter sehnen, um sich trösten zu lassen. Und die Mütter... Ach, die Mütter, die sind ja so fern von uns! – Man bekommt von seiner eigenen Familie Briefe, die einen niederschmettern... Das eigene Blut liefert uns aus.»

Clerambault verbarg sein Gesicht in den Händen und stöhnte.

«Was ist Ihnen?» sagte Moreau. «Ist Ihnen nicht wohl?»

«Aber Sie bringen mir ja gerade all das Böse, das ich getan habe, in Erinnerung.»

«Sie? Nein, Sie nicht! Die anderen!»

«Ich ebenso wie alle anderen. Wir alle haben Vergebung zu erflehen.»

«Sie sind der letzte, der das sagen sollte.»

«Ich muß der erste sein, denn ich bin einer der wenigen, die sich über ihr Verbrechen selbst Rechenschaft ablegen.»

Und er begann mit einer Anklage gegen seine ganze Generation, unterbrach sich aber bald mit einer entmutigten Gebärde.

«Ach, das alles macht ja nichts mehr gut. Erzählen Sie mir lieber, was Sie gelitten haben!»

Es war in seiner Stimme so viel Demütigkeit, daß sich Moreau von Liebe für diesen alten Mann, der sich selbst anklagte, gleichsam überflutet fühlte. Sein Mißtrauen schwand gänzlich hin. Er tat die geheime Tür seiner bitteren und schmerzgeprüften Gedanken auf. Er erzählte, daß er schon mehrmals bis an die Tür dieses Hauses gekommen wäre, ohne daß er sich habe entschließen können, seinen Brief abzugeben (den er übrigens noch immer nicht zeigen wollte). Seitdem er das Spital verlassen, war es ihm nicht möglich gewesen, mit einem einzigen Menschen zu sprechen. Die Leute im Hinterland erbitterten ihn durch die Zurschaustellung ihrer kleinlichen Sorgen, ihrer Geschäfte, Vergnügungen und der Einschränkung ihrer Vergnügungen, sie erbitterten ihn durch ihren Egoismus, ihre Unwissenheit und ihre Verständnislosigkeit. Er fühlte sich unter ihnen fremder als unter den Wilden Afrikas. Übrigens – er unterbrach sich und fuhr dann erst wieder mit befangenen und erregten Andeutungen fort, die ihm nicht aus der Kehle wollten – nicht nur unter ihnen, sondern unter *allen* Menschen fühlte er sich als ein Fremder, denn er sei vom Leben, von der allgemeinen Freude und Arbeit durch seine Gebrechen jetzt für immer abgeschnitten, die aus ihm ein Wrack machten. Es verzehre ihn die törichte Scham, einäugig und einarmig zu sein. Die Blicke eiligen Bedauerns, die er auf der Straße bemerkte, ließen ihn erröten, denn sie waren so von der Seite zugeworfen wie ein Almosen, das man nebenhin gibt, das Antlitz vom widerlichen Schauspiel abgewandt. In seiner aufgereizten Eigenliebe übertrieb er seine eigene Entstellung. Er verabscheute sein Gebrechen, dachte an die verlorenen Freuden, an seine zerstörte Jugend. Wenn er Liebespaare vorübergehen sah, so fühlte er Eifersucht und schloß sich ein, um zu weinen. Aber das war noch nicht alles. Und als er den Hauptteil seiner Bitterkeit dem Mitgefühl Clerambaults, der ihn zu sprechen ermutigte, anvertraut hatte, kam er zum eigentlichen Grund der Qual, die er und seine Gefährten schauernd, wie ein Geschwür, das man nicht anzusehen wagt, in sich trugen. Aus dem Durcheinander seiner heftigen, dunklen und gequälten Worte erkannte Clerambault, was eigentlich die Seele all dieser jungen Menschen zerstörte. Es war nicht allein ihre vernichtete Jugend, ihr hingeopfertes Leben (obwohl dies schon an sich ein furchtbarer Schmerz war... Es ist ja sehr leicht für kalte Herzen, für alte Egoisten und vertrocknete Intellektuelle, von oben herab diese Liebe, dies Anklammern an das junge Leben und die Verzweiflung, es zu verlieren, zu verurteilen). Das allerfurchtbarste aber für sie war, daß sie nicht wußten, wofür sie dieses Leben hingeopfert hatten, und dann der alles vergiftende Verdacht, es sei umsonst vertan. Denn der gemeine Wille nach sinnloser Weltherrschaft irgendeiner Rasse oder nach einem Stück Land an der Grenze zweier Staaten konnte nicht genug sein, um den Schmerz der Opfer zu mindern. Sie wußten zu gut, daß der Mensch nur einen Fußbreit Erde braucht, um zu sterben, und daß das Blut aller Rassen die gleiche Quelle des Lebens ist, die darein verströmt.

Clerambault, dem das Bewußtsein seiner Pflicht, des weitaus Älteren in der Nähe dieser Jungen, eine ruhige Sicherheit gab, die er sonst für sich allein nicht besaß, sagte ihrem Vertreter, ihrem Boten Worte der Hoffnung und der Tröstung.

«Nein, euer Leiden ist nicht verloren. Es ist zwar die Frucht eines grausamen Irrtums, aber auch der Irrtum ist nicht ohne Sinn. Das Unglück von heute ist der gewaltsame Ausbruch eines Übels, das Europa seit Jahrhunderten zerfrißt, das Übel des Stolzes und der Gier, des gewissenlosen Staatenfanatismus, der kapitalistischen Pest, jenes lügnerischen Triebwerkes der Zivilisation, das aus Unduldsamkeit, Heuchelei und Gewalttätigkeit zusammengesetzt ist. Jetzt bricht alles zusammen, jetzt ist alles neu aufzubauen. Die Aufgabe ist ungeheuer. Mutlosigkeit ist jetzt nicht erlaubt, denn keiner Generation war ein größeres Werk je zugedacht als der euren. Es handelt sich jetzt darum, klar zu sehen durch das Feuer der Schützengräben und die giftigen Gase, mit denen euch ebenso wie der Feind die Antreiber des Hinterlandes den Blick verwirren. Es handelt sich darum, den wahren Kampf zu erkennen, und der geht nicht gegen ein einzelnes Volk, sondern gegen eine ganze ungesunde Gesellschaft, die auf die Ausbeutung und die Eifersucht der Völker gegründet ist, auf die Knechtung des freien Gewissens unter die Staatsmaschine. Nie hätten die resignierten oder skeptischen Völker diesen wahren Kampf mit solcher tragischen Gewißheit erkannt, ohne die Leiden dieses Krieges, der sie zerwühlt. Nicht, daß ich damit das Leiden segnete – lassen wir diesen Irrtum den Gläubigen der Religionen von einst; wir von heute lieben nicht den Schmerz, wir wollen die Freude. Kommt aber ein Schmerz über uns, so soll er uns wenigstens dienlich sein. Das, was ihr gelitten habt, sollen andere nicht mehr leiden! Deshalb gebt nicht nach. Man hat euch da draußen gelehrt, daß, wenn in der Schlacht einmal Order zum Angriff gegeben ist, es noch gefährlicher ist, zurückzuweichen als vorzurücken. Seht euch deshalb nicht um, laßt eure Ruinen hinter euch und stürmt nur nach vorwärts, der neuen Welt entgegen.»

Clerambault merkte, wie die Augen seines jungen Zuhörers, während er sprach, zu sagen schienen:

Mehr! Noch mehr! Gib mir mehr als Hoffnung! Gib mir die Gewißheit, gib mir den nahen, den baldigen Sieg!

Allen Menschen, selbst den besten, ist so sehr das Bedürfnis nach Betrogenwerden angeboren; es genügt ihnen nicht, ihr Opfer einem künftigen Ideal zu bringen, sondern sie wollen, daß man ihnen die Verwirklichung dieses Ideals für recht bald verspricht, oder daß die Belohnung dann wenigstens ewig währe, wie die Religionen es verheißen. Jesus fand nur Gläubige, weil man in ihm die Gewißheit eines Sieges in dieser Welt oder in jener andern sah. Wer aber wahr bleiben will, darf niemals einen Sieg versprechen. Er darf nicht die Gefahren außer acht lassen; vielleicht wird das Ziel überhaupt nicht erreicht werden und keinesfalls vor Ablauf längerer Zeit. Den Anhängern scheint natürlich ein solcher Gedankengang niederschmetternd in seinem Pessimismus: der die Lehre aber ausspricht, ist selbst nicht Pessimist. Er hat die Ruhe des Menschen, der nach einem Aufstieg von der Höhe aus die ganze Landschaft umfängt. Sie aber sehen nur den nackten Hang, den sie noch hinaufklimmen müssen. Wie nun kann er ihnen diese Ruhe übermitteln? – Wenn die Schüler die Lehre ihres Meisters schon nicht mit seinen Augen zu sehen vermögen, so können sie doch wenigstens seine Augen selbst sehen, in denen jene Vision widerglänzt, die ihnen noch versagt ist. Sie können daraus die Gewißheit schöpfen, daß er um die Wahrheit wisse (sie glauben es wenigstens...) und von ihrer Unruhe befreit sei.

Diese seelische Sicherheit, diese innere Harmonie, die die Augen Julien Moreaus in denen Clerambaults suchten, besaß Clerambault, der Gequälte und Beunruhigte, nicht! – Aber besaß er sie wirklich nicht? – Wie er, demütig lächelnd, gleichsam um sich zu entschuldigen, Julien ansah... da sah er, daß Julien diese Sicherheit in ihm entdeckt hatte. Und wie man gleichsam mitten aus dem Nebel aufsteigend plötzlich im Lichte ist, fühlte er, daß das Licht in ihm war. Es war in ihn gedrungen, weil er einen andern erleuchten sollte.

Erleichtert und erheitert hatte ihn der Unglückliche verlassen. Clerambault blieb zurück, betäubt von einer leisen Trunkenheit. Er schwieg, um das ganz seltsame Glück einer im eigenen Leben unglücklichen Seele zu genießen, die mit einemmal fühlt, daß sie teilhat am Glücke anderer Seelen in Gegenwart oder Zukunft. Alle Wesen erstreben Glück, tiefes Erfühlen, Fülle des Seins, aber diese Begriffe bedeuten nicht für alle das gleiche. Die einen wollen das Glück als Besitz, für die andern genügt als Besitz schon das bloße Schauen, für andere wieder ist der Glaube schon das wahre Sehen. Und sie alle, die dieser Instinkt verbindet, bilden eine einzige Kette, angefangen von jenen, die nur ihr eigenes Glück suchen, über jene, die es für ihre Familie und ihr Volk suchen, bis auf zu jenen Wesen, die die ganzen Millionen der Menschen, das Glück des Alls umfassen. Wer selbst nicht im Glück lebt, schafft es doch den andern, so wie jetzt

Clerambault, und weiß nicht darum; denn die andern sehen schon das Licht auf seiner Stirn, indes seine Augen noch im Schatten sind.

Der Blick des jungen Freundes hatte den armen Clerambault über seinen unbekannten Reichtum belehrt, und dieses Bewußtsein einer göttlichen Botschaft, die ihm auferlegt war, stellte seine verlorene Bindung mit den Menschen wieder her. Sie bekämpften ihn nur, weil er ihr verwegener Pfadfinder war, ihr Christoph Kolumbus, der mitten auf dem öden Ozean im Trotz darauf beharrte, den Weg zur neuen Welt zu finden. Sie beschimpften ihn, aber sie folgten ihm doch. Denn jeder wahre Gedanke, sei er verstanden oder nicht, ist ein ausgesandtes Schiff, das die nachzüglerischen Seelen im Schlepptau mit sich schleift.

Von diesem Tage an wandte er die Augen von der unabänderlichen Tatsache des Krieges und der Toten ab, um sich den Lebenden und der Zukunft, die in unserer Hand ruht, zuzuwenden. Möge die Anziehung derjenigen, die wir verloren haben, noch so mächtig sein und uns schmerzlich lokken, zu ihnen hinabzusteigen, so müssen wir uns doch dem gefährlichen Hauch entreißen, der, wie in Rom, von der Gräberstraße aufsteigt. Vorwärts! Halte dich nicht auf, du hast noch kein Recht, so wie jene zu ruhen! Denn andere bedürfen deiner. Sieh nur auf sie, wie sie gleich den Trümmern der großen Armee sich hinschleppen und in der düsteren Weite den verlorenen Weg suchen.

Clerambault wurde des düsteren Pessimismus gewahr, der sich dieser jungen Leute nach dem Kriege zu bemächtigen drohte, und diese Erkenntnis quälte ihn. Die moralische Gefahr war groß, aber um sie kümmerte sich die Regierung natürlich am wenigsten. Sie handelte wie die schlechten Kutscher, die mit Peitschenschlägen das Pferd antreiben, um im Galopp über einen steilen Abhang hinaufzukommen. Das Pferd kommt auch wirklich hinauf, aber der Weg ist droben noch nicht zu Ende, und das Pferd bricht zusammen. Es ist krumm für sein Leben... Mit welcher Begeisterung waren doch die jungen Menschen in den ersten Monaten des Krieges in den Sturm gerast! Dann war die Leidenschaft verraucht, aber das Tier blieb angeschirrt und von der Deichsel aufrecht gehalten; man peitschte rings um das müde Wesen eine künstliche Erregung auf, man mischte wundervolle Hoffnungen in sein tägliches Futter, und ob auch der Alkohol der Betäubung darin jeden Tag mehr verdunstete, so konnte es doch nicht zusammenbrechen. Und das gequälte Tier beklagte sich nicht einmal, ihm fehlte die Kraft zu denken. Und worüber und bei wem hätte es sich beklagen sollen? Es gab eine stillschweigende Vereinbarung gegen alle diese armen Opfer, nicht auf sie zu hören, sich taub zu stellen und zu lügen.

Aber Tag für Tag warf die rücklaufende Flut der Schlachten ihre Trümmer auf den Sand hin – die Verstümmelten und Verwundeten. Und durch sie kam zum erstenmal das Brausen der Tiefe dieses menschlichen Ozeans ans Licht. Die Unglücklichen, die plötzlich von dem Polypen, dessen Glieder sie bildeten, losgerissen waren, fühlten, daß sie sich im Leeren regten und nichts mehr erfassen konnten, weder ihre Leidenschaft von gestern noch den Traum der Zukunft. Und voll Angst fragten sie sich, die einen nur dumpf, wenige andre mit einer grausamen Klarheit, wofür sie gelebt hätten, wofür man lebt...

Poichè quel che è distrutto patisce, e quel che distrugge non gode, e a poco andare è distrutto medesimamente, dimmi quello che nessun filosofo sa dire: a cui piace o a chi giova cotesta vita infelicissima dell'universo, conservata in damno e con morte di tutte le creature che lo compomgongo?*

* *Da jener, der vernichtet wird, leidet, und derjenige, der vernichtet, daran keinen Genuß findet und bald ebenso vernichtet wird, so sage mir, was kein Philosoph zu beantworten weiß, wessen Gefallen oder wessen Nutzen dient dieses unglückselige Leben des Weltalls, das sich zum Schaden und durch den Tod aller Kreaturen, aus denen es gebildet wird, einzig erhält?* (Leopardi)

Es war dringend notwendig, darauf eine Antwort zu geben und für jene einen Sinn des Lebens zu finden. Ein Mann im Alter Clerambaults hat einen Sinn des Lebens nicht so nötig.

Er hat schon gelebt, ihm kann es genug sein, sein Gewissen frei zu machen: das ist für ihn gleichsam sein öffentliches Testament. Aber für diese jungen Leute, die ihr ganzes Leben noch vor sich haben, kann es nicht genug sein, die Wahrheit auf einem Leichenfelde zu sehen. Wie immer auch die Vergangenheit gewesen sei, für sie zählt doch nur die Zukunft. Ihnen muß man die Trümmer aus dem Wege räumen!

Woran leiden diese jungen Menschen am meisten? An ihrer eigenen Qual? – Nein! Sondern an ihrem Zweifel an dem Glauben, dem sie diese Qual zum Opfer dargebracht haben. (Würde man denn irgendein Bedauern haben, sich für die Frau geopfert zu haben, die man liebt, oder für sein Kind?)

Und dieser Zweifel vergiftet sie, er nimmt ihnen die Kraft, auf ihrem Weg weiter fortzuschreiten, weil sie fürchten, an seinem Ausgang die Verzweiflung zu finden. Deshalb ruft man euch ja zu:

«Hütet euch, das Ideal des Vaterlandes zu erschüttern! Trachtet lieber es wiederherzustellen.»

Welch ein Hohn! Kann man denn wirklich durch seinen Willen einen Glauben wiederherstellen, den man einmal verloren hat? Man kann sich höchstens selbst belügen, und das weiß man in seiner tiefsten Seele. Und gerade dieses uneingestandene Bewußtsein tötet den Mut und die Freude.

So habt den Mut und verwerft den Glauben, an den ihr nicht mehr glaubt. Die Bäume müssen, um neu zu grünen, ihr Herbstlaub abschütteln. So sollt ihr aus euren verlorenen Illusionen, wie die Bauern aus dem welken Laub, ein Feuer machen, dann wird das neue Grün, der neue Glaube nur schöner aufwachsen. Denn der neue Glaube kann warten. Die Natur stirbt nicht, sie verwandelt nur ewig ihre

Formen. Laßt doch, wie sie, das abgestorbene Kleid der Vergangenheit hinsinken!

Seht nur recht hin, zieht die Bilanz dieser harten Jahre! Ihr habt gekämpft und für das Vaterland gelitten. Und was habt ihr dabei gewonnen? Ihr habt die Brüderlichkeit der Völker entdeckt, die sich bekämpfen und miteinander leiden. Ist diese Erkenntnis zu teuer bezahlt? Nein, wenn ihr nur euer Herz sprechen laßt, wenn ihr wagt, es dem neuen Glauben aufzutun, der gerade, als ihr es am wenigsten erwartetet, zu euch gekommen ist.

Das Täuschende und Niederdrückende ist, daß der Mensch an sein anfängliches Ziel gebunden bleibt. Glaubt er dann nicht mehr an dieses Ziel, so glaubt er, jetzt sei alles verloren. Nun bringt niemals eine große Tat gerade jene Wirkung hervor, die man von ihr erwartete, und es ist gut so, denn fast immer übertrifft die tatsächliche Wirkung die erwartete und ist ganz anderer Art als sie. Weise sein heißt nicht, mit seiner fertigen Weisheit schon auszuziehen, sondern sie erst unterwegs in Aufrichtigkeit zu entdecken. Wagt es euch einzugestehen, daß ihr nicht mehr dieselben Menschen seid wie 1914, und wagt es zu sein: Dies wird dann der Hauptgewinn oder vielleicht der einzige Gewinn dieses Krieges sein... Aber werdet ihr es wirklich wagen? So viele Beweggründe vereinen sich ja, euch zu entmutigen; die Müdigkeit aller dieser Jahre, die alten Gewohnheiten, die Furcht vor der Anstrengung, in das eigene Ich hinabzublicken, das Abgestorbene auszujäten, das Lebendige zu bejahen, und dann irgendein abergläubischer Respekt vor dem Alten, die faule Vorliebe für das, was man schon kennt (sei es selbst schlecht, sei es selbst tödlich), das träge Bedürfnis nach billiger Klarheit, das einen lieber ins alte Geleise zurückkehren läßt als neuen selbstgebahnten Wegen entgegenzugehen. Ist es denn nicht das Ideal der meisten Franzosen von Kindheit an, irgendeinen fertigen Lebensplan in die Hand zu bekommen und ihn nicht mehr zu ändern? – Ach, daß doch wenigstens dieser Krieg, der so viele eurer Heimstätten zerstört hat, euch zwingen würde, aus eurem Schutt herauszutreten, eine neue Heimat zu gründen und neue Wahrheiten zu suchen!

Vielen dieser jungen Leute fehlte es nicht an Verlangen, mit der Vergangenheit zu brechen und in neue Welten einzutreten – im Gegenteil: sie hatten es allzu hastig damit. Noch waren sie aus ihrer alten Welt nicht heraus, so begannen sie schon, die neue gründen zu wollen. Nur rasch, nur keinen Übergang! Eine reinliche Scheidung! Entweder bewußte Unterwerfung unter das Vergangene oder Revolution!

So empfand auch Moreau. Er machte aus der Hoffnung Clerambaults auf eine soziale Erneuerung eine Gewißheit. Und in seiner Aufforderung, geduldig Tag für Tag sich die neue Wahrheit zu erobern, hörte er nur einen Appell zur gewaltsamen Aktion, die sie sogleich erzwingt!

Er führte Clerambault in zwei oder drei Kreise junger Intellektueller revolutionärer Richtung ein. Sie waren nicht sehr zahlreich, in allen Zusammenkünften begegnete man immer wieder denselben. Von Staats wegen wurden sie überwacht, was ihnen eher mehr Bedeutung gab, als wenn das nicht geschehen wäre. Elende Macht, bis an die Zähne bewaffnet, über Millionen von Bajonetten, über eine Polizei und eine Justiz, beide folgsam und zu allem bereit, verfügend, bist du dennoch stets furchtsam und kannst es nicht ertragen, daß ein Dutzend freier Geister sich versammelt, um über dich zu richten! Dabei hatten diese jungen Leute durchaus nicht die Art von geheimen Verschwörern. Im Gegenteil, sie taten alles mögliche, um verfolgt zu werden, aber ihre ganze Tätigkeit beschränkte sich auf Worte. Was hätten sie auch anders tun können? Sie waren isoliert von der großen Menge ihrer geistigen Gefährten, die die große Maschine des Krieges aufsog, die die Armee verschlang und nur dann zurückgab, wenn sie für sie unbrauchbar geworden waren. Was gab es denn noch an europäischer Jugend im Hinterland? Abgesehen von den Drückebergern, die sich nur allzuoft zu den traurigsten Diensten mißbrauchen ließen und die anderen zum Kampfe hetzten, damit man vergesse, daß sie selber nicht kämpften, setzten sich die Repräsentanten der jungen Generation – rari nantes –, die im Zivildienst verblieben waren, nur aus gänzlich Kriegsuntauglichen zusammen, zu denen sich allmählich die Schwerverwundeten wie Moreau gesellten. In diesen verstümmelten und untergrabenen Körpern war die Seele gleich brennenden Kerzen in einer Laterne mit zerbrochenen Fenstern: sie verzehrte sich, sie züngelte und rauchte, ein Windstoß konnte sie auslöschen. Aber da sie mit ihrem Leben nicht mehr rechneten, schlug die Glut daraus nur um so höher.

Diese Seelen hatten übergangslose Stimmungen vom äußersten Optimismus bis zum äußersten Pessimismus. Und diese heftigen Schwankungen des Barometers entsprachen nicht immer dem Luftdruck der äußeren Ereignisse. Der Pessimismus war nur zu leicht erklärlich. Erstaunlicher aber war der Optimismus, für den man kaum hätte Vernunftsgründe finden können. Sie waren ja nur eine Handvoll, die nichts tun konnte, gar keine Möglichkeit zur Tat hatte, und jeder neue Tag schien ihre Gedanken sinnloser zu machen. Aber je schlechter es stand, um so zufriedener schienen sie zu sein. Sie besaßen einen Desperado-Optimismus, jene tolle Gläubigkeit der fanatischen und unterdrückten Minorität, die den Antichrist braucht, damit der Christus wiederkehre. Sie erwarteten gerade aus den Verbrechen der alten stürzenden Weltordnung die neue Weltordnung, und es war ihnen gleichgültig, ob sie selbst dabei zugrunde gingen mit all ihren Träumen. Diese jungen Unbedingten, die Clerambault kennenlernte, sahen ihr Hauptziel darin, eine bloß teilweise Verwirklichung ihrer Träume innerhalb der alten Ordnung zu verhindern. Alles oder nichts! Die Welt zu verbessern, schien ihnen lächerlich. Entweder eine vollendete Welt, oder sie soll zugrunde gehen. Dieser mystische Glaube an den großen Umsturz, an eine Weltrevolution, spukte gerade in jenen Fieberköpfen am leidenschaftlichsten, die am wenigsten an die Träume der Religionen glaubten... Und dabei waren sie selber religiöser als alle Gläubigen der Kirche... O tolle irdische Rasse! Es ist immer derselbe Glaube an das Absolute, der die Narren des Völkerkrieges, die Narren des Klassenkampfes, die Friedensnarren in dieselbe Trunkenheit, in dieselbe Vernichtung reißt! Fast möchte man glauben, daß die Menschheit, als sie aus dem brennenden Schlamm der Schöpfung auftauchte, einen Sonnenstich empfing, von dem sie nie geheilt ward und der sie von Zeit zu Zeit mit solchen Fieberanfällen durchschüttelt.

Oder sind vielleicht diese Mystiker der Revolution Wegbereiter von Verwandlungen, die in der Rasse keimen – vielleicht noch Jahrhunderte keimen – und die vielleicht niemals aufblühen werden? Denn es gibt in der Natur immer Tausende von schlummernden Möglichkeiten für eine einzige Erfüllung innerhalb jener Frist, die unserer Menschheit zuteil geworden ist.

Vielleicht ist es gerade das dunkle Gefühl dessen, was sein könnte und doch nie sein wird, das manchmal dem revolutionären Mystizismus eine andere, seltenere und tragischere Form gibt – den ekstatischen Pessimismus, der fiebrig zum Selbstopfer drängt. Wie viele dieser Revolutionäre haben wir gekannt, die im geheimen von der zerschmetternden Übermacht des Bösen, von der unausbleiblichen Niederlage ihres Glaubens überzeugt waren und sich doch liebend begeisterten für das besiegte Ideal – ... sed victa Catoni – und für die Hoffnung, für es zu sterben, zu vernichten und vernichtet zu werden. Wieviel tolle Glut hat die zerschmetternde Commune, nicht durch ihren Sieg, sondern durch die Art ihrer Zerschmetterung aufflammen lassen! Es scheint, daß selbst in den Herzen der ärgsten Materialisten ein Funke der ewigen Flamme, der mißhandelten, verleugneten und doch immer neu bekundeten Hoffnung lebt, jenes unzerstörbaren Traumes aller Unterdrückten von einer besseren jenseitigen Welt.

Diese jungen Leute nahmen Clerambault mit verehrungsvoller Zuneigung auf. Sie versuchten ihn ganz zu dem Ihrigen zu machen, die einen, weil sie in seinen Gedanken das zu lesen glaubten, was sie selber glaubten, die anderen in der Überzeugung, dieser gute, alte Bürger, für den das Gefühl bisher der einzige, zwar edle, aber unzulängliche Führer gewesen, würde sich nun durch ihr gestrafftes Wissen überzeugen lassen und mit ihnen bis an die äußersten logischen Konsequenzen ihrer Anschauungen gehen. Clerambault setzte sich nur schwach zur Wehr, denn er wußte, daß nichts in der Welt einen jungen Menschen überzeugen konnte, der sich eben auf ein System festgelegt hat. In diesem Lebensalter ist jede Diskussion vergebens. Etwas früher, in den vorausgehenden Jahren, wo der Einsiedlerkrebs noch seine Schale sucht, kann man auf ihn wirken, und dann wiederum später, wenn die Muschel abfällt, oder schon, wenn sie ihn in seinen Bewegungen stört. Aber solange das Kleid noch neu ist, gilt nur eines: es ihm zu lassen, denn es ist ihm ja angepaßt. Wächst er es aus oder wird es ihm zu groß, so drängt es ihn schon selbst, ein anderes zu suchen. Nur keinen Zwang, aber sich auch von niemandem zwingen lassen!

Niemand in diesem Kreise dachte, zum mindesten anfangs, daran, Clerambault zu vergewaltigen. Aber seine Gedanken wurden manchmal ganz seltsam nach dem Geschmack seiner Gäste verändert, und seine Ideen hatten eine höchst sonderbare Resonanz in ihrem Munde. Clerambault ließ seine Freunde reden, er selbst sprach nicht viel, und wenn er dann nach Hause kam, war er verwirrt und ein wenig ironisch.

Sind das wirklich meine Gedanken? fragte er sich.

Wie ist es doch schwer, seine Seele anderen Wesen mitzuteilen. Vielleicht unmöglich sogar. Und wer weiß – die Natur ist ja um so viel klüger als wir –, vielleicht ist es für uns gut so.

Seine Ideen *vollständig* aussprechen – kann man es überhaupt, soll man es überhaupt? Langsam ist man zu ihnen gelangt, mit Mühe, auf dem Wege vieler Prüfungen, und nun halten sie gewissermaßen die Gleichgewichtsschwebe zwischen unseren inneren Elementen. Ändert man diese Elemente, ihre Zusammensetzung und ihr Art, so ist die Formel natürlich sofort ungültig und bringt ganz andere Wirkungen hervor. Könnten wir unsere Gedanken plötzlich in ihrer Gänze auf einmal in einen anderen Menschen hineinschleudern, so bestünde die Gefahr, daß er toll würde, ja es gibt sogar Fälle, wo der andere, wenn er sie verstände, daran sterben würde. Aber die weise Natur hat ihre Vorsichtsmaßregeln getroffen. Der andere versteht uns nicht, er kann uns nicht verstehen. Sein Instinkt wehrt sich dagegen. Er fühlt nur den Anstoß unserer Idee gegen die seine, und wie auf dem Billard wird die Kugel wieder weggestoßen, nur ist es hier weniger leicht vorauszusehen, gegen welche Stelle der grünen Wand. Die Menschen hören nicht bloß mit dem reinen Geist, sondern auch gleichzeitig mit ihren Leidenschaften und ihrem Temperament. Von dem, was man ihnen gibt, nimmt sich jeder nur, was ihm paßt, und wirft den Rest zurück, und zwar aus einem dunkeln Instinkt der Verteidigung. Die Vernunft tut sich nie einem neuen Gedanken sofort auf, sie kontrolliert ihn gleichsam am Schalter, ehe sie ihn hereinläßt, und sie läßt nur das herein, was ihr genehm ist. Was hat man aus den hohen Gedanken eines Jesus und eines Sokrates gemacht! Zu ihrer Zeit hat man sie getötet, um dann zwanzig Jahrhunderte später aus ihnen Götter zu machen, was ja nur eine andere Form ist, sie noch einmal zu töten; denn man wirft damit ihren Gedanken ins Himmelreich zurück. Würde man ihn sich in dieser unserer irdischen Welt verwirklichen lassen, so wäre ihr Ende gekommen. Das wußten sie selbst, und das Größte ihrer Seele ist vielleicht nicht, was sie ausgesprochen, sondern was sie verschwiegen haben. Wie pathetisch ist doch die Beredsamkeit des Schweigens bei Jesus, wie schön der Schleier über den antiken Symbolen und uralten Mythen, um die schwachen und furchtsamen Augen zu schonen! Allzuoft ist das Wort, das für einen das Leben bedeutet, für den anderen der Tod oder, was noch ärger ist, der Mord.

Was also tun, wenn man die Hände voll hat mit Wahrheiten? Soll man die Saat im vollen Wurfe ausstreuen? Aber dem Samen des Gedankens kann Unkraut oder Gift entwachsen! –

Vorwärts! Zage nicht! Du bist nicht der Herr des Schicksals, aber du bist auch selbst Schicksal, du bist eine seiner Stimmen. So sprich! Das ist die dir zugeteilte Aufgabe! Sag alles, was du denkst, aber sage es mit Güte! Sei wie eine gute Mutter, der es nicht gegeben ist, aus ihren Kindern vollkommene Menschen zu machen, sondern nur zu versuchen, sie geduldig zu unterrichten, damit sie es werden, wenn sie es selber werden wollen. Man kann andere nicht gegen ihren Wille oder ohne ihre Mithilfe befreien. Und selbst wenn dies möglich wäre, was hätte es für einen Sinn? Denn wenn sie sich nicht selbst befreien, fallen sie schon morgen wieder in ihre Sklaverei zurück. Man muß ein Beispiel geben und sagen: «Hier ist der Weg! Seht, man kann sich befreien!»

Trotz all seinen Bemühungen, männlich zu handeln und die Folgen seines Tuns den Göttern zu überlassen, war es doch ein Glück für Clerambault, daß er nicht die ganze Tragweite seiner Ideen überblickte. Denn seine eigentliche Absicht war ja, ein Reich des Friedens zu gründen, in Wirklichkeit aber wirkte seine Idee wohl in beträchtlichem Maße an der Entfesselung des sozialen Kampfes mit. So paradox es scheint, es ist dies das Schicksal jedes wahren Pazifismus, weil er eine Verurteilung des Gegenwärtigen bedeutet.

Aber Clerambault war sich im unklaren darüber, daß gefährliche Mächte eines Tages sich auf ihn berufen würden. Und in einer seltsamen Gegenwirkung auf die Gewalttätigkeit dieser jungen Leute arbeitete sich sein Geist gerade unter ihnen immer mehr zu einer gewissen Harmonie durch.

Je weniger jene – sie unterschieden sich darin gar nicht von vielen Nationalisten, die sie bekämpften – auf das Leben gaben, um so höher schätzte er es für seinen Teil. Jenen war die Idee fast durchweg wichtiger als das Leben. (In diesem Wahn erblickt ja die allgemeine Meinung eine Größe der Menschheit.)

Dennoch fühlte sich Clerambault sehr beglückt, unter ihnen auch einen Menschen zu finden, der das Leben um des Lebens willen liebte. Es war ein Kamerad Moreaus namens Gillot, schwer verwundet wie jener und in seinem Zivilberufe Zeichner in einer Fabrik. Ein Geschoß hatte ihn von oben bis unten mit Splittern übersät. Er hatte ein Bein verloren, und sein Trommelfell war gesprengt. Aber Gillot wehrte sich mit mehr Energie gegen das Schicksal als Moreau. In den lebhaften Augen dieses kleinen dunkelbraunen Burschen brannte trotz allem eine Flamme der Heiterkeit. Er war ganz einig mit Moreau in der Verurteilung der Sinnlosigkeit des Krieges und der Verbrechen der modernen Gesellschaft, sie hatten dieselben Dinge und dieselben Menschen gesehen, aber mit verschiedenen Augen. Und es kam oft zu Diskussionen zwischen beiden.

«Ja», sagte Gillot eines Tages, als Moreau gerade Clerambault eine grauenhafte Erinnerung aus dem Schützengraben erzählte, «ja, so war es... nur steckt noch etwas Ärgeres dahinter, nämlich, daß das alles auf uns keinen, gar keinen Eindruck machte.»

Moreau protestierte empört.

«Auf dich vielleicht, und vielleicht auf zwei oder drei andere, da und dort. Aber die große Masse! – Schließlich hat man bei den Dingen überhaupt nichts mehr gefühlt.»

Und Gillot fuhr rasch fort, um einen neuen Protest Moreaus im voraus zu unterdrücken:

«Ich sage das ja nicht, mein Lieber, um etwas aus uns zu machen – dazu ist ja wahrhaftig kein Anlaß. Ich sage es nur, weil es eben so ist... Sehen Sie», er wendete sich jetzt an Clerambault, «die Leute, die von dort zurückkommen und die das in Büchern erzählen, die sagen ja wirklich, was sie fühlen. Aber diese Leute fühlen eben viel mehr als die meisten Sterblichen, weil sie Künstler sind. So einen reizt eben alles in den Nerven auf. Unsereins ist abgebrüht, und wenn ich jetzt daran denke, scheint mir diese Fühllosigkeit das Ärgste von allem. Wenn Sie hier eine von den Geschichten lesen, die Ihnen die Haare zu Berge stehen lassen oder bei denen sich Ihnen der Magen umdreht, so fehlt noch immer die Pointe daran: nämlich, daß ein paar Burschen dort vorne stehen, ihre Pfeife rauchen, Witze reißen oder an etwas anderes denken. Und das ist ja nötig, denn sonst krepierte man ja... Der Mensch hat eben eine grauenhafte Fähigkeit, sich an alles anzupassen... Ich glaube, er würde ganz gut in einer Düngergrube gedeihen. Es ist ja wahr, man kann ein Grausen vor sich kriegen, aber ich, der ich da zu Ihnen rede, ich bin selbst so gewesen. Ich habe nicht, wie es der Kleine da tut, meine Zeit damit verbracht, herumzusinnieren. Wie alle Welt, fand ich das, was ich zu tun hatte und tun mußte, blödsinnig. Aber da das ganze Leben eben blödsinnig ist – ich habe doch recht? –, so tat man eben, was man tun mußte, tat, soviel eben nötig war, und wartete, bis es aufhörte... Wartete auf irgendein Ende, auf dieses oder jenes, auf das meines Kadavers oder das des Krieges. Irgend etwas mußte ja doch einmal zu Ende sein... Zwischendurch hat man eben gelebt, geschlafen, gefressen, geschissen, Verzeihung – aber man muß die Wahrheit sagen –, und wenn Sie, mein Herr, den Grund von dem allen wissen wollen, der Grund ist eben, daß man das Leben nicht liebt. Ja, man liebt es nicht genug. Sie haben sehr recht, wenn Sie in einem Ihrer Aufsätze sagen, es ist wundervoll, das Leben. Aber jetzt sind nicht eben sehr viele, die danach aussehen, als ob sie das glauben würden, zumindest unter denen, die wirklich wach leben. Eher schon unter jenen, die schlafen und auf den letzten großen Schlaf warten. Die sagen sich: ‹So liegt man wenigstens schon und braucht sich nicht mehr zu rühren.› Nein, man liebt es nicht genug, das Leben, man lehrt es uns ja auch nicht, es zu lieben, im Gegenteil, man tut alles, was man kann, um es uns widerlich zu machen. Von Kindheit an singt man uns Lobpreisungen auf den Tod, auf die Schönheit des Todes oder einen Hymnus auf die, die schon gestorben sind. Die Geschichte, der Katechismus, der *Heldentod für das Vaterland*! Pfaffen und Patrioten blasen es in einem Atem, und schließlich wird einem das Leben selber ekelhaft. Man möchte sagen, es geschieht heute das Möglichste, um es einem so dreckig als möglich erscheinen zu lassen. Nirgends eine eigene Initiative mehr, alles Mechanismus, und dabei nicht einmal Ordnung: keiner leistet mehr ganze Arbeit, jeder nur Stückwerk, und man weiß gar nicht mehr, was für einen Sinn es hat, und meist hat es auch keinen Sinn. Es ist ein verdammtes Durcheinander, von dem man nicht einmal etwas hat. Wie ein Hering ist man irgendwo eingepackt und hingeschmissen. Man weiß nicht, warum man lebt. Man lebt und kommt nicht weiter. Vor grauen Tagen haben, so sagt man, die Großväter für uns die Bastille erstürmt, und jetzt tun diese Lumpen, die das Heft in der Hand haben, so, als gäbe es für uns nichts mehr zu tun, als wäre schon das Paradies auf Erden fertig. Steht es denn nicht auf allen unseren Denkmälern geschrieben? Und doch weiß man, daß es nicht wahr ist, daß irgendein anderer Sturm sich vorbereitet, eine andere Revolution... Freilich! Jene von damals ist so schlecht gelungen! Und alles ist so unklar... Nein, man hat kein Vertrauen, man sieht nicht, wohin man geht, es ist keiner da, der uns über diesem Kot und Schimpf irgend etwas Schönes und Hohes zeigt... Ja, sie tun alles, was sie können, jetzt, um uns in Schwung zu bringen: Gerechtigkeit, Freiheit, Brüderlichkeit... Aber der Schwindel zieht nicht mehr... Man kann zwar dafür sterben, dazu sagt man niemals nein... aber leben, das ist etwas anderes.»

«Und nun?» fragte Clerambault.

«Ah, jetzt, jetzt, wo man nicht mehr zurück kann, jetzt denke ich immer nur: Wenn man noch einmal von vorne anfangen könnte.»

«Und wann hat sich das Gefühl bei Ihnen so geändert?»

«Das ist das tollste! Sofort nach meiner Verwundung. Kaum war ich mit einem Bein aus dem Leben draußen, so wollte ich schon wieder ins Leben zurück. Wie schön es doch eigentlich war – nur hatte man, Esel, der man war, es nicht bemerkt... Denken Sie, ich sehe mich noch, wie ich zum erstenmal zum Bewußtsein kam, dort auf jenem Trümmerfeld, noch mehr zerfetzt als die Leichen, die dort kunterbunt übereinander und durcheinander, wie bei einem Kegelspiel, lagen. Die ganz besudelte Erde schien selbst zu bluten. Es war vollkommen Nacht, und ich fühlte zuerst nichts, als daß es mich fror. Ich lag ganz starr... Welches Stück von mir fehlte mir eigentlich? Ich hatte keine Eile, mit dem Nachsehen zu beginnen, denn mir graute vor dem, was da zutage kommen könnte, und ich wollte mich nicht rühren. Sicher war, daß ich noch lebte, vielleicht nur noch einen Augenblick, aber ich gab verteufelt acht, diesen nicht zu verlieren... Ich sah am Himmel ein Raketensignal. Was es bedeutete, darum bekümmerte ich mich nicht mehr. Aber wie es aufstieg, sich bog und die feurigen Blumen dann ausschüttete – ich kann Ihnen nicht sagen, wie schön ich das fand, ich sog es mit allen Sinnen ein... Und auf einmal sah ich mich als ganz kleines Kind, bei der Samaritaine am Ufer der Seine, an einem Abend, wo es Feuerwerk gab, und ich sah dieses Kind, als ob es ein anderes wäre, das mich amüsierte und mir leid tat. Und dann dachte ich, daß es doch gut sei, in das Leben eingepflanzt zu sein und zu wachsen und irgend etwas, irgend jemand, gleichgültig wen, zu haben und ihn zu lieben. Sehen Sie, das kam nur von dieser Rakete... Dann kamen die Schmerzen, ich begann zu brüllen, ich steckte wieder den Kopf in das Loch hinein... Dann kamen die Leute vom Hilfsplatz... ich hatte dort kein gutes Leben, der Schmerz fraß mir wie ein Hund an den Knochen... fast wäre es besser gewesen, dort im Loch geblieben zu sein... und doch... selbst dort, und gerade dort... welches Paradies schien es mir, noch einmal so leben zu können wie einst, nur zu leben, zu leben ohne Schmerzen, so wie man jeden Tag lebte... Und man merkte es nicht! Ohne Schmerzen... ohne Schmerzen... und leben! – Aber das ist ein Traum. Wenn der Schmerz nur einen Augenblick aufhörte, wenn man nur eine Minute Ruhe hatte und bloß den Geschmack der Luft auf der Zunge fühlte und den Körper so leicht nach aller Qual... Himmel, wie schön das war! – Und so war früher das ganze Leben gewesen, und man hatte es nur nicht bemerkt... Mein Gott, wie dumm man ist, erst dann das alles zu verstehen, wenn man's nicht mehr hat. Und wenn man es dann endlich liebt und um Verzeihung bittet, daß man's nicht zu schätzen wußte, dann antwortet einem das Leben: Zu spät!»

«Es ist nie zu spät», sagte Clerambault.

Gillot verlangte nichts sehnlicher, als ihm zu glauben. Dieser gebildete Arbeiter war für den Lebenskampf viel besser ausgerüstet als Moreau und selbst als Clerambault. Nichts konnte ihn dauernd niederdrücken: fällt man einmal hin, so steht man wieder auf. Man wird schon einmal Rache dafür nehmen. In seinem tiefsten Herzen dachte er bei allen Schwierigkeiten, die sich ihm in den Weg stellten: Man wird's schon schaffen! Und war bereit, mit der einzigen Pfote, die ihm blieb, darauf loszumarschieren, so weit es not tat, und je früher, je lieber. Denn auch er, wie alle anderen, glaubte inbrünstig an die Revolution und reimte sie mit seinem Optimismus zusammen, der den Umsturz von vornherein in Milde vollendet sah. Er war ohne jede Gehässigkeit.

Und doch konnte man sich darauf nicht verlassen, denn in diesen Seelen aus dem Volke sind viele Überraschungen versteckt. Sie sind zu leicht zu verführen und jeder Veränderung geneigt... So hörte Clerambault eines Tages, wie Gillot mit seinem Frontkameraden Lagneau, der gerade auf Urlaub da war, davon sprach, alles krumm und klein zu schlagen, wenn die Eingerückten wiederkämen und der Krieg zu Ende sei, oder vielleicht noch früher... Der Franzose aus dem Volk, der so oft bezaubernd, lebhaft und munter ist und einen Gedanken, fast ehe man ihn noch ausgesprochen hat, erfaßt – mein Gott, wie rasch vergißt er auch! Vergißt alles, was man gesagt hat, was er selber gesagt hat, was er gesehen, geglaubt, gewollt hat, und glaubt dabei immer dessen sicher zu sein, was er will, was er sagt, sieht und glaubt. Vor Lagneau entwickelte Gillot ganz ruhig genau die entgegengesetzten Ideen wie jene, die er gestern gegen Clerambault verteidigt hatte, und nicht nur seine Ideen hatten sich verwandelt, sondern auch gewissermaßen sein Temperament. Am Morgen war ihm nichts wild genug gewesen für sein Bedürfnis nach Tat und Zerstörung, abends träumte er wiederum von nichts anderem, als irgendwo ein kleines Geschäft zu haben, dick zu verdienen, gut zu essen, ein paar Kinder aufzuziehen und sich den Teufel um alles andere zu scheren. Obwohl diese Leute sich in aller Aufrichtigkeit Internationalisten nannten, gab es unter den Soldaten doch genug, die den alten französischen Rassenhochmut – gar nicht bösartig, aber fest verankert – gegenüber der ganzen übrigen Welt hatten, ob sie mit ihnen verbündet oder ihr Feind war. Und selbst in Frankreich mißachteten die Pariser die aus der Provinz oder, wenn sie selber aus der Provinz waren, Paris. Sie waren männliche, offene Kerle, immer bereit, loszuschlagen wie Gillot, und sicher die Rechten, um eine Revolution zu machen, sie zu zerstören und noch einmal zu machen, aber dann gelangweilt das Ganze hinzuschmeißen als Beute für den ersten besten Abenteurer, der gerade des Weges kommt. Und das wissen die politischen Schleicher allzu gut. Sie wissen, die beste Taktik, die Revolution zu töten, ist, wenn die Stunde gekommen ist, sie ruhig vorbeigehen zu lassen und das Volk dabei zu amüsieren.

Und diese Stunde schien sehr nahe. Etwa ein Jahr vor dem Ende des Krieges gab es in beiden Lagern einige Monate, einige Wochen, wo die unermeßliche Geduld der gemarterten Völker zu schwinden und ein Schrei loszubrechen drohte: «Genug!» Zum erstenmal hatte sich unter ihnen die Empfindung verbreitet, daß sie blutig genarrt würden, und man kann die Erbitterung der Menschen aus dem Volke verstehen, wenn sie feststellten, wie toll die Milliarden im Krieg ausgegossen wurden, während vor dem Kriege ihre Herren wegen ein paar hunderttausend Francs für die soziale Hilfe knauserten. Mehr als alle Reden besaßen gewisse Ziffern die Fähigkeit, die Leute aufzureizen. Man hatte berechnet, daß im Kriege ungefähr fünfundsiebenzigtausend Francs verbraucht würden, um einen Menschen zu töten, und man aus derselben Summe, die zehn Millionen Tote macht, zehn Millionen Rentiers hätte schaffen können. Selbst die Dümmsten wurden nun des ungeheuerlichen Reichtums der Erde und der verbrecherischen Verschwendung, die man damit trieb, gewahr, der schamlosen Verschwendung für einen leeren Wahn. Und vor allem der schändlichsten Schändlichkeit: daß von einem Ende Europas zum anderen an diesen Toten sich das Geschmeiß der Kriegsgewinner und Leichenschänder dick fraß.

Ah, dachten die jungen Leute, man rede uns nichts mehr vor vom Kampfe der Demokratien gegen die Autokratien, es ist immer derselbe Schwindel. Überall hat der Krieg den Völkern die Schuldigen für die Rache kenntlich gemacht: die herrschende Klasse, die erbärmliche, politische, geschäftliche und geistige Bourgeoisie, die während eines einzelnen Jahrhunderts der Allmacht mehr verbrach an Gewalttätigkeit, Ruinen und Tollheiten als in zehn Jahrhunderten die Geißel der Könige und der Kirchen.

Und kaum, daß sie fern aus dem Walde die Hacke Lenins und Trotzkis, dieser heroischen Holzhauer, hallen hörten, zitterten viele dieser niedergepreßten Herzen von neuer Hoffnung. Mehr als einer in jedem Lande bereitete schon damals sein Beil vor, um mit loszuschlagen – die herrschende Klasse aber in beiden feindlichen Lagern, von einem Ende Europas bis zum andern, sträubte sich gegen die gemeinsame Gefahr. Es war keine besondere Verständigung nötig, damit sie sich untereinander in diesem Punkte verstanden: hier sprach ihr Instinkt. Die bürgerlichen Zeitungen der Gegner Deutschlands ließen stillschweigend dem Kaiser freie Hand, um die russische Freiheit zu erdrosseln, weil sie die soziale Ungerechtigkeit, von der sie alle gleicherweise lebten, bedrohte. In der Tollwut ihres Hasses verbargen sie nur schlecht ihre Freude, als sie sahen, wie der preußische Militarismus, das Untier, das sich dann gegen sie selbst wenden sollte, sie an diesen großen Empörern rächte. Aber gerade dadurch entflammte sich in den großen Massen der Leidenden und bei den kleinen Gruppen der Unabhängigen eine glühende Bewunderung für jene Ausgestoßenen, die dem ganzen Weltall Schach boten.

Es kochte im Kessel. Um seine Kraft zu ersticken, hatte ihn die Regierung hermetisch verschlossen und sich selbst daraufgesetzt. Die blödsinnige Bourgeoisie aber, die am Ruder war und ständig noch neues Feuer unter dem Kessel entzündete, war verwundert über das dumpfe gefahrdrohende Grollen. Sie schob diese Revolte der Elemente dem bösen Geist einiger freier Sprecher in die Schuhe, oder geheimnisvollen Intrigen, oder dem feindlichen Geld, oder den Pazifisten. Und sie sah nicht ein, was ein kleines Kind gesehen hätte, nämlich daß man vor allem, um die Explosion zu verhindern, das Feuer löschen mußte. Der Gott aller dieser Mächte, wie immer sie sich nannten, ob Kaiserreich oder Republik, war doch die Faust, die Kraft, mochte sie sich noch so verschleiern und überpudern. Innen blieb die harte, selbstsichere Gewalttätigkeit. Und in natürlichem Rückstoß wurde der Glaube an die Gewalt auch das Evangelium der Unterdrückten. So entstand ein dumpfer unterirdischer Kampf zwischen sich entgegenarbeitenden Druckwirkungen. Wo das Metall verbraucht war – zunächst in Rußland –, explodierte der ganze Kessel. Wo der Deckel nicht so streng niedergehalten wurde – wie in den neutralen

Ländern –, fuhr zischend der heiße Dampf aus. In den kämpfenden Ländern, auf denen die Unterdrückung lastete, herrschte eine trügerische Stille, die dem Unterdrücker recht zu geben schien. Dort waren sie ebenso wie gegen den Feind auch gegen ihre Mitbürger gepanzert, denn die Kriegsmaschine war nach beiden Seiten hin, nach vorn und nach rückwärts, drohend aufgestellt. Der Verschluß aus härtestem Stahl schien noch gut zu schließen, die Schrauben preßten ihn eisern an, so daß es unmöglich war oder schien, daß er jemals aufging. Es sei denn, daß plötzlich alles in die Luft flöge.

Clerambault, nicht minder unter die furchtbare Schraube gepreßt als die anderen, sah ringsum die Revolte sich vorbereiten. Er begriff sie, er hielt sie sogar für unvermeidlich. Aber deshalb liebte er sie noch nicht. Er fand sich nicht ab mit der bequemen amor fati. Ihm genügte es, zu verstehen. Aber keine Tyrannei schien ihm ein Recht auf Liebe zu haben.

Die jungen Leute aber verweigerten ihr die ihre durchaus nicht und waren erstaunt, daß Clerambault so wenig Begeisterung für das neue Idol aus dem Norden zeigte, für die Diktatur des Proletariats. Sie hielten sich nicht lange bei vorsichtigen Bedenken und halben Maßregeln auf, um die Welt glücklich zu machen – auf ihre Art, wenn nicht auf die seine –, sie diktierten gleich im ersten Anlauf die Unterdrückung jeder Freiheit, die ihrer Idee von Freiheit entgegengesetzt wäre. Die abgesetzte Bourgeoisie sollte des Versammlungsrechtes, des Stimmrechtes, des Rechtes der öffentlichen Meinungsäußerung beraubt werden.

«Schön», sagte Clerambault, «aber dann wird sie das neue Proletariat werden. Dann ändert nur die Gewalt ihren Posten.»

«Aber das wird nur eine Zeitlang dauern. Wir werden die letzte Unterdrückung sein, die eben die Unterdrückung in alle Ewigkeit töten wird.»

«Ja, immer der Krieg für Recht und Freiheit; immer der letzte Krieg, der den Krieg für alle Zeiten töten soll. Aber er befindet sich bisher recht wohl, und das Recht wie die Freiheit bekommen dabei ihre Fußtritte.»

Sie protestierten unwillig gegen den Vergleich. Sie sahen im Krieg und an denen, die ihn führten, nur Gemeinheit.

«Und doch», sagte Clerambault sanft, «haben eine ganze Reihe von euch mitgetan und fast alle daran geglaubt... Nein, nein, protestiert nicht! Auch in dem Gefühl, das euch damals dazu trieb, war etwas Edles. Man zeigte euch ein Verbrechen, und ihr seid darauf losgegangen, um es zu vernichten. Euer Eifer war wundervoll. Nur habt ihr geglaubt, es gäbe nur dieses eine Verbrechen, und hätte man das aus der Welt geschafft, so würde sie unschuldig und rein sein wie im Goldenen Zeitalter. Dieselbe seltsame Naivität ist mir schon in der Zeit der Dreyfus-Affäre aufgefallen. Damals war es so, als ob alle anständigen Leute Europas (ich gehörte auch dazu) noch nie gehört hätten, daß bisher jemals ein Unschuldiger ungerechterweise verurteilt worden sei. Ihr ganzes Leben war von dieser Erkenntnis einfach umgestürzt, und sie setzten das Weltall in Bewegung, um diesen Flecken auszutilgen... Mein Gott, als die Wäsche fertig war – eigentlich wurde sie ja nicht einmal fertig, denn die Wäscher wurden müde mitten in der Arbeit und der Reingewaschene selbst auch –, nun, da war die ganze Welt genauso schmutzig wie vorher. Es scheint eben, daß der Mensch nicht fähig ist, die Gesamtheit des menschlichen Elends mit seinem Blick zu umfassen. Er hat zuviel Angst, die Ungeheuerlichkeit des Bösen zu sehen, und um davon nicht ganz niedergeschmettert zu sein, sucht er sich immer irgendeine einzelne Sache aus, lokalisiert in ihr das ganze Böse der Welt und hütet sich, auf alles andere zu schauen. Das alles, meine Freunde, ist mir verständlich, weil es menschlich ist. Aber man muß eben mehr Mut haben. In Wirklichkeit ist das Böse überall, beim Feinde sowohl wie bei uns selbst. Ihr habt es allmählich in unserem Staatswesen entdeckt, und jetzt wendet ihr euch mit der gleichen Leidenschaft, die früher alles Böse nur im Feinde sah, gegen die Regierungsformen, deren Fehler euch aufgegangen sind. Erst wenn ihr einmal erkennen werdet, daß diese Fehler auch in euch sind – und das ist zu befürchten, nach den Erfahrungen aller Revolutionen, die immer leidenschaftlich geworden sind und in denen jene, die das Recht bringen wollten, schließlich, ohne es selbst recht zu verstehen, ihre eigenen Hände und ihr Herz beschmutzt fanden –, dann werdet ihr euch mit einer düsteren Verzweiflung gegen euch selbst wenden... Ihr großen Kinder, wann werdet ihr es euch abgewöhnen, gleich das Absolute zu wollen.»

Sie hätten ihm darauf antworten können, man müsse das Absolute wollen, um das Wirkliche zu erreichen. Für den Gedanken könne es Nuancen geben, aber die Tat dulde keine. Clerambault solle sich zwischen ihnen oder ihren Gegnern entscheiden! Hier gebe es keine Zwischenmöglichkeit.

Und Clerambault verstand dies. Auf dem Feld der Tat gibt es keine andere Wahl. Dort ist alles vorausbestimmt. Ebenso wie der ungerechte Sieg mit notwendiger Gewißheit die Revanche erzeugt, die dann wieder ihrerseits ungerecht sein wird, so führt die kapitalistische Unterdrückung zur proletarischen Revolution, die dann wieder nach ihrem Vorbild unterdrückt werden wird. Es ist eine Kette ohne Ende, in der eine eherne Dike waltet, die eine klare Vernunft erkennt und sogar als ein Weltgesetz ehren kann. Aber das Herz weigert sich, diese Gesetze anzuerkennen, sich ihnen zu unterwerfen, denn seine Aufgabe ist es ja, das Gesetz des ewigen Krieges zu zerbrechen. Wird es ihm jemals gelingen?... Wer weiß? Jedenfalls ist eines gewiß, daß dieses Hoffen, dieses Wollen des Herzens außerhalb der gewöhnlichen Ordnung steht, daß es aus einer überirdischen, aus einer geradezu *religiösen* Welt stammt.

Aber Clerambault, der davon durchdrungen war, wagte noch nicht, sich dies einzugestehen. Oder er wagte zum mindesten nicht, das Wort *religiös* auf sich zu beziehen, das Wort, das die Religionen von heute – die so wenig religiösen – diskreditiert haben.

Hatte Clerambault also selbst noch nicht volle Klarheit in sein Denken gebracht, so war es für seine Freunde noch schwieriger, sich in seiner Weltauffassung auszukennen. Und wäre ihnen selbst Gelegenheit dazu geboten gewesen, sie übersichtlich zu erfassen, so hätten sie sie doch nie verstanden. Sie konnten es nicht ertragen, daß ein Mann, der so energisch den momentanen Zustand der Dinge als schlecht und mörderisch verurteilte, trotzdem nicht ihre radikalsten Maßnahmen billigte, um diesen Zustand aus der Welt zu schaffen. Von ihrem Gesichtspunkt, demjenigen der sofortigen Aktion, hatten sie nicht unrecht. Aber das Feld des Geistigen ist viel weiter; seine Kämpfe spielen sich in größeren Räumen ab und verzetteln sich nicht in blutigen Plänkeleien. Clerambault erkannte das ewige Axiom der Tat *Der Zweck heiligt die Mittel* nicht an, selbst nicht unter der Voraussetzung, daß diese von seinen Freunden gepriesene Kampfmethode die erfolgreichste sei. Er war im Gegenteil der Meinung, daß die Mittel für den wirklichen Fortschritt von höherer Wichtigkeit seien als die Ziele. Denn Ziele... gibt es denn wirklich ein endgültiges Ziel?

Diese allzu umfassende und verschwommene Art des Denkens erbitterte aber die jungen Menschen und bestärkte sie in jener gefährlichen Abneigung gegen die Intellektuellen, die sich seit fünf Jahren bei der arbeitenden Bevölkerung herausgebildet hatte. Sicherlich hatten die Intellektuellen nichts Besseres verdient, denn wie weit waren die Zeiten, wo die Geistigen an der Spitze der Revolutionen standen! Jetzt schlossen sie sich mit allen reaktionären Kräften zusammen, und selbst die verschwindend kleine Zahl derer, die sich außerhalb des Clans gehalten hatten und seine Irrtümer tadelten, zeigte sich, wie Clerambault, unfähig, auf ihren Individualismus zu verzichten, der sie einmal gerettet und nun zu Gefangenen gemacht hatte. Kaum hatten nun die Revolutionäre die Unfähigkeit selbst der Besten erkannt, sich den neuen Massenbewegungen einzuordnen, so gingen sie einen Schritt weiter und proklamierten den Niedergang der Intellektuellen. Der Stolz der Arbeiterklasse, der sich schon in Artikeln und Reden äußerte, ungeduldig, sich wie in Rußland bald in Taten manifestieren zu können, dieser Stolz verlangte, daß die Intellektuellen sklavisch ihren proletarischen Herren gehorchten. Das seltsamste dabei war, daß einige unter den Intellektuellen selbst am leidenschaftlichsten diese Erniedrigung ihres Standes verlangten – sie hätten gern damit glauben gemacht, daß sie nicht mehr dazu gehörten, und vergaßen es sogar selbst... Moreau freilich vergaß es nicht. Aber nur mit noch größerer Bitterkeit verabscheute er die Klasse, deren Nessushemd ihm auf der Haut brannte. Seine Erbitterung war ohne Maß.

Er trug jetzt gegen Clerambault seltsam aggressive Gefühle zur Schau. Er unterbrach ihn in der Diskussion ohne jede Höflichkeit, mit einer gewissen Art ironischer und gereizter Schärfe, daß man oft das Gefühl hatte, er wolle ihn bewußt verletzen.

Clerambault nahm es ihm nicht übel. Er war voll Mitleid mit ihm, denn er wußte, daß Moreau litt, und konnte sich die Bitterkeit eines hingeopferten jungen Lebens gut vorstellen, dem die sittliche Nahrung, die für einen fünfzigjährigen Magen gehört – Geduld und Resignation –, nicht recht munden wollte.

Eines Abends, als sich Moreau gegen Clerambault besonders unangenehm gezeigt hatte und doch ihn durchaus nach Hause begleiten wollte, gleichsam als könnte er sich nicht entschließen, ihn zu verlassen, und als er da vor sich hin schweigend und verschlossen an seiner Seite schritt, blieb Clerambault einen Augenblick stehen und sagte, indem er freundschaftlich seinen Arm nahm, lächelnd:

«Mein armer Junge, dir geht es wohl nicht gut?»

Moreau war verdutzt, raffte sich zusammen und fragte trockenen Tones, woran man denn merken könnte, daß es nicht gut ginge.

«Nun daran, daß Sie so bösartig waren heute abend», antwortete Clerambault gutmütig.

Moreau protestierte.

«O doch! Was für Mühe haben Sie sich gegeben, um mir weh zu tun: Ja, doch, ein wenig, nur ein ganz klein wenig... Ich weiß es sehr gut, daß Sie es nicht ganz ernstlich wollen, aber wenn ein Mensch wie Sie einen andern leiden machen will, so ist das ein Zeichen, daß er selber leidet... Habe ich nicht recht?»

«Verzeihen Sie mir», sagte Moreau, «es ist wahr. Mir tat es weh, zu sehen, daß Sie nicht an unsere Aktion glauben.»

«Und Sie selbst?» fragte Clerambault.

Moreau verstand nicht.

«Und Sie selbst», wiederholte Clerambault, «glauben Sie denn daran?»

«Und ob ich daran glaube», rief Moreau entrüstet.

«Aber nein», sagte Clerambault ganz sanft.

Moreau war nahe daran, zornig auszubrechen. Dann sagte er nachgiebiger: «Doch, durchaus!»

Clerambault war weitergegangen.

«Nun gut», sagte er, «das ist ja Ihre Sache, Sie müssen ja besser wissen als ich, was Sie eigentlich glauben.»

Sie gingen nebeneinander her, ohne zu sprechen. Nach einigen Minuten faßte Moreau Clerambault am Arm und sagte: «Wieso konnten Sie das wissen?»

Sein Widerstand war gebrochen. Er enthüllte die Verzweiflung, die sich unter seinem aggressiven Willen zur Gläubigkeit und zur Tat verbarg. Innerlich war er von Pessimismus zerfressen, der ja immer eine natürliche Folge jedes in seinen Illusionen schmerzhaft enttäuschten, übermäßigen Idealismus ist. Die religiöse Seele von einst war ganz ruhevoll: sie stellte das Gottesreich hinüber in ein Jenseits, das kein irdisches Geschehnis erreichen oder zerstören konnte. Aber die religiöse Seele von heute, die das Gottesreich mitten in unsere Welt stellen will und es auf dem Grunde der menschlichen Vernunft und der Liebe aufbaut, die wird lebensüberdrüssig, sobald das Leben ihren Traum einstürzen läßt. Es gab Tage, wo Moreau sich am liebsten die Adern aufgeschnitten hätte! Die Menschheit schien ihm wie eine faulende Frucht, voll Verzweiflung sah er den Zusammenbruch, den Untergang, die Niederlage, die von allem Anfang im Schicksal der menschlichen Rasse wie ein Wurm in der Frucht eingesponnen sitzt, und er konnte die Idee dieses unsinnigen und tragischen Schicksals, dem die Menschen nie entrinnen werden, nicht ertragen. Wie Clerambault fühlte er in seinen Adern das Gift des Wissens und der Vernunft; aber indes Clerambault die Krise überstanden hatte und die Gefahr nur in der Zügellosigkeit des Geistes sah und nicht schon in seinem Wesen, war Moreau von der Vorstellung besessen, die Vernunft sei selbst schon von Gift durchtränkt. Seine krankhaft erregte Phantasie erschöpfte sich selbstquälerisch in immer neuen Vorstellungen, sie zeigte ihm die Menschheit mit dem unauslöschlichen Brandmal der Krankheit ihrer Geistigkeit behaftet. Im vorhinein sah er alle Möglichkeiten von Katastrophen, denen sie zudrängte. Sah man denn nicht schon das tragische Schauspiel, wie die Vernunft vor Hochmut taumelte angesichts der ihr von der Wissenschaft ausgelieferten Gewalten, angesichts jener Dämonen der Natur, die ihr durch die magische Formel der Chemie untertan waren, und wie sie in Verwirrung über die zu rasch überhandnehmende Macht diese zu ihrem eigenen Selbstmord mißbrauchte?

Aber Moreau war zu jung, um unter dem Druck solcher Wahnvorstellungen zu verbleiben. Man mußte etwas tun, etwas tun um jeden Preis, um nicht allein mit dieser Vision zu bleiben.

«Nein, hindern Sie uns nicht an der Tat! Im Gegenteil, feuern Sie uns dazu an!»

«Mein Freund», sagte Clerambault, «man darf die anderen nur dann zu einer gefährlichen Tat ermutigen, wenn man selber mittut. Mir sind die Aufhetzer, selbst wenn sie aufrichtig sind, unerträglich, all jene, die andere treiben, Märtyrer zu werden, ohne selbst das Beispiel zu geben. Es gibt nur einen Typus des wahrhaft heiligen Revolutionärs: das ist der Gekreuzigte. Aber nur sehr wenige Menschen sind für die Aureole des Kreuzes geboren. Der Hauptfehler besteht darin, sich selbst übermenschliche und unmenschliche Pflichten zu setzen. Es ist ungesund für die Mehrheit der Menschen, sich zum *Übermenschen** erheben zu wollen, und vielleicht für sie selbst nur eine Quelle unnützer Qualen. Aber jeder Mensch kann trachten, in seinem kleinen Kreise das innere Licht auszustrahlen, Ordnung, Frieden und Güte. Und das ist das wahre Glück.»

«Aber das genügt mir nicht», sagte Moreau. «Das läßt zuviel Raum für den Zweifel. Alles oder nichts.»

«Ja, eure Revolution hat keinen Raum für den Zweifel. Für euch heiße und harte Herzen, für euch geometrische Gehirne heißt es: alles oder nichts. Nur keinen Übergang! Aber, was wäre das Leben ohne Übergänge? Sind sie denn nicht seine Schönheit und seine Güte? Eine zerbrechliche Schönheit freilich, eine kraftlose Güte, überall Schwäche und Hunger nach Liebe. Man muß lieben, man muß helfen, Tag für Tag und Schritt für Schritt. Die Welt verwandelt sich nicht mit einem Schlag und niemals ganz, weder durch Gewaltstreiche noch durch Gnadenstöße. Aber Sekunde für Sekunde geht sie ins Unendliche hinüber, und der schlichteste Mann, der das fühlt, hat teil an der Unendlichkeit. Nur Geduld! Eine einzige Ungerechtigkeit, die man beseitigt, erlöst noch nicht die Menschheit, aber sie verklärt einen Tag. Und es werden andere kommen und andere Verklärungen, und jeder Tag bringt seine Sonne. Möchten Sie das verhindern?»

* Die mit einem Sternchen versehenen Kursivstellen sind auch im französischen Original deutsch.

«Wir können nicht warten», sagte Moreau. «Wir haben keine Zeit. Jeder Tag, den wir leben, stellt uns Probleme, die uns ganz aufzehren und die wir sofort lösen müssen. Wenn wir sie nicht beherrschen, werden wir ihnen untertan. Wir, damit meine ich nicht so sehr unsere Personen, wir sind ja schon Hingeopferte. Aber alles, was wir lieben, was uns noch dem Leben verbindet: die Hoffnung auf die Zukunft, das Heil der Menschheit... Fühlen Sie doch, wie diese quälenden Fragen um aller Zukünftigen willen uns bedrücken, um aller, die Kinder haben. Dieser Krieg ist ja noch nicht zu Ende, und es ist nur allzu klar, daß er durch seine Verbrechen und seine Lügen, neue, nahe Kriege heraufbeschwört. Wofür zieht man Kinder auf? Wofür wachsen sie heran? Vielleicht für ähnliche Schlächtereien? Welcher Ausweg ist da möglich? Man hat rasch ihre ganze Reihe erschöpft... Man könnte diese toll gewordenen Nationen, diese närrischen alten Kontinente verlassen und auswandern, aber wohin? Gibt es denn irgendwo auf dem Erdball noch fünfzig Joch Erde, die den freien anständigen Menschen Unterschlupf gewähren? Oder eine Wahl treffen? Sie sehen wohl, man muß sich entscheiden. Entweder für die Nation oder für die Revolution. Was bleibt denn sonst noch? Das Nichtwiderstreben gegen das Übel? Scheint Ihnen das wünschenswert? Das hat doch nur einen Sinn, wenn man gläubig ist, religiös gläubig, sonst wäre es nur die Resignation von Schafen, die sich hinschlachten lassen. Aber die meisten, leider Gottes, entscheiden sich für nichts und ziehen es vor, gar nicht zu denken, schauen krampfhaft von der Zukunft weg und lügen sich vor, daß das, was sie gesehen und gelitten haben, nun für ewige Zeiten vorüber sei... Darum müssen wir für jene eine Entscheidung fällen, ob sie wollen oder nicht, sie nach vorwärts treiben, sie retten gegen ihren eigenen Willen. Die Revolution, das sind immer nur einzelne Menschen, die für die ganze Menschheit etwas wollen.»

«Mir paßte es nicht sehr», antwortete Clerambault, «wenn jemand anderer für mich wollte, und ebensowenig, für einen anderen zu wollen. Ich möchte lieber jedem helfen, frei zu sein, und selbst der Freiheit keines anderen Menschen im Wege stehen. Aber ich weiß, ich verlange zuviel.»

«Sie verlangen das Unmögliche», sagte Moreau. «Wenn man einmal beginnt zu wollen, darf man nicht auf halbem Wege stehenbleiben. Es gibt nur zwei Arten Menschen: diejenigen, welche zuviel wollen – Lenin und alle Großen (es gibt ihrer wohl kaum mehr als zwei Dutzend in der ganzen Weltgeschichte) –, und dann die anderen, die zuwenig wollen, die das Wollen nicht verstehen. Das ist der große Rest, das sind wir, das bin ich selbst... Sie haben es nur zu gut erkannt... Mein ganzer Wille kommt nur aus Verzweiflung.»

«Warum denn verzweifeln?» sagte Clerambault. «Das Schicksal des Menschen formt sich jeden Tag, und keiner kennt es. Unser Schicksal ist das, was wir sind. Sind wir mutlos, so entmutigen wir es.»

Aber Moreau sagte niedergeschlagen:

«Nein, wir werden nicht stark genug sein, wir werden nicht stark genug sein... Glauben Sie, ich wüßte nicht, was für lächerlich geringe Erfolgsaussichten bei uns jetzt die Revolution hat? Jetzt, in der gegenwärtigen Zeit, nach den Verwüstungen, der ökonomischen Vernichtung, der Demoralisation, der tödlichen Müdigkeit, nach all diesen Dingen, die von den vier Kriegsjahren verschuldet sind?»

Und er fügte das Geständnis bei:

«Ich habe schon das erstemal gelogen, als ich Sie sah, als ich behauptete, alle meine Kameraden fühlten so stark wie wir das Leiden und die Erbitterung darüber. Gillot hat Sie richtig belehrt: wir sind nur ganz wenige. Die anderen sind meistens gute Kerle, aber schwache, schwache Naturen... Sie beurteilen die Dinge ziemlich richtig, aber statt mit dem Kopf gegen die Mauer zu rennen, ziehen sie vor, lieber gar nicht daran zu denken und sich mit Ironie schadlos zu halten. Ach, dieses französische Lachen, das ist unser Reichtum und auch unser Untergang! Es ist ja so schön, aber eine wie gute Handhabe für alle Unterdrücker. *Mögen sie Spott-*

lieder singen, wenn sie nur ihre Steuern zahlen, sagte jener Italiener, und bei uns heißt es: *Mögen sie lachen, wenn sie nur sterben.* Dazu kommt noch diese furchtbare Anpassungsfähigkeit, von der Gillot zu Ihnen sprach. Man kann den Menschen zu den tollsten und qualvollsten Lebensbedingungen treiben – wenn sie nur lange genug dauern und er sie innerhalb der Herde mitmacht, so gewöhnt er sich an alles, an das Warme und an das Kalte, an den Tod und das Verbrechen. Die ganze Kraft, die für den Widerstand nötig wäre, verbraucht man auf die Gewöhnung, und dann rollt man sich in irgendeine Ecke, ohne sich zu rühren, aus Angst, man könne mit irgendeiner Veränderung die eingeschläferte Qual wieder aufwecken. Ach, es lastet eine solche Müdigkeit auf uns allen! Wenn die Soldaten zurückkommen werden, dann werden sie nur einen Wunsch haben: zu vergessen und zu schlafen.»

«Und Lagneau, der Hitzkopf, der Tollkopf, der davon redet, alles krumm und klein zu schlagen?»

«Lagneau? Den kenne ich seit Kriegsausbruch. Ich habe gesehen, wie er eins nach dem andern war, Kriegsbegeisterter, Revanchetrompeter, Annexionist, Internationaler, Sozialist, Anarchist, Bolschewist und Je-m'en-fichiste. Er wird schließlich als Reaktionär enden und sich wieder hinausschicken lassen, um sich mit Hurra und Heil auf jeden Feind, den sich die Regierung unter unseren heutigen Feinden oder Freunden aussuchen wird, zu werfen. Und das Volk? Es ist unserer Ansicht, aber gleichzeitig auch der Ansicht der Gegner. Das Volk hat immer hintereinander alle Ansichten.»

«Sie sind also Revolutionär aus Verzweiflung?» sagte lachend Clerambault.

«Es gibt viele dieser Art unter uns.»

«Aber Gillot ist doch aus dem Krieg optimistischer zurückgekommen, als er jemals war?»

«Gillot kann vergessen», sagte bitter Moreau. «Ich neide ihm dieses Glück nicht.»

«Aber wir dürfen es ihm nicht zerstören», sagte Clerambault. «Helfen Sie Gillot. Er hat Sie nötig.»

«Mich?» staunte Moreau ungläubig.

«Er hat zu seiner Stärke notwendig, daß man an seine Kraft glaubt. So glauben Sie daran.»

«Kann man denn glauben wollen?»

«Sie wissen ja etwas davon... Nicht wahr, nein, man kann es nicht... Aber man kann glauben aus Liebe.»

«Aus Liebe zu jenen, die gläubig sind?»

«Glaubt man denn nicht immer nur aus Liebe, kann man denn anders gläubig sein als aus Liebe?»

Moreau war gerührt. Seine intellektuelle, von Wissensdurst brennende und verzehrte Jugend hatte, wie die der besten in der bürgerlichen Klasse, am Mangel brüderlicher Zuneigung gelitten. Menschliche Verbrüderung und Seelengemeinschaft ist ja aus der modernen Erziehung verbannt. Erst allmählich und mißtrauisch war dieses konstant unterdrückte Urgefühl in den Schützengräben, in diesen Gräbern der lebendig zusammengedrängten leidenden Leiber, wieder erwacht. Aber man hatte Scham, sich ihm hinzugeben. Die gemeinsame Verhärtung, die Furcht vor Sentimentalität, die Ironie umkrusteten das Herz. Erst seit der Krankheit Moreaus war die Umschalung von Stolz nachgiebiger geworden, und es kostete Clerambault keine Mühe, sie gänzlich zu zerbrechen. Die Wohltat, die von diesem Manne ausging, war, daß bei der Berührung mit ihm die Eigensucht in den Menschen hinschwand, denn er besaß selbst keine. Man zeigte sich ihm, wie er sich selbst allen zeigte, mit seiner wahren Natur, seinen Schwächen und all den Aufschreien, die sonst ein falscher Stolz zu ersticken sucht.

Moreau, der an der Front, ohne es sich offen einzugestehen, die Überlegenheit seiner Kameraden oder der Unteroffiziere, also von Menschen aus einer niedrigeren Schicht, erkannt hatte, fühlte für Gillot Sympathie und war glücklich, daß Clerambault an sie appellierte. Clerambault hatte seinen geheimsten Wunsch erweckt, einem andern eine Notwendigkeit zu sein.

Und ebenso flüsterte Clerambault Gillot die Anregung ein, Optimist für zwei zu sein und Moreau zu helfen. So fanden beide, in ihrem Bedürfnis, dem andern zu helfen, selbst eine Hilfe nach dem Gesetz des Lebens:

Wer gibt, der hat.

In welcher Zeit immer man lebt, und sei es auch eine der Zertrümmerung, so ist doch nichts verloren, solange noch in der Seele einer Rasse ein Funke der männlichen Freundschaft lebendig bleibt. Man muß ihn erwecken, muß die frierenden einsamen Herzen einander annähern, damit wenigstens eine der Früchte dieses Völkerkrieges, die Vereinigung der Elite der Klassen, die Verbrüderung der beiden Jugenden sei – jener aus der Welt der Arbeit und jener aus der des Gedankens –, die, indem sie sich ergänzen, die Zukunft erneuern sollen.

Ist der beste Weg zur Einigung der, daß keiner den andern beherrschen will, so muß auch das Gegenteil gültig sein, nämlich, daß keiner sich vom andern unterdrücken lassen darf. Gerade dazu aber trieb diese jungen Intellektuellen dieser revolutionären Gruppen eine seltsame Eigenliebe. Sie schulmeisterten verächtlich Clerambault im Namen des neuen Prinzips, das die Intellektuellen in den Dienst des Proletariats stellen wollte... *Dienen, dienen!** Das war das Schlußwort des einst so stolzen Richard Wagner, aber auch das Wort manch eines enttäuschten Stolzes. Manche wollen, sobald sie sehen, daß sie nicht Herr sein können, sofort Sklaven sein.

Am schwersten ist es in dieser Welt, dachte Clerambault, anständige Menschen zu finden, die einfach meinesgleichen sein wollen. Sind diese aber unauffindbar und bedarf es unbedingt einer Tyrannei, so ziehe ich noch diejenige, die einen Äsop und Epiktet körperlich zu Sklaven machte, aber ihren Geist vollkommen freigab, jener vor, die äußere Freiheit mit Seelenknechtschaft verbindet.

Durch diese Unduldsamkeit wurde er sich erst so recht seiner Unfähigkeit bewußt, sich irgendeiner Partei anzuschließen. Zwischen den beiden Möglichkeiten, der der Revolution und der des Krieges, konnte er (und er tat es auch offen) seine Vorliebe für die Revolution bekunden, denn sie allein bot ihm eine Hoffnung auf Erneuerung, indes die andere jede Zukunft tötete. Aber eine Partei vorziehen, bedeutet noch lange nicht, damit schon seine geistige Unabhängigkeit aufzugeben. In den Demokratien ist gerade die Auffassung so irrig und so widersinnig, daß alle die gleichen Pflichten hätten und dieselben Aufgaben. In einer kämpfenden Gemeinschaft sind die Aufgaben sehr verschieden. Während der Hauptteil der Armee dafür ficht, einen sofortigen Erfolg zu erzielen, müssen andere die ewigen Werte gegen den Sieger von morgen wie gegen den von gestern behaupten, denn sie schreiten ihnen voraus und erleuchten sie alle: ihr Licht glänzt fernhin auf den Weg, weit hinaus über den Qualm des Kampfes. Clerambault hatte sich zu lange von diesem Qualm den Blick trüben lassen, als daß er sich neuerdings in ein solches Getümmel stürzen wollte.

Aber in dieser Welt der Blinden ist schon die Bemühung, sehen zu wollen, ein Ungehöriges und vielleicht sogar ein Verbrechen.

Diese ironische Wahrheit wurde ihm während einer Unterhaltung so recht bewußt, in der einer dieser kleinen Saint-Justs ihm gerade den Text gelesen und ihn recht frech mit dem «Astrologen, der sich in die Tiefe des Brunnens fallen ließ» verglichen hatte.

> ... On lui dit: Pauvre bête,
> Tandis qu'à peine à tes pieds tu peux voir,
> Penses-tu lire au-dessus de ta tête?

Und da er nicht humorlos war, fand er den Vergleich nicht ganz unberechtigt. Gewiß, er gehörte ein wenig der Gemeinschaft jener an...

> ... De ceux qui bayent aux chimères,
> Cependant qu'ils sont en danger,
> Soit pour eux soit pour leurs affaires...

Aber wollte denn diese Republik auf die Astrologen verzichten, wie die erste Republik noch auf die Chemiker? Oder meint ihr, sie in Reih und Glied disziplinieren zu können? Dann ist zu erwarten, daß wir alle zusammen in den Grund des Brunnens hineinfallen. Wollt ihr das wirklich? Ich würde nicht nein sagen, handelte es sich nur darum, euer Schicksal zu teilen. Aber euern Haß will ich nicht teilen!

«Auch Sie haben Ihren Haß», antwortete ihm einer der jungen Leute.

Gerade in diesem Augenblick trat ein anderer mit einer Zeitung in der Hand herein und rief Clerambault zu:

«Meinen Glückwunsch, Ihr Feind Bertin ist tot...»

Der reizbare Journalist war innerhalb weniger Stunden von einer ansteckenden Lungenentzündung dahingerafft worden. Seit sechs Monaten hatte er wütend alle jene verfolgt, die er im Verdacht hatte, den Frieden zu suchen oder auch nur zu wünschen. Denn allmählich war er dazu gekommen, nicht nur im Vaterlande, sondern auch im Kriege selbst eine heilige Sache zu sehen. Unter den Opfern seiner Böswilligkeit war Clerambault sein beliebtestes. Bertin konnte nicht verzeihen, daß er gewagt hatte, seinen Angriffen standzuhalten. Die Erwiderung Clerambaults hatte ihn anfangs wütend gemacht. Als Clerambault dann aber verächtlich auf seine Anschuldigungen und Beschimpfungen kein Wort mehr erwiderte, verlor er jedes Maß. Seine gewaltsam aufgeblähte übermütige Eitelkeit war davon so verletzt, daß einzig die vollständige, restlose Vernichtung des Gegners ihn noch befriedigen konnte. Clerambault erschien ihm nicht mehr bloß als persönlicher Feind, sondern als Feind des Staates, als Hochverräter, und er setzte alle Mühe daran, dafür Beweise zu erbringen, stempelte ihn zum Zentrum eines großen pazifistischen Komplotts, dessen Lächerlichkeit zu jeder anderen Zeit jedem in die Augen gesprungen wäre. Aber damals hatte man keine Augen mehr. Gerade in den letzten Wochen überstieg die Polemik Bertins in Ansprung und Heftigkeit alles, was er bisher geschrieben hatte. Sie bedeutete eine wirkliche Drohung für all jene, die der Ketzerei des Friedenswillens schuldig oder verdächtig waren.

Mit lärmender Befriedigung wurde daher die Nachricht von seinem Tode in der kleinen Versammlung aufgenommen, und man hielt ihm seine Grabrede in einer Tonart, die an Energie nichts den Meistern dieser Gattung nachgab. Clerambault, in die Zeitung vertieft, hörte kaum zu, als einer, der an seiner Seite saß, ihm auf die Schulter klopfte und sagte:

«Nicht wahr, das macht Ihnen Vergnügen?»

Clerambault fuhr auf.

«Vergnügen!» sagte er. «Vergnügen!» wiederholte er.

Er nahm seinen Hut und ging weg.

Er trat auf die dunkle Straße, deren Lichter wegen eines Luftangriffalarms abgelöscht waren.

In seinen Gedanken sah er ein feines Knabengesicht voll warmer Blässe, mit schönen, zärtlichen, braunen Augen, gelocktem Haar, belebtem und lachendem Munde, mit klingendem Stimmfall... Bertin zur Zeit ihrer ersten Begegnung, als sie beide noch siebzehn Jahre alt waren. Und er gedachte ihrer langen, einsamen Nachtwachen, ihrer teuren Vertrautheit, ihrer Gespräche und Träume – denn auch Bertin träumte damals. Trotz all seines praktischen Sinnes, seiner frühreifen Ironie konnte er sich nicht unerfüllbarer Hoffnungen erwehren, nicht der edlen Projekte für eine neue Menschheit. Ach, wie die Zukunft doch ihren Kinderblicken schön erschienen war, und wie bei solchen Visionen in verzückten Augenblicken ihre beiden Herzen sich leidenschaftlich in liebender Freundschaft hingaben!

Und was hatte nun das Leben aus ihnen beiden gemacht! Was für eine hartnäckige Erbitterung, was für ein haßvolles Bestreben Bertins, seine eigenen Träume von einst und den Freund, der ihnen treu geblieben, zu Boden zu stampfen! Und er selbst, Clerambault, der sich vom gleichen mörderischen Sturm hinreißen ließ und versuchte Schlag auf Schlag den Gegner blutig zu treffen... der – voll Entsetzen gestand er sich's ein – im ersten Augenblick, als er vom Tode des einstigen Freundes hörte, eine Art Erleichterung empfunden hatte... Was für ein Dämon wirkt doch in uns, was für schlechte Instinkte steigen in uns auf?

In diesen Gedanken verloren, hatte er seinen Weg verfehlt. Er bemerkte, daß er in die entgegengesetzte Richtung ging statt nach Hause. Vom Himmel her, der vom Lichtkeil der Scheinwerfer durchschnitten war, hörte man furchtbare Explosionen. Zeppeline waren über der Stadt. Von den Festungswerken donnerten die Kanonen, Luftkämpfe spielten sich ab. Wofür zerrissen sich denn diese rasenden Völker? Um alle dorthin zu gelangen, wo jetzt Bertin war, in jenes Nichts, das gleichermaßen alle Menschen und alle Vaterländer erwartet, sie und alle anderen, die Revolutionäre, die andere Gewalttätigkeiten vorbereiten, andere mörderische Ideale den bisherigen entgegenstellen, neue Götzen der Schlächterei, die der Mensch sich selbst unablässig erschafft, um seine bösen Instinkte zu adeln.

Mein Gott, fühlen sie denn nicht die Dummheit ihres rasenden Tuns, im Angesicht der Sterbenden, mit deren jedem die ganze Menschheit in den Abgrund stürzt? Wie können Millionen Wesen, die doch nur einen Augenblick zu leben haben, sich so abmühen, diesen Augenblick durch ihren erbitterten und lächerlichen Ideenkampf sich so zur Hölle zu machen? Bettler sind sie alle, die einander für eine Handvoll Kupfermünzen, die man ihnen hinwirft, und die überdies falsch sind, gegenseitig erschlagen! Alle sind sie gleicherweise verurteilte Opfer, und statt sich zusammenzuschließen, kämpfen sie widereinander... Ach, ihr Unglücklichen, geben wir einander doch den Friedenskuß! Auf jeder Stirn, die an mir vorübergleitet, sehe ich den Schweiß des Todeskampfes...

Aber ein Menschenhaufen, Männer und Weiber, an denen er vorüberkam, brüllte und heulte vor Freude.

«Er fällt! Einer fällt! Die Schweinehunde verbrennen!»

Und die beutegierigen Vögel wiederum, die da oben schwebten, jauchzten in ihrem Herzen bei jedem Todeswurf, den sie über die Stadt säten. Waren sie nicht wie Gladiatoren, die sich gegenseitig in der Arena die Brust durchstoßen, nur damit ein unsichtbarer Nero zufrieden sei?

Oh, meine armen Brüder in Ketten!

Fünfter Teil

They also serve who only stand and wait.
Milton

NOCH EINMAL FAND ER SICH IN DER EINSAMKEIT wieder. Nun aber schien ihm die Einsamkeit, so wie er sie nie gesehen, schön und still, mit einem gütigen Antlitz, zärtlichen Augen und sanften Händen, die ihre beruhigende Kühle auf seine Stirn legten. Und diesmal wußte er, daß die göttliche Gefährtin ihn erwählt hatte.

Es ist nicht jedermanns Sache, allein zu sein. Viele klagen mit einem geheimen Stolz darüber, es zu sein, und durch Jahrhunderte klingt diese Klage, aber sie beweist, den Klagenden unbewußt, daß sie nicht Erwählte der Einsamkeit waren, nicht ihre Vertrauten. Sie haben nur die erste Tür aufgetan und warten gelangweilt im Vorraum. Doch sie haben nicht die Geduld gehabt zu warten, bis sie an die Reihe kamen einzutreten, oder ihr Aufbegehren hat sie wieder ausgestoßen. Man dringt nicht in das Herz der Einsamkeit ohne die Gabe der Gnade oder ohne fromm erduldete Prüfung. Es tut not, vor der Türe den Staub des Weges zurückzulassen, die lärmenden Stimmen der Außenwelt, die kleinen eigensüchtigen, eitlen Gedanken, den klagenden Aufruhr enttäuschter Liebe und verwundeten Strebens. Gleich den reinen orphischen Schatten, deren sterbende Stimme uns auf goldenen Täfelchen erhalten blieb, muß man nackt und allein die *dem Kreise der Schmerzen entflohene Seele der eisigen Quelle darbieten, die dem See des Erinnerns entspringt.*

Es ist das Wunder der Auferstehung. Wer seinen sterblichen Leib verläßt und meint, alles verloren zu haben, entdeckt, daß er jetzt in sein wahres Wesen tritt. Und nicht nur er selbst, auch die anderen sind ihm nun zurückgegeben, und er sieht, daß er sie bis jetzt noch nie besessen. Draußen im Getümmel konnte er nie über die Köpfe der nächsten hinwegsehen, und selbst dem nächsten, der, gegen seine Brust gepreßt, ihn fortschob, konnte er nicht lange in die Augen schauen. Es fehlt an Zeit und fehlt an Abstand. Man spürt nur das Zusammenstoßen von Körpern, die sich in ihren gemeinsam enggedrängten Schicksalen zerpressen und die der dichte Strom des Massenschicksals weiterdrängt. Seinen Sohn hatte Clerambault erst erkannt, als er schon tot war. Und die flüchtige Stunde, da er und seine Tochter sich erfühlten, war jene, wo schon alle Bande des verhängnisvollen Wahns vom Übermaß des Schmerzes gelöst waren.

Nun, da er auf dem Weg allmählichen Ausschaltens und Auslesens in die Einsamkeit gelangt und, wie man meinen sollte, von der Leidenschaft der Lebendigen abgeschieden war, nun fand er sie alle wieder in einer leuchtenden Vertrautheit. Alle, nicht nur die Seinen, seine Frau, seine Kinder, sondern alle die Wesen, die er bisher irrig mit seiner schönrednerischen Liebe zu umfassen gemeint hatte – alle malten sich auf dem Grunde seiner inneren Dunkelkammer ab. Am mächtigen Strom des Schicksals, der die Menschheit hinreißt, des Schicksals, das er mit ihr selbst verwechselt hatte, schienen ihm die Millionen Kämpfender wie ringende Balken in der Flut, und jeder Mensch war für sich eine Welt von Freude und Leiden, Traum und Bemühung. Und jeder Mensch war auch das *Ich*. Ich neige mich über ihn und sehe mich selbst. «Ich», sagen mir seine Augen, «Ich», sagt mir sein Herz. Ach, wie ich euch jetzt verstehe, wie doch eure Irrtümer die meinen sind. Selbst in der Erbitterung jener, die mich bekämpfen, erkenne ich dich, mein Bruder, ich lasse mich nicht täuschen: ich bin es selbst.

Von nun an begann Clerambault die Menschen nicht mehr mit seinen Augen zu sehen, mit den Augen unter seiner Stirn, sondern mit seinem Herzen. Er sah sie nicht mehr mit seiner Idee als Pazifist, als Tolstoianer (*was ja nur wiederum ein anderer Wahn ist*), sondern aus dem Denken jedes einzelnen heraus, indem er sich in ihn verwandelte. Und er entdeckte, er durchschaute die Menschen seiner Umgebung, gerade diejenigen, die ihm die feindlichsten waren, die Intellektuellen und die Politiker, er sah ihre Falten, ihre weiß gewordenen Haare, den bitteren Zug um den Mund, ihren gekrümmten Rücken und ihre gebrechlichen Beine, sah, wie sie angespannt, angekrampft waren und jeden Augenblick in Gefahr, zusammenzubrechen... Wie waren sie doch gealtert in den letzten sechs Monaten! Im Anfang hatte die Kampfbegeisterung sie noch aufgestrafft, aber je länger der Krieg fortdauerte, je mehr (was immer auch für einen Ausgang er nehmen würde) seine ungeheuren Verheerungen zur Gewißheit wurden, desto mehr lastete auf jedem die Trauer um Gefallene und die Furcht, das wenige, was ihm geblieben war und das für ihn ein Unendliches bedeutete, zu verlieren. Sie taten alles, um ihre Angst nicht zu verraten, mit der äußersten Qual preßten sie die Zähne zusammen, aber selbst bei den Gläubigsten unter ihnen war die Wunde des Zweifels offen... Freilich, man mußte schweigen! Darüber durfte man nicht sprechen; es aussprechen, hieß sich selbst vernichten... Clerambault, der sich an Frau Mairet erinnerte, gelobte sich, von Mitleid durchdrungen, zu schweigen. Aber es war schon zu spät, man kannte seine Anschauungen, er war gewissermaßen die lebendige Verneinung, das wandelnde Gewissen. Man haßte ihn, aber Clerambault war ihnen darum nicht mehr böse. Am liebsten hätte er ihnen geholfen, ihre Illusionen wieder neu aufzubauen.

Von welch tragischer Größe, wie bemitleidenswert wird doch diese Leidenschaft einer Überzeugung im Innern einer Seele gerade dann, wenn sie sich selbst ihrer nicht mehr sicher fühlt. Bei den Politikern bedient sich diese Leidenschaft des lächerlichen Apparats der scharlatanhaften Deklamation, bei den Intellektuellen des tollen Trotzes krankhaft überreizter Gehirne. Aber desungeachtet sah man überall die unheilbare Wunde, hörte den Angstschrei nach Gläubigkeit, den Schrei nach dem heroischen Wahn. Bei den jungen und schlichteren Menschen nahm diese Gläubigkeit einen rührenden Charakter an, bei ihnen gab es nicht dieses Pathos, dieses vorgetäuschte Allwissen. Nur den Schwur ekstatischer Liebe kannten sie, die alles hingegeben hat und dafür nur ein Wort erwartet, die Antwort: «Ja, es ist wahr, du lebst, meine Geliebte, mein Vaterland, du göttliche Macht, die mir das Leben und alles, was ich liebte, genommen hat...» Und man fühlte ein Verlangen, sich hinzuknien vor diesen armen, kleinen Trauerkleidern, diesen Müttern, Bräuten und Schwestern, ihre abgemagerten Hände zu küssen, die vor Hoffnung und Furcht eines Jenseits zitterten, und zu sagen: «Weint nicht! Ihr werdet getröstet sein!»

Aber wie sie trösten, wenn man nicht an jenes Ideal glaubt, das sie leben läßt und das sie tötet? Ohne daß er sie kommen gefühlt, war die lange gesuchte Antwort endlich ihm nahe geworden, die Antwort:

Man muß die Menschen mehr als den Wahn und mehr als die Wahrheit lieben.

Die Liebe Clerambaults fand keine Gegenliebe. Niemals war er mehr attackiert worden, obwohl er schon seit Monaten keine Zeile mehr veröffentlicht hatte, und im Herbst 1917 erreichten die Angriffe gegen ihn ein ganz unerhörtes Maß von Gewalttätigkeit. Lächerlich war dieses Mißverhältnis zwischen der schwachen Stimme dieses einzelnen Mannes und jenen Wutausbrüchen, doch dieses Mißverhältnis ergab sich gleicherweise in allen Ländern der Welt. Ein Dutzend armseliger, isolierter, engumschlossener Pazifisten, die keine Möglichkeit besaßen, in irgendeiner großen Zeitung zu Worte zu kommen, und die ihre gewiß rechtliche, aber doch nicht weitklingende Stimme kaum erheben konnten, entfesselte eine wahre Frenesie von Beschimpfungen und Drohungen gegen sich. Beim kleinsten Widerspruch verfiel das vielköpfige Ungeheuer, die öffentliche Meinung, sofort in Epilepsie. – Der weise Perrotin, der sich sonst über nichts wunderte, der klug abseits geblieben war und Clerambault in sein Verderben rennen ließ (da sein Herz es so wollte), erschrak im stillen vor diesem aufschäumenden Übermaß tyrannischer Dummheit. Ist man einmal in der Geschichte um Jahre über solche Zeiten hinaus, so wird man darüber lächeln, aber von nahe gesehen, merkte man, daß die menschliche Vernunft damals dicht vor dem Zusammenbruche stand. Man mußte sich fragen, warum gerade in diesem Kriege die Menschen viel allgemeiner ihre Ruhe verloren hatten als in jedem anderen der Vergangenheit. Ist er denn wirklich gewalttätiger gewesen? Kinderei! Und bewußtes Vergessen alles dessen, was zu unserer Zeit vor unseren Augen geschehen ist in Armenien, auf dem Balkan, bei der Niederdrückung der Commune, in Kolonialkriegen und bei den neuen Conquistadores Chinas und des Kongos... Von allen Wesen der Erde ist, wir wissen es ja, der Mensch das grausamste Tier. – Oder kam es davon, daß sich die Menschen besonders auf diesen Krieg vorbereitet hatten? Im Gegenteil! Die Völker des Abendlandes waren an einem Punkt der Entwicklung angelangt, wo der Krieg dermaßen absurd wird, daß es unmöglich ist, ihn bei voller, bewußt bewahrter Vernunft durchzuführen. Deshalb war es nötig, die Vernunft zu betäuben, zu delirieren, wollte man nicht den Tod erleiden, den Tod durch Verzweiflung oder durch den schwärzesten Pessimismus. Deshalb regte auch die Stimme eines einzelnen, der seine Vernunft behalten hatte, die anderen, die alle gewaltsam vergessen wollten, so zum Zorn auf, denn sie hatten Angst, diese Stimme könne sie selbst erwecken und sie würden ernüchtert, nackt sich selbst und ihrer ganzen Schmach ins Auge sehen müssen.

Überdies war damals die Situation für den Krieg ungünstig. Die große neu angefachte Hoffnung auf den Sieg und den Ruhm verflüchtigte sich, denn immer klarer wurde es, von welcher Seite man auch das Problem betrachtete, daß der Krieg für alle Beteiligten ein sehr schlechtes Geschäft sein würde. Weder die materiellen Interessen noch der Ehrgeiz, noch der Idealismus schienen auf ihre Rechnung zu kommen, und diese bittere bald bevorstehende Enttäuschung, daß Millionen Menschen ohne Resultat aufgeopfert sein sollten, ließ die Menschen, die sich moralisch verantwortlich fühlten, vor Wut schäumen. Sie hatten nur zwei Möglichkeiten, entweder sich selbst anzuklagen oder sich an anderen zu rächen. Und da fiel ihnen die Wahl natürlich nicht schwer. Wer diesen Mißerfolg vorausgesehen und alles darangesetzt hatte, ihn zu verhindern, den machten sie nun verantwortlich für das Mißlingen. Jeder Rückzug in der Armee, jede Dummheit der Diplomaten suchte sich sofort mit einer pazifistischen Machination zu entschuldigen. Diesen Menschen, die niemand kannte, die bei niemand beliebt waren und auf die niemand hörte, schrieben ihre Gegner eine ungeheure Macht zu, eine ganze Organisation der Niederlage. Und damit niemand sich darüber täusche, daß sie nicht den starken Sieg wollten, hing man ihnen das Wort *Flaumacher* um den Hals. Es fehlte nur noch, daß man, so wie einst in der guten alten Zeit die Ketzer, sie auch verbrannte. Der Henker war noch nicht zur Stelle, wohl aber die Henkersknechte.

Um in Schwung zu kommen, hielt man sich zunächst an ungefährliche Leute, an Frauen, Lehrer, die niemand kannte und die sich schlecht zu verteidigen wußten. Dann erst suchte man sich die saftigeren Bissen aus. Für gerissene Politiker war das eine ausgezeichnete Gelegenheit, sich gefährlicher Rivalen zu entledigen, die einige unangenehme Geheimnisse ihrer Herren von gestern wußten. Und nach dem alten Rezept vermischte man dann in geschickter Weise die Anklagen, nähte gemeine Schwindler und jene Menschen, deren Charakter oder Geist beunruhigte, in denselben Sack, damit bei diesem Mischmasch das verdutzte Publikum nicht einmal mehr versuchen konnte, einen anständigen Menschen von einem Lumpen zu unterscheiden. Wer noch nicht genügend durch seine Tätigkeitkeit kompromittiert war, galt dann als kompromittiert durch seine Bekanntschaft und seine Beziehungen. Und fehlten auch diese, so konnte man sie ja herbeischaffen, sie wurden ganz nach Maß des Anklageaktes jederzeit rasch zurechtgeschnitten.

War es festzustellen, ob Xavier Thouron im bestellten Auftrage Clerambault aufsuchte? Es wäre wohl möglich gewesen, daß er aus eigenem Antrieb kam, freilich, wer konnte sagen, zu welchem Zweck. Wußte er es selbst? Im Sumpf der Großstadt gibt es immer skrupellose, fieberhaft tätige arbeitsscheue Abenteurer, die überall wie die Wölfe herumschnüffeln und suchen, quem devorent. Ihr Hunger und ihre Neugier sind ungeheuer, und alles dient ihnen dazu, dieses bodenlose Faß zu füllen. Schwarz oder Weiß, sie tun alles ohne Gewissensbedenken, sie sind ebenso bereit, einen ins Wasser zu werfen, wie hineinzuspringen, um ihn herauszuziehen. Um ihr Leben haben sie keine Angst, sie wollen nur das Tier in sich füttern und amüsieren. Wenn solche Menschen nur für einen Augenblick aufhörten, ihre Grimassen zu schneiden und zu schlingen, würden sie an Langeweile und Selbstabscheu zugrunde gehen. Aber damit hat es keine Not, dazu sind sie zu klug; sie verlieren keine Zeit damit, darüber nachzudenken, wie sie «in Schönheit sterben» könnten.

Niemand hätte recht sagen können, was Thouron eigentlich wollte, als er Clerambault aufsuchte. Wie immer war er ausgehungert, herumgehetzt, ziellos und nach einem Braten schnuppernd. Er gehörte zu den Seltenen seiner Klasse (und damit zum Typ des großen Journalisten), die, ohne sich die

Mühe zu nehmen, das, worüber sie sprechen, zuvor zu lesen, sich doch rasch eine lebendige, blendende und oft wie durch ein Wunder sogar ziemlich richtige Vorstellung machen können. Ohne zuviel Irrtümer entwickelte er Clerambaults «Evangelium» und tat so, als ob er daran glaube. Vielleicht glaubte er wirklich daran, solange er sprach. Warum auch nicht? Er war ja auch zu gewissen Stunden Pazifist. Das hing vom Wind ab, der gerade wehte, von der Haltung gewisser Kollegen, denen er gerade nachbetete oder denen er widersprach. Clerambault war von seinen Worten berührt. Nie hatte er sich ganz das kindliche Vertrauen in den ersten besten, der ihn um Hilfe bat, abgewöhnen können, und dann war er von den gegnerischen Zeitungen nicht allzu verwöhnt. In der Überfülle des Herzens ließ er sich also seine geheimsten Gedanken entlocken.

Der andere nahm sie in scheinbarer Ergebenheit auf.

Eine so eng eingegangene Bekanntschaft konnte nicht auf diesem Punkt stehenbleiben. Ein Briefwechsel begann zwischen den beiden, in dem der eine sprach und der andere ihn zum Sprechen verlockte. Thouron wollte durchaus Clerambault bereden, seine Gedanken in kleinen populären Traktaten auszusprechen, und bot sich an, sie in den Arbeiterkreisen zu verbreiten. Clerambault zögerte und sagte schließlich nein, und zwar nicht deshalb, weil er aus Prinzip (wie es heuchlersich die Anhänger der bestehenden Ordnung und Ungerechtigkeit tun) die geheime Propaganda einer neuen Wahrheit mißbilligte, wenn keine öffentliche möglich war – jede unterdrückte Wahrheit flüchtet sich ins Unterirdische, in die Katakomben –, sondern er sagte nein, weil er sich seinerseits für eine solche Form der Wirksamkeit nicht bestimmt fühlte. Seine Aufgabe war, ganz offen zu sagen, was er dachte, und die Folgen seiner Worte auf sich zu nehmen. Das Wort mußte sich dann durch sich selbst verbreiten – seine Aufgabe konnte nicht sein, es den Menschen ins Haus zu tragen. Überdies warnte ihn ein geheimer Instinkt – er wäre errötet, hätte er sich erlaubt, ihn wach werden zu lassen –, eine Art von Mißtrauen gegen die dienstfertig angebotene Hilfe seines neuen Commis voyageur. Freilich konnte er dessen Eifer nicht immer im Zaume halten. Thouron veröffentlichte in seiner Zeitung eine Verteidigung Clerambaults, erzählte darin über seine Gespräche und Besuche, entwickelte die Gedanken seines Meisters und kommentierte sie. Clerambault war sehr erstaunt, als er seine eigenen Gedanken dort las, denn er kannte sie in dieser Form nicht wieder. Dennoch konnte er aber seine Vaterschaft nicht verleugnen, denn in die Kommentare Thourons waren Zitate aus seinen Briefen eingefügt, deren Text vollkommen korrekt war. Freilich erkannte er sich in diesen noch weniger, denn dieselben Sätze nahmen in den Zusätzen, in die sie eingepfropft waren, einen Akzent und eine Farbe an, die er ihnen nie gegeben hatte. Dazu kam, daß die Zensur, besorgt um das Heil des Staates, hie und da aus den Zitaten eine halbe Zeile oder ganze Zeilen und ganz unschuldige Absätze herausgeschnitten hatte, deren Unterdrückung natürlich dem überreizten Gefühl des Lesers die ungeheuerlichsten Dinge suggerierte. Die Wirkung dieser Veröffentlichung ließ selbstverständlich nicht auf sich warten; es war Öl ins Feuer, und Clerambault wußte nicht, welche Heiligen er anrufen sollte, um seinen Verteidiger zum Schweigen zu bringen. Böse konnte er ihm freilich nicht sein, denn Thouron bekam auch sein gutes Teil an Drohungen und Beschimpfungen ab, nahm sie aber entgegen, ohne mit der Wimper zu zucken. Sein Fell war schon von früher reichlich gegerbt.

Daß sie beide gemeinsam beschimpft worden waren, schien Thouron ein Verfügungsrecht über Clerambault zu geben. Zuerst versuchte er, ihm Aktien seiner Zeitung anzuhängen, und nahm ihn dann, ohne ihn vorher zu verständigen, öffentlich in das Ehrenkomitee seines Blattes auf. Er war sehr ungehalten darüber, daß Clerambault, der erst einige Wochen später davon erfuhr, damit nicht zufrieden war, und von nun ab erkalteten die Beziehungen, obwohl

Thouron nicht aufhörte, deshalb doch von Zeit zu Zeit in seinen Artikeln den Namen seines «berühmten Freundes» wie eine Fahne zu hissen... Clerambault ließ es ruhig geschehen, überglücklich, ihn um diesen Preis los zu sein. Und er hatte ihn schon ganz aus den Augen verloren, als er eines Tages hörte, Thouron sei verhaftet. Man beschuldigte ihn irgendeiner schmutzigen Geldangelegenheit, in der die öffentliche Erregtheit natürlich die Hand des Feindes sehen wollte. Die dem von höherer Stelle gegebenen Wink immer gehorsame Justiz fand natürlich zwischen diesen Mogeleien und der sozusagen pazifistischen Tätigkeit, die Thouron in seinem Blatte abwechselnd mit plötzlichen Anfällen von Kriegswut ab und zu, aber nie regelmäßig und bewußt, entwickelt hatte, Zusammenhänge. Selbstverständlich machte man ihn zum Teilhaber an dem Defätistenkomplott. Und die Beschlagnahme seiner Korrespondenz gab nun gute Gelegenheit, alle diejenigen zu kompromittieren, die man gerade kompromittieren wollte. Thouron hatte sich sorgfältig alle an ihn gerichteten Briefe aufbewahrt, es waren darunter solche von allen Parteien, und nun konnte man nach Belieben auswählen. Und man wählte.

Clerambault erfuhr durch die Zeitungen, daß auch er zu den Erwählten zählte. Nun jubelten sie! Endlich hatte man ihn erwischt! Jetzt erklärte sich ja alles. Denn nicht wahr, dafür, daß irgendein Mensch anders denkt als die ganze Welt, dafür muß doch irgendein unterirdischer, niedriger Beweggrund vorhanden sein! Man muß ihn nur suchen, dann wird man ihn schon finden... Nun hatte man ihn gefunden. Ohne weiteres abzuwarten, kündigte ein Pariser Blatt öffentlich den «Verrat» Clerambaults an. In den Akten der Justiz war dafür natürlich kein Beleg, aber die Justiz ließ es ruhig sagen und berichtigte nicht, es ging sie ja nichts an. Vergebens bat Clerambault den Untersuchungsrichter, zu dem er berufen ward, man möchte ihm doch sagen, was für ein Delikt er begangen habe. Der Richter war höflich, zeigte alles Entgegenkommen, das einem Mann seines Namens gebührte, schien aber keine Eile zu haben, zu einem Ende zu kommen. Es war, als ob er noch auf irgend etwas wartete... Worauf? – Auf das Delikt.

Frau Clerambault hatte nichts von einer antiken Römerin oder von dem Geiste der stolzen Jüdin in der berühmten Affäre, die Frankreich vor ungefähr zwanzig Jahren in einen leidenschaftlichen Widerspruch zerriß – von jenen Frauen, die gerade durch die öffentliche Ungerechtigkeit gegen ihren Mann nur noch enger mit ihm verbunden werden. Ihr wohnte jener Instikt ängstlichen Respekts der französischen Bourgeoisie vor der staatlichen Justiz inne, und obwohl sie guten Grund hatte zu wissen, daß die Beschuldigungen gegen Clerambault nicht stichhaltig waren, so schien ihr die Tatsache selbst, daß er überhaupt unter Anklage stand, schon eine Unehre, von der sie sich beschmutzt fühlte. Sie konnte nicht schweigend darüber hinwegkommen. Clerambault fand als Antwort auf ihre Vorwürfe, ohne es selbst zu wollen, gerade die Form, die sie am meisten außer sich brachte. Statt ihr zu entgegnen oder zum mindesten sich zu verteidigen, sagte er nur:

«Du Arme... Ja, ja, ich verstehe dich ja... Es ist ein Unglück für dich... Ja, ja, du hast ja recht...»

Und er wartete, bis das Unwetter vorüber war. Diese ruhige Hinnahme brachte Frau Clerambault, die wütend war, ihm nicht beikommen zu können, gänzlich aus der Fassung. Denn sie fühlte vollkommen, daß er nichts an seiner Handlungsweise ändern würde, obwohl er ihr recht gab. Aus Verzweiflung ließ sie ihm das letzte Wort und schüttete ihre ganze Erbitterung vor ihrem Bruder aus. Léo Camus war der letzte, ihr zur Nachsicht zu raten, er schlug ihr vielmehr vor, sich scheiden zu lassen, ja, er stellte ihr dies sogar als ihre Pflicht hin. Aber das war zuviel verlangt. Der traditionelle Abscheu vor der Ehescheidung ließ in dieser braven Bürgerfrau erst so recht das Bewußtsein ihrer tiefen Treue erwachen. Das Heilmittel schien ihr schlimmer als das Übel. So blieben die beiden Eheleute zusammen, aber die Innigkeit ihrer Gemeinschaft war dahin.

Rosine war fast immer abwesend. Um ihre Qual zu vergessen, bereitete sie sich für eine Krankenpflegerinprüfung vor und verbrachte den größten Teil des Tages außerhalb des Hauses. Aber auch wenn sie daheim war, weilten ihre Gedanken anderwärts. Clerambault hatte die einstige Stellung im Herzen seiner Tochter verloren, ein anderer hatte sie inne: Daniel. Sie blieb kühl gegenüber den zärtlichen Annäherungen ihres Vaters: es war dies für sie eine Art, ihn dafür zu bestrafen, daß er absichtslos den Bruch mit dem Freunde verursacht hatte. Sie war sich vollkommen dieser Abwehr bewußt und zu gerecht, um sich daraus nicht einen Vorwurf zu machen. Aber das änderte nichts an ihrem Verhalten: ungerecht sein, erleichtert das Herz.

Auch Daniel vergaß nicht, daß er unvergessen war. Er mochte seine Handlungsweise nicht sehr rühmenswert finden und schob, um allen Gewissensbissen auszuweichen, die Verantwortung dafür seiner Umgebung zu, deren tyrannischer Meinungszwang ihn gebunden hätte. Aber im Innersten war er nicht recht befriedigt.

Der Zufall kam den beiden schmollenden Verliebten zu Hilfe. Ernstlich, wenn auch nicht gefährlich verletzt, wurde Daniel nach Paris zurückgebracht. Während seiner Rekonvaleszenz begegnete er Rosine vor dem Bon Marché. Er zögerte einen Augenblick, doch sie tat nicht desgleichen, sondern kam auf ihn zu; sie gingen zusammen über den Platz und begannen eine lange Unterhaltung, die nach anfänglichem Zögern und einem Hin und Her von Vorwürfen und Geständnissen schließlich zu einer völligen Einigung führte. Und so sehr waren die beiden in ihre zärtliche Auseinandersetzung vertieft, daß sie Frau Clerambault nicht vorüberkommen sahen. Die gute Frau, wütend über diese für sie unerwartete Begegnung, lief schleunigst nach Hause, die Neuigkeit Clerambault zu übermitteln, denn trotz ihrer

Unstimmigkeiten konnte sie vor ihm nicht schweigen. Auf ihre aufgeregte Erzählung – denn die Intimität ihrer Tochter mit einem Manne, dessen Familie sie beleidigt hatte, schien ihr unerhört unstatthaft – erwiderte Clerambault nach seiner neuen Gewohnheit zunächst nichts. Dann lächelte er, hob den Kopf und sagte schließlich:

«Das ist ja ausgezeichnet.»

Frau Clerambault unterbrach sich, zuckte mit den Achseln und machte Miene, aus dem Zimmer zu gehen. Bei der Tür aber wandte sie sich noch einmal um und sagte empört:

«Diese Leute haben dich und deine Tochter beleidigt, und ihr waret beide einer Meinung, man solle nicht mehr mit ihnen verkehren. Jetzt macht deine Tochter, die sich von ihnen hat zurückweisen lassen, ihnen wieder Avancen, und du findest das ausgezeichnet! Das soll der Teufel verstehen... Ihr seid ja Narren.»

Clerambault versuchte ihr zu erklären, daß das Glück seiner Tochter nicht darin bestünde, seiner Meinung zu sein, und daß Rosine nur recht hatte, für ihren Teil die Dummheiten ihres Vaters gutzumachen.

«Deine Dummheiten... nun», sagte Frau Clerambault, «das ist das erste vernünftige Wort, das du in deinem ganzen Leben ausgesprochen hast.»

«Siehst du», antwortete Clerambault.

Er ließ sich von ihr versprechen, Rosine nichts zu sagen, damit sie ganz frei ihren kleinen Liebesroman durchführen könne.

Als Rosine heimkehrte, strahlte ihr Gesicht, aber sie erzählte nichts. Für Frau Clerambault war es eine große Anstrengung zu schweigen, Clerambault dagegen beobachtete mit zärtlichem Behagen, wie das Glück wieder im Gesicht seiner Tochter strahlte. Er wußte nicht genau, was vorgefallen war, aber er konnte es sich wohl denken – nämlich, daß Rosine ihn ganz einfach über Bord geworfen hatte. Zweifellos hatten die beiden Verliebten sich auf Kosten ihrer Eltern geeinigt und mit wundervoller Gleichmütigkeit die gegenseitigen Übertreibungen ihrer alten Leute einander preisgegeben. Daniel war in den Leidensjahren des Schützengrabens, ohne in seinem Patriotismus erschüttert zu sein, doch vom engherzigen Fanatismus seiner Familie frei geworden, Rosine wiederum – sie handelten Zug um Zug – hatte sanft zugegeben, daß ihr Vater im Irrtum war. Ihr frommes und ein wenig gleichgültiges Herz fand sich leicht mit der stoischen Unterwerfung Daniels unter die herrschende Ordnung zusammen, und sie hatten beschlossen, gemeinsam ihren Weg zu gehen, ohne sich weiterhin zu kümmern um die Zänkereien der Alten, die vor ihnen waren und die sie nun hinter sich zurückließen. Über die Zukunft machten sie sich weiter keine Sorgen. So wie all die Millionen Wesen verlangten sie von der großen Welt nichts als ihr Teil an augenblicklichem Glück und schlossen die Augen vor dem Rest.

Frau Clerambault war aus dem Zimmer gegangen, verärgert darüber, daß ihre Tochter nichts von der Begegnung erzählt hatte. Clerambault und Rosine träumten vor sich hin, er vor dem Fenster, seine Zigarre rauchend, Rosine, eine Zeitung in der Hand, in der sie nicht las. Mit ihren irrenden und glücklichen Augen versuchte sie, sich noch einmal die Einzelheiten ihrer eben erlebten Augenblicke wieder vorzumalen, da begegneten sie dem müden Gesicht ihres Vaters. Es war ein Ausdruck von Melancholie darin, die sie erschütterte. Sie stand auf, stellte sich hinter ihn, legte ihm die Hand auf die Schulter und sagte mit einem kleinen Seufzer von Mitleid, der aber doch ihre innere Zufriedenheit nicht ganz verbergen konnte:

«Armer Papa!»

Clerambault hob die Augen, sah Rosine an, deren Züge gegen ihren eigenen Willen noch ganz hell und strahlend waren.

«Das kleine Mädchen aber», sagte er, «ist also nicht mehr arm?»

Rosine errötete. «Warum sagst du das?» fragte sie.

Clerambault drohte mit dem Finger. Rosine neigte sich

von rückwärts über ihn, lehnte ihre Wange an die Wange ihres Vaters.

«Es ist also nicht mehr arm?» wiederholte er.

«Nein», sagte Rosine, «im Gegenteil, sie ist jetzt sehr reich.»

«So sag doch ein wenig, was hat sie alles?»

«Sie hat... natürlich zunächst ihren lieben Papa...»

«Oh, die kleine Lügnerin», sagte Clerambault, während er versuchte sich von ihr loszumachen und ihr in die Augen zu sehen.

Aber Rosine bedeckte ihm die Augen und den Mund mit der Hand.

«Nein, ich will nicht, daß du mich anschaust, ich will nicht, daß du noch weiterredest.»

Und sie umarmte ihn und sagte dann nochmals, während ihre Hand ihn umschmeichelte:

«Armer Papa!»

Den Sorgen des Hauses war sie nun glücklich entkommen, und bald flog sie ganz aus dem Nest. Nach erfolgreicher Absolvierung ihrer Pflegerinprüfung wurde sie in ein Provinzspital gesandt: nun fühlten die Clerambaults noch schmerzlicher die Leeres ihres Heims.

Der Einsamere von ihnen war aber nicht Clerambault. Er wußte es und beklagte aufrichtig seine Frau, die weder stark genug war, ihm zu folgen, noch sich von ihm loszulösen. Er für seinen Teil konnte, was immer auch geschah, auf gewisse Sympathien zählen, ja, es war sogar gewiß, daß gerade eine Verfolgung neue erwecken und die bisher zurückgehaltenen ans Tageslicht bringen würde. Und eben in diesem Augenblick war eine sehr teure Zuneigung zu ihm gekommen.

Eines Tages, als er allein in seinem Zimmer saß, läutete es, er ging hinaus und öffnete die Tür. Eine Dame, die er nicht kannte, überreichte ihm einen Brief und sagte, er sei für ihn bestimmt. Im Dunkel des Vorraumes glaubte sie anfangs, es mit einem Diener zu tun zu haben, und merkte erst später ihren Irrtum. Er wollte sie bitten einzutreten, aber sie sagte:

«Nein, ich bin nur die Überbringerin.»

Sie ging wieder fort, aber kaum daß sie gegangen war, bemerkte er ein kleines Veilchensträußchen, das sie auf den Schrank bei der Tür hingelegt hatte.

Im Briefe aber stand:

Tu ne cede malis, sed contra audentior ito!
Sie kämpfen für uns, und Ihr Herz ist in uns. Geben Sie uns Ihre Leiden, ich gebe Ihnen meine Hoffnung, meine Kraft, meine Liebe – ich, der ich nicht mehr tätig sein kann, der nur durch Sie tätig zu sein vermag.

Die jugendliche Inbrunst und die letzten, ein wenig mysteriösen Worte bewegten und erregten Clerambault. Er versuchte sich das Bildnis seiner Besucherin zu erwecken. Sie war nicht mehr ganz jung gewesen: ziemlich scharfe Züge, dunkle und ernste Augen, die leise aus dem matten Antlitz lächelten. Wo hatte er sie nur schon gesehen? Aber trotz aller inneren Mühe verschwand das Bild immer mehr.

Schon einige Tage später fand er die Fremde in einer Allee des Luxembourg-Gartens einige Schritte vor sich wieder. Sie ging an ihm vorbei, aber er überquerte die Allee, um ihr zu begegnen. Sie blieb stehen, als sie ihn kommen sah. Er dankte ihr und fragte sie, warum sie so rasch fortgegangen sei, ohne sich ihm bekannt zu machen? In diesem Augenblick bemerkte er, daß er sie seit langem kannte. Schon oft war er ihr früher im Luxembourg-Garten oder den umliegenden Straßen mit einem großen Jungen, offenbar ihrem Sohne, begegnet, und immer, wenn er an ihnen vorbeikam, hatten ihn ihre Blicke mit einem leisen Lächeln vertrauter Ehrfurcht begrüßt, und ohne daß er ihren Namen wußte, ohne daß er jemals mit ihnen ein Wort gewechselt hatte, gehörten sie für ihn zu jenen lieben und vertrauten Schatten, die unser tägliches Leben begleiten und die wir nicht immer bemerken, solange sie neben uns sind, die uns aber sofort eine Leere fühlen lassen, sobald sie verchwinden. Deshalb übertrug sich unbewußt auch sein Gedanke von der Frau vor ihm auf den jungen Begleiter, der ihm an ihrer Seite fehlte, und er sagte mit einer plötzlichen unvorsichtigen Eingebung (unvorsichtig, denn wer weiß in diesen Zeiten der Trauer jene, die noch in der Welt der Lebendigen sind?):

«War es Ihr Sohn, der an mich geschrieben hat?»

«Ja», sagte sie, «er liebt Sie sehr. Wir lieben Sie seit langem.»

«Er soll doch zu mir kommen!»

Ein Schatten von Traurigkeit verhüllte das Antlitz der Mutter.

«Er kann ja nicht.»

«Wo ist er denn? An der Front?»

«Nein, hier.»

Nach einem Augenblick des Schweigens fragte Clerambault:

«Ist er verwundet?»

«Wollen Sie ihn sehen?» antwortete die Mutter.

Clerambault begleitete sie. Sie schwieg, und er wagte nicht zu fragen. Er sagte nur:

«Zum mindesten haben Sie ihn um sich.»

Sie verstand und reichte ihm die Hand.

«Wir stehen einander sehr nahe.»

Er wiederholte:

«Aber Sie haben ihn wenigsens noch.»

«Ich habe seine Seele», sagte sie.

Sie waren zu dem Haus gelangt, einem jener alten Gebäude aus dem 17. Jahrhundert, in einer der engen und noch historisch erhaltenen Straßen zwischen dem Luxembourg und Saint-Sulpice, in denen noch die zusammengehaltene Schönheit des alten Paris sichtbar geblieben ist. Die große Tür selbst war tagsüber geschlossen, Frau Fromemt ging Clerambault voraus, stieg am Ende des steingepflasterten Hofes ein paar Schwellen empor und schloß die Tür der ebenerdig gelegenen Wohnung auf.

«Mein kleiner Edme», sagte sie, während sie die Zimmertür auftat, «eine Überraschung für dich! ... Rate einmal!»

Clerambault sah im Bett einen jungen Mann ausgestreckt, der ihn ansah. Das blonde Antlitz des Fünfundzwanzigjährigen, dem die Abendsonne einen rötlichen Schein gab, war von klugen Augen erhellt und schien so gesund und ruhevoll, daß man gar nicht auf den Gedanken einer Krankheit kam, wenn man ihn sah.

«Sie!» sagte er. «Sie hier!»

Eine freudige Überraschung verjüngte noch mehr seine knabenhaften Züge, aber weder sein Leib noch seine Arme machten eine Bewegung unter der Decke. Und Clerambault merkte, daß nur sein Kopf wirklich lebendig war.

«Mama hat mich verraten», sagte Edme Froment.

«Sie wollten mich also nicht sehen?» fragte Clerambault und neigte sich über sein Kissen.

«Das will ich nicht sagen», antwortete Edme, «ich möchte nur nicht gern gesehen werden.»

«Und warum denn?» fragte Clerambault gutmütig, mit einer leichten Anstrengung, heiter zu scheinen.

«Weil man niemand einladet, wenn man nicht mehr zu Hause ist.»

«Wo sind Sie denn?»

«Mein Gott, ich möchte fast darauf schwören... in einer ägyptischen Mumie.»

Und er deutete mit einem Blick auf das Bett, in dem sein Körper unbeweglich lag.

«Es ist kein Leben mehr darin», sagte er.

«Du bist der Lebendigste von uns allen», protestierte eine Stimme neben ihm.

Clerambault bemerkte auf der anderen Seite des Bettes einen jungen Mann etwa im Alter Edme Froments, der voll Gesundheit und Kraft schien. Edme Froment lächelte und sagte zu Clerambault:

«Mein Freund Chastenay hat so viel Leben in sich, daß er mir davon leiht.»

«Ach, wenn ich es dir geben könnte», sagte der andere.

Die beiden Freunde wechselten einen zärtlichen Blick.

Chastenay fuhr fort:

«Ich würde dir dann doch nur einen Teil dessen geben, was ich dir verdanke.»

Und indem er sich an Clerambault wandte:

«Er ist es, der uns alle aufrecht hält, nicht wahr, Madame Fanny?»

Die Mutter sagte zärtlich:

«Mein guter Sohn, das ist wohl wahr.»

«Ihr macht euch den Umstand zunutze», sagte Edme, «daß ich mich nicht verteidigen kann...» (Und zu Clerambault sprechend:) «Sie sehen, ich bin gefangen und kann mich nicht rühren.»

«Sie sind verwundet?»

«Gelähmt.»

Clerambault wagte nicht, nach Einzelheiten zu fragen.

«Sie haben aber keine Schmerzen?»

«Ach, ich wünschte es mir vielleicht, denn der Schmerz ist immerhin noch ein Band, das uns mit dieser Welt verknüpft. Aber ich gebe es zu, daß ich mich an das schwere Schweigen dieses Körpers, in den ich eingetan bin, langsam gewöhne... übrigens, sprechen wir nicht mehr davon, jedenfalls der Geist ist frei. Wenn es auch nicht wahr ist, daß er agitat molem, so schlüpft er doch gern heraus.»

«Jüngst», sagte Clerambault, «war er bei mir zu Gaste.»

«Das war nicht zum erstenmal, er ist oft zu Ihnen gekommen.»

«Und ich glaubte mich so allein...»

«Erinnern Sie sich», sagte Edme, «an das Wort Randolphs zu Cecil: *Die Stimme eines einzigen Menschen ist imstande, in einer Stunde mehr Leben in uns zu bringen, als der Lärm von fünfhundert Trompeten, die unaufhörlich blasen.*»

«Das gilt aber auch von dir», sagte Chastenay.

Froment schien seine Worte nicht gehört zu haben und sagte wieder zu Clerambault:

«Sie haben uns erweckt!»

Clerambault betrachtete die schönen, tapferen und ruhigen Augen des vor ihm Liegenden und sagte:

«Diese Augen bedurften dessen nicht!»

«Jetzt bedürfen sie dessen nicht mehr», antwortete Edme. «Man sieht besser aus der Entfernung, wenn man aus den Dingen heraus ist. Aber solange ich nahe, ganz nahe war, konnte ich nichts unterscheiden.»

«So sagen Sie mir, was Sie jetzt sehen?»

«Es ist spät», antwortete Edme, «und ich bin ein wenig müde. Wollen Sie vielleicht ein andermal kommen?»

«Ich komme morgen wieder.»

Clerambault trat aus dem Zimmer, Chastenay ging ihm nach. Er fühlte das Bedürfnis, die Geschichte der Tragödie, deren Held und Opfer sein Freund geworden war, jemandem anzuvertauen, der die Qual und die Größe eines solchen Aktes würdigen konnte.

Edme Froment, den ein Granatsplitter an der Wirbelsäule getroffen und in seiner Vollkraft gelähmt hatte, war einer der jungen geistigen Führer seiner Generation, schön, leidenschaftlich, beredt, übervoll von Leben und Träumen, liebend und geliebt, ehrgeizig im schönsten Sinne, und nun ein lebendig Toter. Seine Mutter, die ihren ganzen Stolz und ihre ganze Liebe in ihn gesetzt hatte, sah ihn auf Lebenszeit verurteilt, und ihre Qual mußte ungeheuer sein. Aber beide verbargen sie voreinander. Diese gegenseitige Spannung hielt sie aufrecht. Beide waren sie aufeinander stolz. Sie pflegte ihn, wusch ihn, reichte ihm das Essen wie einem kleinen Kinde, er wiederum zwang sich zur Ruhe, um sie zu beruhigen, und trug sie auf den Schwingen des Geistes empor.

«Ach», sagte Chastenay, «man muß sich schämen, zu leben und gesund zu sein, noch Arme zu haben, um das Leben zu umfassen, und Gelenke, um zu gehen und zu springen, und mit vollem Bewußtsein die Frische der Luft zu trinken.»

Er breitete beim Sprechen die Arme aus, hob den Kopf und atmete tief ein.

«Und das traurigste», fuhr er fort, indem er Kopf und Stimme beschämt senkte, «das traurigste ist, daß ich diese Scham gar nicht wirklich fühle.»

Clerambault mußte unwillkürlich lächeln.

«Ja, es ist nicht sehr heroisch von mir», fuhr Chastenay fort, «und doch liebe ich Froment wie niemand anderen auf der Welt. Sein Schicksal quält mich unablässig... und doch, es ist stärker als ich. Wenn ich daran denke, daß ich unter so vielen Hingeschlachteten das Glück habe, jetzt hier zu sein, zu fühlen mit allen meinen lebendigen Sinnen, so ist es mir schwer, meine Freude zu verbergen... Ach, es ist ja so schön, so ganz leben zu dürfen! – Der arme Froment... Aber Sie weden mich furchtbar egoistisch finden?»

«Nein, durchaus nicht», sagte Clerambault. «Sie sprechen, wie die gesunde Natur spricht. Wären alle so aufrichtig wie Sie, so wäre die Menschheit nicht eine Beute jener gefährlichen Lust der Vergötterung des Leidens; Sie haben übrigens alles Recht, das Leben zu genießen, nachdem Sie seine härtesten Proben bestanden haben.»

(Und er deutete auf das Kriegskreuz des jungen Mannes.)

«Ich bin hingegangen und gehe wieder zurück», sagte Chastenay, «aber glauben Sie mir, es ist meinerseits kein Verdienst dabei. Ich täte es ja nicht, wenn ich dem Zwang ausweichen könnte. Es hat keinen Sinn, sich Staub in die Augen zu streuen: wenn man in das dritte Jahr des Krieges kommt, so hat man nicht mehr jene Liebe zum Wagnis und jene Gleichgültigkeit wie am Anfang. Damals, das muß ich zugestehen, hatte ich sie noch, damals war ich eine reine Unschuld an Heldentum. Aber es ist schon lange her, daß ich diese Jungfernschaft verloren habe, die aus Unbildung und Schönrederei zusammengeflickt war. Ist die einmal weg, so wird der Irrsinn des Krieges, die Idiotie der Massaker, die Häßlichkeit und Schauerlichkeit dieser Opfer auch dem Beschränktesten klar. Wenn es auch gar zu unmännlich wäre, vor dem Unvermeidlichen die Flucht zu ergreifen, so drängt man sich wenigstens nicht dazu, irgend etwas Unnötiges zu tun. Der große Corneille war eben auch ein Held des Hinterlandes. Die an der Front, die ich gekannt habe, die waren fast alle Helden gegen ihren Willen.»

«Aber das ist ja der wahre Heroismus», sagte Clerambault.

«Und das ist jener Froments», antwortete Chastenay, «er ist Held, weil er nicht anders kann, weil er nicht mehr bloß ein Mensch sein kann. Aber was ihn uns so teuer macht, ist, daß er trotzdem ein Mensch geblieben ist.»

Die ganze Richtigkeit dieser Worte wurde Clerambault in der langen Unterhaltung klar, die er am nächsten Nachmittag mit Froment hatte. Es war um so mehr Verdienst darin, wenn sich der Stolz Froments im Zusammenbruch seines Lebens nicht verleugnete, als er vordem niemals den Kult des Verzichts betrieben hatte. Im Gegenteil, er hatte immer große Hoffnungen und einen starken Ehrgeiz gehabt, den seine geistigen Gaben und seine glückliche Jugend durchaus rechtfertigten. Nicht einen einzigen Tag hatte er sich wie Chastenay einer Illusion über den Krieg hingegeben, sondern sofort seine gefährliche Torheit durchschaut. Diese Erkenntnis verdankte er nicht nur seinem starken Intellekt, sondern vor allem der geistigen Führerin, die von Kindheit an die Seele ihres Sohnes aus dem Reinsten ihres Wesens geformt hatte.

Frau Froment, die Clerambault fast täglich bei seinen Besuchen antraf, hielt sich abseits beim Fenster und warf von Zeit zu Zeit von ihrer Arbeit einen Blick voll Zärtlichkeit auf ihren Sohn. Sie war eine jener Frauen, die zwar nicht eine außerordentliche Intelligenz, aber doch ein Genie des Herzens besitzen. Als Witwe eines Arztes, der viel älter war als sie und dessen weitreichender Geist den ihren befruchtet hatte, waren ihr in ihrem Leben nur zwei sehr tiefe, untereinander sehr verschiedene Neigungen bewußt geworden: die fast kindliche Neigung für ihren Gatten und die fast zärtliche für ihren Sohn.

Doktor Froment, ein Mann von großer Bildung und eigenartiger Denkweise, die er unter einer aufmerksamen Höflichkeit verbarg, um die anderen, von denen er sich unterschied, nicht zu verletzen, war lange Zeit seines Lebens auf Reisen gewesen. Er hatte fast ganz Europa, Ägypten, Persien und Indien bereist, und zwar nicht nur aus wissenschaftlichem, sondern auch aus religiösem Interesse; ihn beschäftigten ganz besonders die neue Glaubensbewegung in der Welt, der Babismus, die Christian Science und die theosophischen Lehren. In inniger Beziehung zu der pazifistischen Bewegung, ein Freund der Baronin Suttner, der er in Wien begegnet war, sah er seit langem die große Katastrophe voraus, der Europa und diejenigen, die er liebte, entgegengingen. Aber als Mann von Mut und innerlich längst gewohnt, dem ewig Ungerechten der Natur ins Auge zu schauen, versuchte er weder sich noch die Seinigen über das Drohende hinwegzutäuschen, sondern einzig ihre Seele gegen die kommenden Anstürme dieser Wogen zu stärken. Noch mehr aber als durch seine Worte war er für seine Frau – der Sohn war noch ein Kind zur Zeit seines Todes – durch sein Beispiel eine heilige Erinnerung geworden, denn im langsamen und grausamen Leiden, das ihn gefangengehalten hatte – ein Darmkrebs –, hatte er bis zum letzten Tag ruhig seine Aufgabe erfüllt und überdies noch die Nächsten seiner Umgebung durch seine Ruhe getröstet.

Frau Froment bewahrte in ihrem Herzen dieses edle Bild

wie einen inneren Gott. Die ehrfürchtige Erinnerung für den toten Gefährten wurde in ihrem Leben das, was bei anderen der religiöse Glaube ist. Da sie an kein anderes Leben in der Zukunft glaubte, wandte sich ihr Gebet, insbesondere in den Stunden der Sorge, an ihn, wie an einen immer gegenwärtigen Freund, der bei einem wacht und einen berät. Durch das eigenartige Phänomen der Wiedererneuerung, das oft nach dem Tode eines geliebten Wesens eintritt, schien das Innerste der Seele ihres Mannes in sie übergegangen zu sein. So erwuchs ihr Sohn in einer von ruhigen Ausblicken umhüllten Gedankenatmosphäre, die ganz verschieden war von jener tropisch fieberigen Landschaft, in der die junge Generation vor 1914, unruhig, glühend, aggressiv und vom Warten ungeduldig gemacht, mannbar wurde... Als dann der Krieg ausbrach, mußte Frau Froment weder sich noch ihren Sohn gegen die Verführung der nationalen Leidenschaft schützen: sie war beiden von vornherein fremd. Sie versuchten auch nicht, dem Unvermeidlichen zu widerstehen, wußten sie doch schon so lange, daß dieses Unglück unterwegs war. Für sie handelte es sich einzig darum, alles zu ertragen, ohne sich ihm zu beugen, um das zu retten, was gerettet sein mußte: die Treue der Seele zu ihrem Glauben. Frau Froment glaubte nicht, daß es nötig sei, «über dem Getümmel» zu bleiben, um es zu beherrschen, und was zwei oder drei französische, englische, deutsche Schriftsteller durch ihre Artikel für die internationale Versöhnung versuchten, das erfüllte sie von sich aus in ihrem beschränkten Kreis viel einfacher und viel wirksamer. Sie hatte ihre alten Beziehungen aufrechterhalten, und ohne sich in dem vom Kriegswahn verseuchten Milieu gehemmt zu fühlen, ohne jemals leere Demonstrationen gegen den Krieg zu versuchen, schuf sie durch ihre bloße Gegenwart, durch ihr ruhiges Wort, ihren klaren Blick, ihr beherrschtes Urteil, durch den Respekt, den ihre Güte einflößte, eine Art Hemmung gegen die sinnlosen Übertreibungen des Hasses. Sie war es auch, die in den Kreisen, die sie dafür empfänglich hielt, die Botschaft der freien Europäer und die Artikel Clerambaults verbreitete, der davon niemals erfuhr, und sie hatte die Genugtuung, daß sie in den Herzen Widerklang fanden. Aber ihre größte Freude war, daß ihr Sohn selbst daran geformt wurde.

Edme Froment hatte nichts von einem Tolstoianer in seinem Pazifismus. Zu Anfang betrachtete er den Krieg noch viel mehr als Dummheit wie als Verbrechen. Wäre ihm Freiheit gelassen worden, so hätte er sich, wie Perrotin, aus der Welt der Tat in den erhabenen Dilettantismus der Kunst und der Ideen zurückgezogen und niemals versucht, die öffentliche Meinung zu bekämpfen, weil er diesen Kampf für aussichtslos hielt. Ihm flößte damals die Narrheit der Welt eher Verachtung als Mitleid ein. Zur Teilnahme am Kriege gewaltsam gezwungen, sah er erst ein, daß diese Narrheit durch das Leiden längst überzahlt war und es überflüssig sei, auf die Verurteilung des Krieges noch die Verachtung zu häufen. Der Mensch schuf sich selbst seine Hölle auf Erden, es war nicht notwendig, ihn noch einmal dafür zu richten. Zu gleicher Zeit hatten ihm die Worte Clerambaults, die er während seiner Urlaubszeit in Paris kennenlernte, gezeigt, daß er Besseres zu tun habe, als sich als Richter seiner gefesselten Kameraden aufzuspielen: nämlich zu versuchen, deren Last zu teilen und sie davon zu befreien.

Nur ging der junge Schüler darin weiter als sein Lehrer, dessen liebebedürftige, ein wenig schwächliche Natur glücklich war in einer Gemeinschaft mit den Menschen, der daran litt, sich von ihnen zu trennen, selbst wenn sie im Irrtum waren. Clerambault zweifelte stets an sich. Er sah nach rechts und links, suchte in den Augen der menschlichen Masse nach einer Zustimmung zu seinen Ideen und erschöpfte sich im unfruchtbaren Bemühen, sein inneres Gesetz mit den sozialen Bestrebungen und Kämpfen seiner Zeit in Einklang zu bringen. Für Froment, den Hingestreckten, der in seinem unterjochten Körper die Seele eines Führers hatte, bestand kein Zweifel an der absoluten Pflicht für jeden, dem die Flamme eines großen Ideals anvertraut ist, sie über die Häupter seiner Gefährten zu erheben. Warum versuchen, das Licht ängstlich zuzudecken oder es im Schein der anderen Leuchten aufgehen zu lassen? Der Gemeinplatz der Demokratien: «Die ganze Welt ist klüger als der eine Voltaire», war für ihn ein Irrtum... Demokritos sagt: «Unus mihi pro populo est.» (Ein einziger zählt für mich soviel wie tausend.) Nach der Meinung unserer Zeit stellt die staatliche Gesellschaft den Gipfel der menschlichen Entwicklung dar. Wer kann die Wahrheit dieser Hypothese beweisen? «Für mich», sagte Froment, «ist der höchste Gipfelpunkt einzig im überlegenen Individuum. Millionen Menschen haben gelebt und sind gestorben, um eine einzige höchste Gedankenblüte zu entfalten. In verschwenderischer Art geht die Natur zu diesem Ziele, sie opfert ganze Völker, um einen Jesus, einen Buddha, einen Äschylos, einen Leonardo, einen Newton, einen Beethoven zu schaffen. Was wären denn die Völker, was wäre die Menschheit ohne diese Menschen? – Wir wollen damit nicht das egoistische Ideal des Übermenschen aufnehmen. Ein großer Mann ist groß *für*, ist groß statt aller anderen Menschen. Seine Persönlichkeit drückt Millionen Menschen aus und führt sie empor, denn sie ist die Verkörperlichung ihrer geheimsten Kräfte, ihrer höchsten Wünsche. Sie drängt sie alle in ihrem Wesen zusammen – und schon sind sie verwirklicht. Die einzige Tatsache, daß ein Mensch Christus geworden ist, hat Jahrhunderte der Menschheit erhoben und über die Erde hinweggetragen und sie mit göttlichen Kräften erfüllt. Und obwohl neunzehn Jahrhunderte seitdem vergangen sind, haben doch die Millionen Menschen niemals die Höhe des Vorbildes erreicht und mühen sich noch immer, ihm nachzukommen. – Wird das individualistische Ideal in dieser Weise verstanden, so ist es fruchtbarer für die menschliche Gesellschaft als das kommunistische, das nur zu der mechanisch-technischen Vollendung eines Ameisenhaufens führt. Zum mindesten ist es aber unentbehrlich als Korrektiv und als Ergänzung des anderen.»

Dieser stolze Individualismus, den Froment in heißen Worten ausdrückte, richtete den immer ein wenig schwankenden Geist Clerambaults auf, der leicht unentschieden blieb, teils aus Güte, teils aus Zweifel an sich selbst, teils durch die Bemühung, immer auch die anderen zu verstehen.

Noch einen anderen Dienst erwies ihm Froment dadurch, daß er mehr als Clerambault über die internationalen Gedanken informiert war. Da er durch seine Familie unter den Intellektuellen aller Länder Beziehungen hatte und vier oder fünf fremde Sprachen beherrschte, konnte Froment dem älteren Freunde Kenntnis geben von den anderen großen Einsamen, die in jeder Nation für das Recht des freien Gewissens kämpften. Er zeigte ihm die ganze unterirdische Arbeit des niedergehaltenen Gedankens, der sich bemühte, die Wahrheit zu finden. Und es war dies ein tröstliches Schauspiel, daß selbst das Zeitalter der furchtbarsten moralischen Tyrannei, die seit der Inquisition auf der Seele der Menschheit lastete, es doch nicht zuwege brachte, in der Elite jedes Volkes den unbändigen Lebenswillen nach Freiheit und Wahrheit zu ersticken.

Freilich, diese unabhängigen Persönlichkeiten waren selten, aber darum war ihre moralische Macht eine um so größere. Ergreifend zeichnete sich ihre Silhouette gegen den leeren Horizont ab, und im Sturz der Völker in die Tiefe des Abgrundes, wo Millionen Seelen zu einem formlosen Brei sich vermengten, erklang ihre Stimme als das einzige menschliche Wort. Daß sie tätig waren, wurde vor allem sichtbar durch die Wut derjenigen, die ihr Tun zu leugnen suchten. Schon vor einem Jahrhundert schrieb Chateaubriand:

Kämpfe haben keinen Sinn mehr. Man muß sein, *das ist die einzige Sache, die notwendig ist.*

Doch er sah nicht voraus, daß in unserer Zeit *sein*, das heißt «man selbst sein», «frei sein», gerade den allergrößten

Kampf erforderte. Aber die Menschen, die ganz ihr wahres Ich sind, dominieren schon durch diese einzige Tatsache der Gleichförmigkeit der anderen.

Clerambault war nicht der einzige, der die Energie Froments als so wohltuend empfand und empfing. Bei jedem seiner Besuche begegnete er am Krankenlager des jungen Mannes irgendeinem Freund, der gekommen war, um ihn aufzurichten und – ohne daß er es sich eingestand – von ihm aufgerichtet zu werden. Zwei oder drei waren junge Leute im Alter Froments, die anderen ältere Männer, meist schon über Fünfzig hinaus, entweder alte Freunde der Familie oder solche, die Froment schon vor dem Kriege gekannt hatten. Einer von ihnen, ein alter Hellenist mit feinem und zerstreutem Lächeln, war sein Lehrer gewesen. Unter den anderen war noch ein Bildhauer mit grauem Haar, schlaffem und von tragischen Falten durchzogenem Gesicht, ein Landjunker mit kurzgeschorenen Haaren, roter Gesichtsfarbe, dem viereckigen Kopf eines Bauern, schließlich noch ein weißbärtiger Arzt mit einem Ausdruck von Sanftmut in seinem müden Gesicht, dessen Blick durch den verschiedenen Ausdruck der beiden Augen überraschte: das eine schien scharf mit einem Zwinkern von Zweifel zu beobachten, das andere melancholisch vor sich hin zu träumen.

Diese Menschen, die sich manchmal bei dem Kranken vereint fanden, glichen einander in keiner Weise. Man konnte in dieser kleinen Gruppe alle Gedankenformen vertreten finden, vom Katholiken zum Freigeist und selbst zum Bolschewisten, als welcher sich einer der jungen Kameraden Froments bekannte. In ihnen war der Einfluß der verschiedensten geistigen Ahnen sichtbar wirksam: im alten Hellenisten derjenige des ironischen Lukian, bei dem Grafen de Coulanges derjenige der alten französischen Chronisten der Collection Michaud. (Er liebte es, auf seinem Landgut sich abends von der Tierzucht und den chemischen Düngungen dadurch zu erholen, daß er die dunkelgoldfarbige Sprache Froissarts und die gleichzeitig dornige und saftige des spitzbübischen Gondi las.) Der Bildhauer zermürbte seine Stirn, um eine Metaphysik in Beethoven und Rodin herauszufinden, der Doktor Verrier, der für Religion das mitleidige Lächeln des Wissenschaftlers hatte, versetzte die Wunderwelt, deren er bedurfte, in das Reich der biologischen Hypothesen und der blendenden Gleichungen der modernen Physik und Chemie. So schmerzlich ihm auch das Leiden der Zeit war, so entschwand die Ära des Krieges mit all ihrem blutnassen Ruhm in der Ferne gegenüber den heroischen geistigen Entdeckungen, die der freie Deutsche Einstein inmitten der menschlichen Verirrung, ein neuer Newton, vollbrachte.

So schien alles zwischen diesen Menschen widersprechend zu sein, sowohl ihre geistige Form als auch ihr Temperament. Aber in einem waren sie alle einig, daß sie keiner Partei zugehörten, nur aus sich selbst heraus dachten und Ehrfurcht und Liebe für die Freiheit hatten, für die ihre und für die der anderen! Und das ist doch das Wesentliche! In unserer gegenwärtigen Epoche zerbrechen die alten Formen, stürzen die politischen, religiösen oder sozialen Parteien zusammen. Es bedeutet ja nur einen kleinen Fortschritt, sich statt einen Monarchisten einen Sozialisten oder Republikaner zu nennen, insolange diese Gruppen sich noch dem Nationalismus ihres Staates, dem Glauben oder der Klasse unterwerfen. In Wahrheit gibt es heute nur noch zwei Formen des Geistes: die einen, die sich in ihre Grenze einschließen, und die anderen, die allem Lebendigen aufgetan sind, die in sich die ganze Menschheit fühlen, sogar ihre Feinde. So wenig zahlreich diese Männer auch sein mögen, sie formen, ohne es zu wissen, die wahre Internationale, jene, die auf dem Kultus der Wahrheit und des umfassenden und allen gleich zugehörigen Lebens ruht. Einzeln zu schwach (sie wissen es wohl), ihr unermeßliches Ideal zu umfassen, umfaßt doch das Ideal sie alle. Und alle in ihm geeint, wandern sie, jeder auf einem verschiedenen Wege, dem unbekannten Gott entgegen.

Was nun in diesem Augenblick diese so verschiedenen freien Seelen um Edme Froment versammelte, war das dunkle Gefühl, er sei der Punkt, wo sich ihre Zielrichtungen begegneten, der Kreuzweg, von dem man alle Wege ausstrahlen sieht. Froment war nicht immer ein solcher Mittelpunkt gewesen; solange er noch Herrschaft über seinen Körper und seine Gesundheit hatte, ging auch er seinen Weg abseits von den anderen. Aber seit sein Lauf unterbrochen war, hatte er sich nach einer Periode kurzer Verzweiflung – die er aber sorgsam den Blicken seiner Umgebung verbarg – gleichsam als Wegkreuz aufgestellt: gerade weil er selbst nicht mehr tätig sein konnte, vermochte er die Tat der anderen besser zu überblicken und im Geist daran teilzunehmen. Er sah in den verschiedenen Strömungen – Vaterland, Revolution, Staats- und Klassenkampf, Wissenschaft und Glauben – nur die vermengten Kräfte eines Wildbaches mit seinen Stromschnellen, Wirbeln und sandigen Stellen; manchmal scheint er zurückgeworfen oder gebrochen zu werden oder zu schlafen. Aber die Strömungen gehen doch unwiderstehlich nach vorwärts: selbst die Reaktion wird immer weiter gerissen. Und er, der junge Gekreuzigte am Kreuzweg, vermählte sich allen Strömungen, dem ganzen Strom.

Clerambault fand in ihm einige Züge Perrotins wieder. Aber Welten trennten Froment und Perrotin. Wenn auch er so wie jener nichts Vorhandenes leugnete und alles zu verstehen suchte, so tat er es doch mit einer begeisterten Seele. Alles wurde in seinem Herzen Bewegung und beherrschte Leidenschaft. Alles, Tod und Leben, war bei ihm Gang und Aufstieg – unbeweglich nur er selbst, sein eigener Leib.

Inzwischen war eine dunkle Stunde gekommen. Man hatte die Wende der Jahre 1917/18 überschritten. Die nebligen Winternächte waren schwer von der Erwartung des letzten

Ansturmes der deutschen Armeen. Seit Monaten war er durch drohende Gerüchte angekündigt, die Streifzüge der Flieger über Paris schienen schon seine Vorboten zu sein. Die Verfechter des Krieges «bis zum endgültigen Siege» spiegelten vollkommene Sicherheit vor, die Zeitungen fuhren fort zu prahlen, und Clemenceau behauptete, nie besser geschlafen zu haben. Aber die geistige Spannung verriet sich in der wachsenden Schärfe des Hasses zwischen den Nichtkämpfern. Man lenkte die öffentliche Beunruhigung auf die Verdächtigen des Hinterlandes, auf die Flaumacher ab. Hochverratsprozesse erhitzten und beschäftigten die Moral des Hinterlandes, die Angeber mit der Heldengeste Corneilles, die patriotischen Denunzianten, die fanatischen Zeugen vervielfältigten sich, und das Gebell der öffentlichen Ankläger kläffte durch Tage zornig hiner den armen, gehetzten Opfern her. Als dann zu Ende März die über Paris hängende deutsche Offensive losbrach, erreichte der überhitzte Bürgerhaß seinen Zenit, und es war gewiß, daß, wenn ein Durchbruch gelungen wäre, noch ehe die feindliche Armee Paris erreicht hätte, der Galgen von Vincennes, dieser Altar des rächenden und bedrohten Vaterlandes, seine Opfer empfangen hätte, gleichgültig, ob sie schuldig oder unschuldig, ob sie nur angeklagt oder abgeurteilt waren.

Clerambault wurde öfters in den Straßen beschimpft. Er regte sich darüber nicht auf, vielleicht, weil er sich des Gefährlichen der Situation nicht ganz bewußt war. Eines Tages traf Moreau ihn inmitten einer Gruppe von Passanten in einer Diskussion mit einem wutschäumenden jungen Menschen, der ihn in verletzender Weise angegangen hatte. Während er noch sprach, hörte man ganz in der Nähe die Explosionen der «Dicken Berta». Clerambault schien es nicht zu merken, er fuhr ruhig fort, vor dem Zornigen seine Ideen zu entwickeln. In dieser Beharrlichkeit war eine gewisse Komik, und die Zuhörer, die als gute Franzosen das gleich merkten, tauschten darüber allerhand, zwar nicht sehr höfliche, aber doch auch nicht böswillige Witze aus. Moreau faßte Clerambault am Arm, um ihn wegzuziehen. Clerambault schaute auf, sah die lachenden Leute, erfaßte nun seinerseits das Komische der Situation und lachte mit den anderen.

«Was für ein alter Narr... Nicht wahr?» sagte er zu Moreau, der ihn wegzog.

«Es gibt aber auch andere Narren. Man muß sich in acht nehmen», antwortete Moreau in recht energischer Weise.

Aber Clerambault wollte ihn nicht verstehen.

Inzwischen war das Untersuchungsverfahren seines Prozesses in eine neue Phase getreten. Clerambault war des Vergehens gegen das Gesetz vom 5. August 1914, das «staatsgefährliche Äußerungen während des Krieges» verhindern sollte, beschuldigt; man klagte ihn der pazifistischen Propaganda in den Arbeiterkreisen an, in denen Thouron die Schriften Clerambaults mit seinem Einverständnis verbreitet hätte. Nichts konnte unrichtiger sein, denn weder wußte Clerambault von einer Propaganda dieser Art noch hatte er sie autorisiert, was Thouron auch bezeugen konnte. Aber nun ergab sich das Seltsame, daß Thouron dies nicht bezeugte. Sein Verhalten erwies sich als äußerst merkwürdig; statt die Dinge richtigzustellen, machte er allerhand Winkelzüge, tat so, als ob er etwas zu verbergen hätte, ja er tat es sogar in einer gewissen absichtlichen Weise und hätte sich gar nicht gefährlicher benehmen können, wenn es seine innerste Absicht gewesen wäre, solch einen Verdacht zu erwecken. Verhängnisvollerweise lenkte sich dieser Verdacht nun gegen Clerambault. Zwar sagte Thouron nichts gegen ihn oder gegen irgend jemanden aus, er weigerte sich, irgend etwas zu sagen, aber er ließ immer durchblicken, daß, wenn er reden wollte... Aber er wollte nicht. Man konfrontierte ihn mit Clerambault. Er benahm sich tadellos, geradezu ritterlich, legte die Hand auf das Herz und versicherte den «Meister», den «Freund» seiner kindlichen Verehrung. Clerambault versuchte ihn voll

Ungeduld endlich zu einer klaren Darstellung dessen zu bringen, was zwischen ihnen vorgegangen war, der andere aber fuhr immer nur fort, seine «unerschütterliche Ergebenheit» zu bezeugen. Mehr könne er nicht sagen, nichts seinen Aussagen hinzufügen, er nehme alles auf sich.

Dieses Benehmen ließ ihn nach außen sympathisch erscheinen, Clerambault aber in den Verdacht kommen, als wolle er sich durch Aufopferung seines Vasallen aus der Affäre ziehen. Die Zeitungen zögerten nicht lange und beschuldigten ihn der Feigheit. Inzwischen folgte eine Vorladung der anderen, seit zwei Monaten mußte sich Clerambault zu ganz nichtigen Verhören begeben, zu denen ihn die Richter zitierten, ohne daß sich irgendeine Entscheidung anzeigte. Nun sollte man glauben, daß ein Mann, der so lange ohne die geringsten Beweise angeklagt und unter dem schimpflichen Verdacht gehalten wurde, bei der Öffentlichkeit Sympathien gefunden hätte. Aber im Gegenteil: sie wurde noch gereizter gegen ihn, man verzieh es ihm nicht, daß er nicht schon verurteilt war. Die tollsten Erfindungen zirkulierten in der Presse, man behauptete, die Sachverständigen hätten an der Form gewisser Buchstaben und an einzelnen besonderen Schriftzeichen entdeckt, daß eine der Flugschriften Clerambaults von Deutschen gedruckt und verbreitet worden war. So dumm diese Erfindungen waren, sie fanden doch Zugang bei der ungeheuren Leichtgläubigkeit der Leute, die (man behauptete es wenigstens) vor dem Krieg vernünftig gewesen waren. Es waren erst vier Jahre seitdem vergangen, aber es schienen schon Jahrhunderte zu sein.

Kurz, die braven Leute verurteilten einen der Ihren ohne weitere Nachfrage; es war nicht das erstemal und wird nicht das letztemal sein. Die gut abgerichtete öffentliche Meinung empörte sich darüber, daß Clerambault noch frei herumging, und die reaktionären Blätter, die fürchteten, ihre Beute könne ihnen entgehen, klagten die Justiz an, versuchten sie einzuschüchtern und verlangten, die Affäre müsse dem Zivilgericht entzogen und dem Militärgerichte übergeben werden. Rasch erreichte die Erregung einen jener Paroxysmen, die in Paris im allgemeinen kurz, aber furchtbar zügellos sind. Denn dieses sonst so vernünftige Volk deliriert von Zeit zu Zeit. Man muß sich fragen, wie die Leute, die zum großen Teil gar nicht böse sind und von Natur aus zu gegenseitiger Nachsicht, ja Gleichgültigkeit geneigt, plötzlich zu solchen Explosionen von zornigem Fanatismus kommen, bei denen sie gleichzeitig ihren Kopf und ihr Herz verlieren. Manche sagen, dieses Volk hätte eine Frauennatur, sowohl in seinen Tugenden wie in seinen Lastern, und daß die Feinheit seiner Nerven und die Sensibilität, der ja seine Kunst und sein Geschmack den Vorrang verdanken, es plötzlich in hysterische Krisen verfallen lassen. Ich glaube vielmehr, daß jedes Volk nur durch Zufall einmal menschlich ist – wenn man unter Mensch ein vernünftiges Tier versteht (was ja sehr schmeichelhaft, aber gänzlich unbewiesen ist). Die Menschen machen von ihrer Vernunft nur selten Gebrauch. Im allgemeinen sind sie von der Anstrengung zu denken gleich ermattet, und man tut ihnen wohl, wenn man ihnen das Wollen abnimmt und für sie nur das will, was die wenigste Anstrengung erfordert. Die Anstrengung nun, irgendeine neue Idee zu hassen, ist wirklich keine allzu große. Aber brechen wir nicht den Stab über sie! Der Freund aller Verfolgten hat mit seinem nachsichtigen Heroismus gesagt: *Sie wissen nicht, was sie tun.*

Eine nationalistische Zeitung fand sich bereit, die bösartigen Instinkte, die in diesen armen Menschen schlummerten, aufzuwecken. Sie lebte ja einzig nur von der Ausbeutung der Verdächtigung und des Hasses, was sie «für die Erneuerung Frankreichs arbeiten» nannte. Für sie bestand eben Frankreich einzig aus ihr selbst und ihren Gesinnungsgenossen. Sie veröffentlichte gegen «Claramboche» eine Reihe mörderischer Artikel, ähnlich jenen, die so gut ihr Ziel gegen Jaurès erreicht hatten, sie hetzte die öffentliche Meinung auf, indem sie schrie: geheimnisvolle Einflüsse seien am Werk, den Verräter zu schützen, und man müsse darüber wachen, daß er nicht entkomme. Und schließlich appellierte sie an die Justiz des Volkes.

Victor Vaucoux haßte Clerambault.

Er kannte ihn nicht. Der Haß braucht ja seinen Gegner nicht zu kennen. Aber hätte Vaucoux Clerambault gekannt, so hätte er ihn noch mehr gehaßt. Ehe er wußte, daß es einen Clerambault gebe, war er schon sein geborener Feind. Es gibt in jedem Land geistige Rassen, die sich feindlicher sind als die des Blutes oder die der Uniformen.

Er stammte aus begüterter Bürgerschaft im Westen Frankreichs, aus einer Beamtenfamilie des Kaiserreiches und des Systems von Zucht und Ordnung, die sich seit vierzig Jahren in den Schmollwinkel einer sterilen Opposition zurückgezogen hatte. Er besaß Güter in der Charente, dort verbrachte er den Sommer, die übrige Zeit war er in Paris. Es war eine dekadente Familie, wie es die jener Gesellschaftsklasse ja gewöhnlich sind, und sowohl gegen seine Klasse als gegen die eigene Familie wandte sich sein Herrschinstinkt, für den er im Leben keine andere Verwendung fand. Die Unterdrükkung seiner Herrschbegierde gab ihm einen tyrannischen Charakter, er despotierte, ohne es zu wissen, die Seinen, gleichsam aus einem Recht und einer unbestreitbaren Pflicht heraus. Das Wort Toleranz hatte keinen Sinn für ihn. Für ihn war es gewiß: *er konnte sich nicht irren*. Dabei war er intelligent, hatte eine gewisse sittliche Gesundheit – ja sogar ein Herz, aber das alles unter einer dicken Rinde wie bei einem alten überwucherten Stamm zusammengepreßt und gebunden. Seine Kräfte, die sich nicht auswirken konnten, stauten sich und stockten. Von außen nahm er nichts auf. Wenn er las, wenn er reiste, tat er es mit feindlichen Augen und dem Verlangen, sich wiederzufinden. Nichts schnitt durch die Rinde in sein innerstes Wesen hinein. Was er an Leben hatte, kam von unten, von der Wurzel, von der Erde – *von den Toten*.

Er war der Typus jener Rassenschicht, die, zwar stark, aber doch schon gealtert, nicht mehr genug Leben hat, um sich nach außen hin zu entwickeln, und sich im Gefühl einer aggressiven Verteidigung zusammenschließt. Sie beobachtet mit Mißtrauen und Antipathie die neuen jungen Kräfte, die sich rings um sie, innerhalb und außerhalb ihres Volkes, entwickeln, die aufsteigenden Nationen und Klassen, alle die leidenschaftlichen und ungeschickten Versuche sittlicher und sozialer Erneuerung. Solche Leute brauchen, wie der arme Barrès und sein verrückter Held*, Mauern, Schranken, Grenzen und Feinde.

In diesem Belagerungszustand lebte auch Vaucoux und ließ die Seinen so leben. Seine sanfte, gleichmütige, verblühte Frau hatte das einzige Mittel gefunden, diesem Zustand zu entkommen: sie war gestorben. Allein mit seiner Trauer zurückgeblieben, die er eifersüchtig behütete – wie alles, was ihm gehörte –, errichtete er einen Schutzwall um die Jugend seines einzigen, dreizehnjährigen Sohnes und lehrte ihn, mit dem Vater zusammen diesen Schutzwall zu bewachen. Wie seltsam, Söhne zu zeugen, um mit ihnen gegen die Zukunft zu kämpfen! Sich selbst überlassen, hätte der junge Bursche vielleicht das Leben von sich aus entdeckt, aber im Gefängnis des Vaters wurde er eine Beute des Vaters. Sie lebten in einem versperrten Haus mit wenig Beziehungen, wenig Büchern, wenig Zeitungen, mit Ausnahme einer einzigen, deren versteinerte Prinzipien am besten Vaucoux' Bedürfnis nach Erhaltung (im Sinne von Mu-

* *Simon und ich verstanden nun unseren Haß gegen die Fremden, die Barbaren, und unseren Egotismus, in dem* wir *mit uns selbst unsere ganze kleine moralische Familie* einschließen. Die erste Aufgabe dessen, der leben will, ist, sich mit hohen Mauern zu umgeben. *Aber* in seinem geschlossen Garten *läßt er jene ein, die von ähnlichen Formen des Gefühls und von gleichen Interessen geleitet sind.* (*Ein freier Mensch*)
In drei Zeilen spricht dieser «freie Mensch» also dreimal von «einschließen», «sich mit Mauern umgeben», «verschließen».

mifizierung) entsprachen. Sein Opfer, sein Sohn, konnte ihm nicht entkommen. Er impfte ihm seine geistige Abirrung ein, wie Insekten ihre Eier in den lebendigen Körper eines anderen Tieres einpflanzen, und als der Krieg ausbrach, führte er ihn in das Rekrutierungsbüro und ließ ihn einschreiben. Für einen Mann seiner Art war das Vaterland das reinste aller Wesen, das heiligste der heiligen. Er mußte nicht erst, um sich zu begeistern, die heiße Luft und den Rausch der Menge eintrinken (er hielt sich weit weg von der großen Masse). Das Vaterland war in ihm. Das Vaterland: die Vergangenheit, die ewige Vergangenheit.

Und sein Sohn wurde getötet wie derjenige Clerambaults, wie diejenigen von Millionen Vätern für den Glauben jener Väter an ein vergangenes Ideal, an das sie selbst gar nicht glaubten.

Aber Vaucoux kannte nicht die Zweifel Clerambaults. Zweifeln? Er wußte gar nicht, was Zweifeln bedeutete, und hätte er es sich erlaubt, er würde sich verachtet haben. Dieser harte Mensch liebte seinen Sohn leidenschaftlich, obwohl er es ihm nie gezeigt hatte, und er wußte keine andere Art, es nun zu beweisen, als durch einen leidenschaftlichen Haß gegen diejenigen, die ihn getötet hatten. Freilich zählte er sich nicht selber zu jenen, die ihn hingeschlachtet hatten.

Für seine Rache waren ihm aber nur begrenzte Möglichkeiten gegeben. Obwohl er Rheumatiker war und einen steifen Arm hatte, wollte er in die Armee eintreten, wurde aber nicht angenommen. Er mußte aber doch etwas tun und vermochte es nur durch Denken. Allein in seinem Haus, als Gefährten nur seine tote Frau und seinen toten Sohn, gab er sich durch Stunden leidenschaftlichen Betrachtungen hin. Wie ein Tier im Gefängnis, das an den Stäben rüttelt, drehten sie sich rasend im Kreise des Krieges, soweit ihn die Schützengräben zogen, voll Gier auszubrechen und nach einer Öffnung suchend.

Die Artikel Clerambaults, die ihm durch das Wutgeheul seiner Zeitung bekannt wurden, brachten ihn außer sich.

Was? Man versuchte ihm den Knochen des Hasses aus den Zähnen zu reißen? – Schon aus dem wenigen, was er von Clerambault vor dem Kriege kannte, war dieser ihm unerträglich gewesen. Der Schriftsteller durch seine Bemühung um neue Kunstformen, der Mann durch seine Lebens- und Menschenliebe, seinen demokratischen Idealismus, seinen ein wenig einfältigen Optimismus und seine europäischen Wünsche. Auf den ersten Blick, mit dem Instinkt des Rheumatikers (in den Gelenken und im Geiste) hatte Vaucoux Clerambault unter jene eingereiht, die einen Luftzug im Hause mit den verschlossenen Fenstern und Türen, im Vaterlande, machen. Im Vaterlande, natürlich so, wie er es verstand, denn für ihn gab es kein anderes. So brauchte er nicht die besonderen Aufreizungen der Zeitungen, um in dem Verfasser des *Aufrufes an die Lebendigen* und *Ihr Toten, verzeihet uns* den Agenten des Feindes – den Feind zu sehen.

Und das Rachefieber, das ihn verzehrte, warf sich auf diese Beute.

Mein Gott, wie bequem ist es zu hassen, wenn man diejenigen nicht versteht, die anderer Meinung sind!

Clerambault war diese Leichtigkeit nicht gegeben, denn er verstand vollkommen auch jene, die ihn verabscheuten, verstand sie bis ins letzte! Diese jungen Leute litten bis zur Tollwut an der Ungerechtigkeit des Feindes – zweifellos deshalb, weil sie ihnen weh tat, aber auch aus ganz rechtschaffenen Gründen, weil es eben *die* Ungerechtigkeit war, die Ungerechtigkeit sondergleichen. Denn kurzsichtig, wie sie waren, erschien sie ihnen ganz einzigartig ungeheuerlich und erfüllte verwirrend ihr ganzes Gesichtsfeld. Wie beschränkt ist doch bei einem gewöhnlichen Menschen die Fähigkeit des Gefühls und des Urteils! Versinkend in der ungeheuren Weite, klammert er sich an die erstbesten vorübertreibenden Trümmer, und so wie der Mensch den tausendfältigen Strom des Lichtes sich zu einigen wenigen Farben vereinfacht, so wird ihm das Gute und das Böse in den Adern des Weltalls nur erkenntlich, wenn er es in ein paar selbsterlebte Beispiele wie in Flaschen füllen kann. Für ihn ist dann *das* ganze Gute, *das* ganze Böse der Welt in diesen paar etikettierten Beispielen verschlossen, und er konzentriert auf sie seine ganze Kraft der Liebe und des Hasses. Für Tausende sonst vortreffliche Leute ist die Verurteilung Dreyfus' oder die Torpedierung der Lusitania *das* Verbrechen des Jahrhunderts geblieben. Diese guten Leute sehen eben nicht, daß der ganze Weg der menschlichen Gesellschaft mit Verbrechen gepflastert ist, über die sie ahnungslos hinwegschreiten, denn sie alle haben unbewußt ihren Vorteil von unbekannten Ungerechtigkeiten, die zu verhindern sie niemals die geringste Anstrengung gemacht haben. Und welche Ungerechtigkeiten sind eigentlich die schlimmeren, jene, die ein lang dauerndes und tiefes Echo im Gewissen der Welt erwecken, oder die anderen, um die einzig das niedergetretene Opfer weiß? – Aber diese braven Leute haben nicht genügend lange Arme, um alles Elend der Welt zu umfassen. Wer zuviel umfaßt, eignet sich nur wenig an. Deshalb klammern sie sich gewöhnlich nur an irgendeine einzelne Ungerechtigkeit. Aber die machen sie dann ganz zu ihrer Angelegenheit. Haben sie sich einmal irgendein Verbrechen ausgewählt für ihren Haß, dann verbrauchen sie dabei die ganze Kraft der Erbitterung, die in ihren Eingeweiden lebt. Der Hund hat seinen Knochen gefunden und knabbert daran. Weh dem, der daran rührt!

Clerambault hatte daran gerührt. So hatte er kein Recht, sich zu beklagen, wenn er nun gebissen ward. Und er beklagte sich auch nicht. Die Menschen haben ein Anrecht, die Ungerechtigkeit, die sie sehen, zu bekämpfen, und es ist nicht ihre Schuld, wenn sie davon nur die große Zehe sehen, so wie Gulliver in Brobdingnac. Jeder tut, was er kann.

Und so bissen sie zu.

Es war am Karfreitag. Die große Sturzflut der Offensive warf sich gegen das Herz Frankreichs. Auch der Tag der heiligen Trauer unterbrach das Massaker nicht, denn der bürgerliche Krieg kennt keinen Gottesfrieden mehr. Christus war in einer seiner Kirchen bombardiert worden, und die Nachricht von der mörderischen Explosion in der Kirche Saint-Gervais gerade um die Vesperstunde verbreitete sich nachts im lichtlosen Paris, das von Trauer, Zorn und Furcht erfüllt war.

Die Freunde hatten sich in ihrer Betrübnis bei Froment versammelt. Ohne Verabredung waren sie hingekommen, weil sie sicher waren, einander dort zu finden. Überall sahen sie Gewalt: in der Vergangenheit, in der Zukunft, bei dem Feinde, bei den Ihren, im Lager der Reaktion ebenso wie in dem der Revolution. Ihre Angst und ihre Zweifel vereinigten sich in einem einzigen Gedanken, und der Bildhauer sagte:

«Vergeblich beruhen unsere heiligsten Überzeugungen, unser Glaube an den Frieden und die menschliche Brüderlichkeit auf der Vernunft und der Liebe. Gibt es denn wirklich gar keine Hoffnung, daß sie jemals Macht gewinnen über die Menschen? Wir sind zu schwach!»

Und Clerambault rezitierte, ganz ohne es zu wollen, die Worte des Jesaias, die ihm plötzlich in Erinnerung kamen:

«Dunkel bedecken die Erde, und der Schatten umhüllt die Völker...»

Er hielt inne. Aber von seinem kaum erhellten Bett fuhr Froment unsichtbar fort:

«Stehet auf, denn von den Gipfeln der Berge erscheinet das Licht...»

«Ja, es erscheint», wiederholte aus dem Dämmer die Stimme der Frau Froment, die zu Füßen des Bettes an der Seite Clerambaults saß. Clerambault faßte ihre Hand. Es war wie ein kühler Schauer, der durch das Zimmer lief.

«Warum sagen Sie das?» fragte der Graf de Coulanges.

«Weil ich *Ihn* sehe!»

«Ich sehe *Ihn* auch», sagte Clerambault.

Der Doktor Verrier fragte:

«Wen?»

Aber ehe die Antwort noch ausgesprochen war, wußten schon alle das Wort im voraus.

«Der das Licht bringt... den Gott, der sie besiegt...»

«Ihr wartet auf einen Gott!» sagte der alte Hellenist. «Ihr glaubt also an das Wunder?»

«Das Wunder sind wir. Ist es denn nicht ein Wunder, daß in dieser Welt unaufhörlicher Gewalttätigkeit wir den Glauben an die Liebe und die Gemeisnchaft der Menschen bewahrt haben?»

Coulanges sagte bitter:

«Seit Jahrhunderten erwartet man den Christus, und immer, wenn er kommt, erkennt man ihn nicht und kreuzigt ihn. Und alle vergessen ihn dann, mit Ausnahme einer Handvoll Bettler, die gut und beschränkt sind. Diese Handvoll vermehrt sich, und während eines Menschenalters blüht der Glaube. Dann aber wird er verfälscht, wird durch seinen Erfolg verraten, durch seine ehrgeizigen Diener, die Kirche. Und das geht dann durch Jahrhunderte so dahin... Adveniat regnum tuum... Aber wo, wo ist denn das Gottesreich?»

«In uns», antwortete Clerambault. «Die Kette unserer Prüfungen und Hoffnungen formt den ewigen Christus. Wir sollten glücklich sein, wenn wir daran denken, daß uns das Vorrecht zuteil ward, den neuen Gott in unserem Herzen beherbergen zu dürfen wie das Kind in der Krippe.»

«Aber was gibt uns das Zeichen, daß er gekommen ist?» fragte der Arzt.

«Unser Sein», antwortete Clerambault.

«Unsere Leiden», antwortete Froment.

«Unser verkannter Glaube», antwortete der Bildhauer.

«Die einzige Tatsache schon, daß wir sind», setzte Clerambault hinzu, «dieser Widersinn, den wir der Natur ins Antlitz schleudern, den diese aber bestreitet. Hundertmal entflammt sich die Flamme und verlöscht wieder, ehe sie leuchten bleibt. Jeder Christus, jeder Gott hat sich vorher zu gestalten versucht in einer ganzen Reihe von Vorläufern. Überall sind sie, verloren und vereinsamt im Raume und vereinsamt in den Jahrhunderten. Aber diese Einsamen, die einander nicht kennen, sehen alle am Horizont den gleichen leuchtenden Punkt, den Blick des Erlösers. Und er kommt!»

Froment sagte:

«Er ist gekommen!»

Als sie voneinander in einem Gefühl gegenseitiger Liebe und fast wortlos geschieden waren, um nicht den gläubigen Zauber, der sie umfaßte, zu zerstören, und jeder sich allein in der Nacht der Straße fand, da bewahrten sie alle die Erinnerung eines Schauers der Erleuchtung, den sie nicht verstehen konnten. Der Vorhang war wieder vor ihnen niedergesunken. Aber sie konnten nicht vergessen, daß er sich für eine Sekunde ihnen aufgetan hatte.

Einige Tage später kam Clerambault, der einer Vorladung des Untersuchungsrichters Folge geleistet hatte, über und über mit Kot bedeckt nach Hause. Sein Hut, den er in der Hand hielt, war ganz zerfetzt und seine Haare naß vom Regen. Das Dienstmädchen stieß bei seinem Anblick einen Schrei aus, er bedeutete ihr zu schweigen und ging in sein Zimmer. Rosine war nicht zu Hause. Sonst sahen sich die beiden Eheleute, die allein in der leeren Wohnung geblieben waren, nur mehr bei den Mahlzeiten und sprachen sich auch dann so selten als möglich. Aber der Schrei des Dienstmädchens ließ Frau Clerambault ein neues Unglück vorausfühlen, und die Erklärungen des Mädchens bestätigten nur ihren Verdacht. Sie trat in das Zimmer Clerambaults und rief nun ihrerseits aus:

«Mein Gott, was hast du denn schon wieder gemacht?»

Clerambault in seiner Beschämung lächelte schüchtern und entschuldigte sich.

«Ich bin ausgerutscht.»

Er versuchte die Spuren des Überfalls wegzusäubern.

«Du bist ausgerutscht? – Drehe dich doch um! – Wie du dich zugerichtet hast! – Mein Gott, man hat doch mit dir keinen ruhigen Augenblick! – Du gibst wirklich gar nicht acht... Bis zu den Augen hinauf hast du Kotspritzer... und da auf der Wange...»

«Ja, ich glaube, ich habe mich angeschlagen.»

«Ach, was man für ein Unglück mit dir hat! – ‹Du glaubst›, daß du dich angestoßen hast? – Bist du ausgerutscht? – Bist du gefallen?»

Sie sah ihm ins Gesicht.

«Es ist nicht wahr!»

«Aber ich sage dir doch...»

«Es ist nicht wahr... Sage mir doch die Wahrheit... Man hat dich geschlagen?»

Er antwortete nicht.

«Sie haben dich geschlagen! – Ah, diese wilden Tiere! – Du armer Mann! Sie haben dich geschlagen! Dich, der du so gut bist, dich, der in seinem ganzen Leben niemanden Böses getan hat... Ah, das ist doch zu viel Gemeinheit!»

Sie umarmte ihn schluchzend.

«Du gute Frau», sagte er sehr gerührt, «das ist doch nicht so wichtig. Und dann, ich mache dich ja schmutzig, du darfst mich jetzt nicht anrühren.»

«Das macht nichts», sagte sie, «ich habe zuviel auf dem Herzen! Verzeihe mir!»

«Was soll ich dir denn verzeihen? – Was redest du denn da?»

«Auch ich bin schlecht gegen dich gewesen. Ich habe dich nicht verstanden (ich werde dich ja nie verstehen), aber ich weiß doch gut, daß, was immer du tust, du nichts als das Rechte willst. Ich hätte dich verteidigen sollen und habe es nicht gtan, ich war dir böse über deine Dummheit (und bin doch selbst die Dumme), ich war dir böse, daß du uns mit allen andern auseinandergebracht hast... Aber jetzt... nein, das ist wirklich zu gemein... Menschen, die nicht würdig sind, deine Schuhriemen zu lösen... Und sie haben dich geschlagen! Laß mich doch dein armes beschmutztes Gesicht küssen!»

Es war so gut, sich wiederzufinden, nachdem man sich so lange verloren hatte. Sie weinte lange am Halse Clerambaults. Dann half sie ihm sich umkleiden, wusch ihm die Wange mit Arnika und trug seine Kleider fort, um sie ausbürsten zu lassen. Bei Tisch behütete sie ihn mit treuen, unruhigen Augen und versuchte, ihn von seinen Sorgen abzulenken, indem sie von altvertrauten Dingen sprach. Und wie sie so beide an diesem Abend allein und ohne Kinder im Hause waren, kam die Erinnerung an lang vergangene Jahre, an die erste Zeit ihrer Ehe zurück. Und dieses geheime Wiedererinnern hatte eine melancholische und verklärte Milde, wie das Vesperläuten über das Dunkel noch ein letztes warmes Leuchten des verlorenen Mittagläutens hinklingen läßt.

Gegen zehn Uhr abends ging noch einmal die Glocke. Es war Julien Moreau mit seinem Freunde Gillot. Sie hatten die Abendblätter gelesen, die auf ihre Art über den Vorfall berichteten. Die einen sprachen von einer exemplarischen Züchtigung durch die öffentliche Verachtung und rühmten die «spontane» Entrüstung der Menge. Die anderen, die ernsten Blätter, taten so, als ob sie prinzipiell eine Volksjustiz, die sich auf der Straße Luft machte, für ungehörig erklärten, aber sie schoben die Verantwortung dafür auf die Schwäche der Regierung, die so lange zögerte, Licht in die Affäre zu bringen. Es war gar nicht unwahrscheinlich, daß dieser Tadel der Regierung von der Regierung selbst inspiriert war, denn die geschickten Politiker lassen sich bei manchen Gelegenheiten zu gewissen Dingen zwingen, die sie gern selbst tun möchten, aber auf die sie nicht sehr stolz sind. Die Arretierung Clerambaults schien also unmittelbar bevorzustehen. Moreau und sein Freund waren darüber beunruhigt, aber Clerambault machte ihnen ein Zeichen, sie sollten in Gegenwart seiner Frau schweigen, und führte sie, nachdem er einige Zeit über den Vorfall in heiterer Weise gescherzt hatte, in sein Zimmer. Dort fragte er sie, was sie beunruhigte. Sie zeigten ihm einen haßerfüllten Artikel jenes nationalen Blattes, das seit Wochen die Hetze gegen Clerambault aufführte. Die Manifestation von heute hatte jene auf den Geschmack gebracht, und sie forderten ihre Freunde auf, sie morgen zu wiederholen. Moreau und Gillot befürchteten Gewalttätigkeiten, wenn sich Clerambault in den Justizpalast begeben würde, und sie waren gekommen, um ihn zu überreden, nicht auszugehen. Sie kannten seinen ein wenig furchtsamen Charakter und glaubten, ihm nicht besonders zusprechen zu müssen. Aber ebensowenig wie damals, als Moreau ihn mitten in einer Ansammlung diskutierend getroffen hatte, schien Clerambault sie zu verstehen.

«Ich soll nicht ausgehen? Warum denn nicht, mir fehlt doch nichts?»

«Aber es wäre klüger!»

«Im Gegenteil, es wird mir guttun.»

«Aber man weiß nicht, was Ihnen zustoßen kann.»

«Das weiß man niemals, dazu hat man noch Zeit, sobald es einmal geschehen ist.»

«Also, um aufrichtig zu sprechen: es ist gefährlich. Man reizt schon seit langem die Leute auf. Sie sind heute verhaßt, und Ihr Name genügt, ein paar von den Dummköpfen, die Sie nur durch ihre Zeitungen kennen, bis zum Platzen zu ärgern. Und diese Antreiber suchen ja nur einen Eklat. Gerade durch die Ungeschicklichkeit Ihrer Gegner haben Ihre Worte mehr Echo gefunden, als Sie dachten. Nun fürchten sie, daß diese Ideen sich Bahn brechen, und wollen ein Exempel statuieren, um alle abzuschrecken, die Ihrer Meinung sind.»

«Ja, aber», sagte Clerambault, «wenn es wirklich solche

gibt, die meiner Meinung sind – ich war dessen bisher noch nicht gewiß –, so darf ich mich in einem solchen Augenblick doch nicht zurückziehen. Will man an mir ein Exempel statuieren, so muß ich es über mich ergehen lassen.»

Er schien so guten Mutes, daß die beiden sich fragten, ob er sie wirklich verstanden habe.

«Ich wiederhole Ihnen», sagte Gillot nochmals, «daß Sie viel riskieren.»

«Mein Freund», sagte Clerambault, «heute riskiert die ganze Welt sehr viel.»

«Aber es muß doch wenigstens ein Nutzen bei so etwas sein; warum wollen Sie ihnen eine Gefälligkeit erweisen und sich in den Rachen des Löwen wagen?»

«Nun, ich glaube wiederum, daß das uns im Gegenteil sehr nützlich sein kann», sagte Clerambault, «und daß, was immer auch geschieht, der Löwe das Nachsehen haben wird. Ich möchte auch das auseinandersetzen... Sie verbreiten ja nur unsere Ideen, denn die Gewalttätigkeit heiligt immer die Sache, die sie verfolgt. Sie wollen Schrecken verbreiten, und sie werden auch Schrecken verbreiten... aber bei den Ihren, bei denen, die noch zögern und verängstigt sind. Lassen wir sie nur ungerecht sein, es geht auf ihre Kosten.»

Er schien zu vergessen, daß es auch auf die Kosten der Seinen ging.

Als sie aber sahen, daß er entschlossen war, wuchs mit ihrer Unruhe auch ihr Respekt und sie erklärten:

«In diesem Falle aber kommen wir mit unseren Freunden, um Sie zu begleiten.»

«Nein, nein, was ist das für ein törichter Einfall! Ihr wollt mich doch nicht lächerlich machen... und schließlich, ich bin ja doch sicher, daß nichts geschehen wird!»

Ihr Drängen blieb ohne jeden Erfolg.

«Mich werden Sie jedenfalls nicht verhindern können zu kommen», sagte Moreau, «ich habe einen ebenso harten Kopf wie Sie. Lieber will ich die ganze Nacht auf der Bank gegenüber der Tür verbringen, als Sie zu verfehlen und allein zu lassen.»

«Gehen Sie nur heim in Ihr Bett», sagte Clerambault, «und schlafen Sie ruhig. Wenn Sie unbedingt wollen, so kommen Sie eben morgen früh, aber Sie werden Ihre Zeit verlieren. Es wird nichts geschehen. Auf jeden Fall: umarmen wir uns.»

Sie umarmten ihn zärtlich.

«Sehen Sie», sagte Gillot schon an der Türschwelle, «man hat irgendwie die Pflicht, Sie zu behüten, wir sind ein wenig Ihre Kinder.»

«Ja, das ist wahr», sagte Clerambault mit einem guten Lächeln.

Er dachte an seinen Sohn. Als er die Tür schloß, vergingen einige Minuten, bis er bemerkte, daß er aufrecht stehend träumte, mit der Lampe in der Hand unbeweglich im Vorzimmer stehend, in dem er sich eben von seinen Freunden verabschiedet hatte. Es war fast Mitternacht, und Clerambault war müde. Dennoch trat er, statt in das gemeinsame Schlafgemach zu gehen, ganz unbewußt noch einmal in sein Zimmer zurück. Das Zimmer, das Haus, die Straße waren eingeschlafen; er setzte sich hin und fiel wieder in seine Starre zurück. Undeutlich, ohne es eigentlich zu sehen, betrachtete er den Lichtreflex vor sich auf der Glasscheibe einer Rembrandt-Radierung, der *Auferstehung des Lazarus*, die an einer Seitenwand seiner Bibliothek aufgehangen war... Er lächelte einem teuren Antlitz zu, das lautlos eingetreten und nun bei ihm war.

Bist du nun zufrieden? dachte er. Das wolltest du doch?

Und Maxime sagte:

«Ja.»

Und er fügte mit leisem Spott bei:

«Es war nicht ganz ohne Mühe, bis ich dich so weit gebracht habe, Papa.»

«Ja», sagte Clerambault, «wir haben viel von unseren Kindern zu lernen.»

Clerambault legte sich zu Bett. Seine Frau war schon eingeschlafen. Keine Sorge ließ sie jemals den Frieden jenes tiefen Schlummers verlieren, in den manche Seelen wie in ein Grab hinabstürzen. Die Seele Clerambaults hatte weniger Ungeduld, sich zu versenken. Auf dem Rücken ausgestreckt, blieb er die ganze Nacht unbeweglich mit offenen Augen liegen.

Blasses Licht erhellte die Straße, zarte Halbdämmerung. Stille Sterne standen am dunklen Himmel. Einer von ihnen glitt nieder und beschrieb einen Kreis: es war ein Flugzeug, das über der schlafenden Stadt wachte. Die Augen Clerambaults folgten seinem Flug und schwebten mit. Sein waches Ohr hörte nun auch das ferne Sausen des menschlichen Planeten, diese Sphärenmusik, die die Weisen Ioniens noch nicht geahnt hatten.

Er war glücklich. Sein Körper und sein Geist schienen ihm gleichsam beschwingt, seine Glieder ebenso wie seine Gedanken entspannt, und so ließ er sich hinwegtragen und schwebte... Die Bilder des fiebrigen und ermattenden Tages zogen noch einmal im Fluge vorbei, doch sie hielten ihn nicht mehr fest... Ein alter Mann, von einer Bande junger Bürger gestoßen... Zuviel Lärm, zuviel Bewegung! – Aber schon sind sie wieder weit, so wie Gesichter, die man einen Augenblick an den Fenstern eines vorüberfliegenden Zuges grinsen sieht. Aber der Zug ist vorüber, das Bild stürzt in das Dunkel des donnernden Tunnels... Aber auf dem nächtlichen Himmel gleiten noch immer geheimnisvolle Sterne, und rings um ihn sind die schweigenden Räume, die dunkle Durchsichtigkeit und eisige Frische der Luft über der nackten Seele. Oh, Unendlichkeit in einem Tropfen des Lebens, im Funken eines Herzens, das erlöschen will, das sich aber frei gemacht hat und weiß, wie bald es in seine große Heimat wiederkehrt!

Und wie der treue Verwalter eines ihm vertrauten Gutes machte Clerambault noch einmal die Bilanz seines Tages. Er überflog alle seine Versuche, seine Anstrengungen, seine

Anläufe, seine Irrtümer. Wie wenig blieb übrig von seinem Leben? Fast alles, was er aufgebaut, hatte er nachher mit seinen eigenen Händen zerstört. Er hatte im gleichen Herzen verneint, was er vordem bejaht hatte, und nie aufgehört, im Walde der Zweifel und Widersprüche herumzuirren, müde, blutend, erschöpft und als einzige Wegzeiger die Sterne, die manchmal zwischen dem Gezweige auftauchten und wieder verschwanden. Was für ein Sinn war in diesem langen, stürmischen Lauf, der in der Nacht mündete? Ein einziger! Er war frei gewesen.

Frei... Was war denn dies, diese Freiheit, die ihn mit ihrer herrischen Trunkenheit übermannte, die Freiheit, deren Herrn und Beute er sich zugleich fühlte, dieser *Zwang, frei zu sein*? Er gab sich keiner Täuschung hin, er wußte wohl, daß er ebenso wie die anderen der ewigen Gebundenheit nicht entfliehen konnte, aber seine Fron war eine andere (es ist nicht jedem die gleiche bestimmt). Das Wort Freiheit drückt nur eines der hohen und klaren Gesetze der unsichtbaren Herrin der Welt aus – der Notwendigkeit. Sie ist es, die den Aufruhr der Vorkämpfer erweckt und sie in Feindschaft stellt zur ewigen Vergangenheit, die die dunklen Massen mit sich hinschleppt. Sie ist das Schlachtfeld der ewigen Gegenwart, wo ewig die Vergangenheit mit der Zukunft kämpft, und in diesem Kampfe zerbrechen unausgesetzt die alten Gesetze, um neuen Gesetzen Raum zu geben, die dann ihrereits vernichtet werden.

O Freiheit! Immer trägst du Ketten, aber es sind nicht mehr die zu engen der Vergangenheit. Jede deiner Bewegungen macht dein Gefängnis weiter. Wer weiß? Wer weiß? – Vielleicht später einmal... wenn man die Mauern deines Gefängnisses zerstrümmert...

Inzwischen aber bemühen sich alle, die du retten willst, leidenschaftlich, dich zu vernichten. Du bist der Staatsfeind, *Einer gegen Alle*. (So hatten sie den schwachen, den unsicheren, den mittelmäßigen Clerambault genannt; aber nicht an sich selbst denkt er jetzt, sondern an *den*, der immer war, seit Menschen sind, an *den*, der nicht aufhört, ihre Torheit zu bekämpfen, um sie zu befreien, der *Eine, gegen den sie alle sind.*) Wie oft haben sie ihn im Laufe der Jahrhunderte zur Seite gestoßen und niedergeschmettert! Aber im Schoße der Angst überkommt ihn eine übernatürliche Freude und erfüllt ihn rauschend, denn er ist das heilige Korn, das Goldkorn der Freiheit. Im dunkeln Schicksal der Welt rollt seit dem Chaos – aus welcher Ähre mag es gefallen sein? – das Samenkorn des Lichtes. Schutzlos, hat es sich im Grunde des wilden Menschenherzens eingekapselt. Im Lauf der Jahrhunderte hat es dem Ansturm der Urgesetze widerstanden, die das Leben zerknicken und zerbrechen. Und das goldene Samenkorn wird größer und größer, unaufhaltsam.

Der Mensch, das waffenloseste Tier, hat sich gegen die Natur erhoben und sie bekämpft. Jeder seiner Schritte war mit seinem Blut genetzt, und nicht nur außerhalb seiner selbst, sondern in sich selbst mußte er die Natur verfolgen, da er ja selber ihr Teil ist. Und dies ist die schwerste Schlacht, die der zerteilte Mensch gegen sich selbst führt. Wer wird siegen? Einerseits die Natur auf ihren erzenen Wegen, die die Völker und die Welt in den Abgrund reißt, auf der anderen Seite das freie Wort. Verlacht es nur, ihr Sklaven! – «Lächerlich!» sagen sie, diese Anbeter der Gewalt. «Ein armseliger Köter, der hinter den Rädern eines Schnellzuges herkläfft.» Ja, so stünde es, wäre der Mensch nur ein Stück Materie unter dem Prägehammer des Schicksals, das blutet und vergeblich stöhnt. Aber jener Geist ist in ihm, der Achilles an der Ferse und Goliath an seiner Stirn zu treffen weiß. Er braucht nur eine Schraube auszureißen, und der reißende Zug entgleist und sein Lauf ist zerbrochen… Rollt hin durch die Jahrhunderte, ihr Planetenkreise, ihr dunklen Menschenmassen, erhellt von den Blitzen des befreienden Geistes, von Buddha, Jesus, den Weisen, den Zerbrechern der Ketten… Der Blitz naht, ich fühle ihn in meinem Gebein knistern, wie unter dem Hufschlag des Pferdes der

Funken im Stein; die Luft bebt, die große Windwelle erhebt sich... Der Schauer, der dem Geschehnis voranläuft... Die dicke Wolke des Hasses preßt sich zusammen, häuft und stößt sich... O Feuer, bald bist du aufgesprungen! – Ihr, die ihr allein gegen alle seid, worüber klagt ihr? Ihr seid dem Joch, das euch niederdrückt, entronnen, und so wie man im Alptraum sich dem schwarzen Wasser eines Traumes entringt, wieder kämpfend an die Oberfläche kommt, wieder hinabstürzt und fast schon erstickt, um dann plötzlich in einem verzweifelten Ruck aller Glieder sich aus dem Wasser zu reißen und – gerettet! – auf das harte Gestein des Ufers hinstürzt... Möge es mein Fleisch schmerzend zerfetzen! Um so besser, ich erwache doch wieder in freier Luft.

Nun bin ich, du drohende Welt, deiner Fesseln los, du kannst mich nicht mehr anschmieden. Und ihr, die ihr mich und meinen verabscheuten Willen bekämpft, wißt, daß dieser mein Wille in euch ist! Ihr wollt, wie ich, frei sein, und ihr leidet daran, es nicht zu sein. Dies euer Leiden macht euch zu meinen Feinden. Aber selbst wenn ihr mich tötet, dann ist es nicht mehr an euch, zu sagen, ihr hättet das Licht, das in mir war, nicht gesehen, oder, falls ihr es gesehen habt, es zurückzuweisen! Schlagt also zu! Indem ihr mich bekämpft, bekämpft ihr euch selbst. Von vornherein seid ihr die Besiegten. Und ich, indem ich mich verteidige, verteidige euch alle. *Einer gegen Alle* ist *Einer für Alle*, und er wird bald *Einer mit Allen* sein.

Nein, ich werde nicht allein bleiben, ich bin es nie gewesen. Gruß euch, ihr Weltbrüder! So weit ihr auch sein möget, über die Welt hingestreut wie der Samen aus einer Hand, so seid ihr doch alle hier an meiner Seite: ich weiß es. Denn niemals ist der Gedanke eines einsamen Menschen so wie er selbst allein. Jede Idee, die in einem Menschen ersteht, keimt schon in anderen Menschen, und immer, wenn irgendein Unglücklicher, verkannt, geschmäht, sie in seinem Herzen erwachen fühlt, möge er freudig sein. Denn es ist die ganze Erde, die erwacht... Der erste Funke, der in einer einsamen Seele erglänzt, ist schon die Spitze jenes Strahls, der die Nacht durchleuchten wird. So komme, Licht, verbrenne die Nacht, die mich umgibt und die mich erfüllt!

Und es kam. Das klare Licht des Tages war so jung und hell wie nur je. Der Schmutz der Menschen kann es nicht beflekken, die Sonne trinkt ihn auf wie einen Nebel.

Frau Clerambault erwachte und sah ihren Mann mit offenen Augen. Sie meinte, auch er sei eben erwacht, und sagte:

«Du hast gut geschlafen. Du hast dich nicht ein einziges Mal in der Nacht gerührt.»

Er widersprach nicht, lächelte aber bei dem Gedanken an die lange Fahrt, die er gemacht hatte. Der Geist, der unruhige Vogel, der durch die Nacht hinstreift, nun faßte er wieder Fuß. Clerambault stand vom Bette auf.

Zur gleichen Stunde stand ein anderer auf, der ebensowenig wie er in dieser Nacht geschlafen hatte und der ebenso das Bildnis seines toten Sohnes sich vor den Blick gerufen und der an ihn – an ihn, Clerambault, den er nicht kannte – mit der ganzen Starrheit des Hasses dachte.

Die erste Post brachte einen Brief von Rosine. Sie vertraute ihrem Vater das Geheimnis an, das er seit langem ahnte. Daniel hatte ihr einen Heiratsantrag gemacht, und sie würden sich bei seiner nächsten Heimkehr von der Front vermählen. Der Form halber erbat sie sich die Zustimmung der Eltern, sie wußte wohl, daß ihr Wille auch der ihrige war. Der Brief strahlte von einem Glück, das sich seine jubelnde Gewißheit durch nichts zerstören ließ. Das traurige Rätsel der zerrissenen Welt hatte nun plötzlich einen Sinn bekommen, ihre junge, alles auftrinkende Seele empfand das Leiden einer Welt als nicht zu hohen Preis für die Blüte, die sie von diesem blutigen Rosenstrauch pflücken durfte... Immerhin verriet sich auch ihr mitfühlendes Herz. Sie vergaß nicht die anderen und ihre Qual, den Vater und seine Sorgen. Aber sie rührte sie mit seligen Armen an, und es war, als wollte sie mit einer naiven und zärtlichen Übermütigkeit sagen:

«Ihr guten Freunde, quält euch doch nicht immer mit euren Gedanken. Ihr seid wirklich unklug, man soll nicht traurig sein. Ihr seht, das Glück kommt schließlich doch.»

Clerambault lächelte gerührt, während er den Brief las.

«Ja, ja, ganz gewiß, das Glück kommt, nur hat nicht die ganze Welt Zeit, darauf zu warten... Grüße es von mir, kleine Rosine, und lasse es nicht mehr von dir.»

Gegen elf Uhr kam der Graf de Coulanges, sich nach ihm zu erkundigen. Er hatte Moreau und Gillot unten gefunden, sie bewachten die Tür. Getreu ihrem Versprechen, wollten sie Clerambault begleiten, aber sie waren eine Stunde früher gekommen, als es eigentlich notwendig war, und wagten nicht hinaufzugehen. Clerambault ließ sie heraufrufen und verspottete sie wegen ihres übermäßigen Eifers. Sie gaben zu, daß sie aus Mißtrauen gegen ihn gefürchtet hatten, er würde, ohne auf sie zu warten, aus dem Hause entwischen, und Clerambault mußte zugeben, eine ähnliche Absicht gehabt zu haben.

Die letzten Nachrichten von der Front waren gut. Seit kurzer Zeit schien die deutsche Offensive ins Stocken geraten. Seltsame Zeichen der Ermattung wurden sichtbar, und Gerüchte, die nicht unbegründet schienen, deuteten auf einen geheimen Desorganisationsprozeß in dieser gewaltigen Masse. Sie hatte, sagte man, die Grenzen ihrer Kraft erreicht und überschritten: der Riese wurde matt. Man sprach von einer Ansteckung durch den revolutionären Geist, den die deutschen Truppen von der Ostfront aus Rußland zurückgebracht hatten.

Mit der Beweglichkeit, die für den französischen Geist so charakteristisch ist, verkündeten mit einem Male die Pessimisten von gestern den nahen Sieg. Moreau und Gillot sahen in kurzer Zeit ein Abflauen der Leidenschaft, die Rückkehr zur Vernunft, die Versöhnung der Völker und den Triumph der Ideen Clerambaults voraus. Clerambault warnte sie, sich allzufrüh den Illusionen hinzugeben, und es bereitete ihm Spaß, ihnen zu beschreiben, was geschehen würde, sobald der Frieden unterschrieben sei (denn das mußte doch, wann immer auch, einmal geschehen).

«Mir ist», sagte er, «als könnte ich, wie der hinkende Teufel nachts über die Stadt schwebend, den ersten Abend nach dem Waffenstillstand sehen. Und ich sehe in den Häusern, deren Vorhänge vor dem Jubelschrei der Straße herabgelassen sind, unendlich viel Herzen in Trauer, Herzen, die sich krampfhaft während all dieser Jahre mit dem Gedanken eines Sieges aufrechtgehalten haben, der ihrem Unglück einen Sinn oder den falschen Schein eines Sinnes gibt. Nun können sie endlich sich entspannen oder zerbrechen, schlafen oder endlich sterben. Die Politiker denken natürlich daran, wie sie auf das schnellste und ausgiebigste die gewonnene Partie ausnützen können, oder, wenn sie sich verrechnet haben, an einen neuen Aufschwung auf dem Trapez. Die Fachleute des Krieges werden trachten, den Spaß so lange als möglich fortdauern oder, wenn ihnen dies nicht gelingt, den Tanz so bald als möglich wieder beginnen zu lassen. Die Vorkriegspazifisten werden eilig aus ihren Winkeln und Löchern hervorkriechen und sich in rührenden Demonstrationen ergehen. Die alten Bonzen, die durch fünf Jahre die Trommel zum Vormarsch rührten, werden, Palmenzweige in den Händen, lächelnd und das Herz auf den Lippen, auftauchen und von Liebe reden. Und die Kämpfer selbst, die im Schützengraben geschworen haben, niemals zu vergessen, auch sie werden sich bereitwillig mit allen Erklärungen, Glückwünschen und Händedrücken, die man ihnen verabreicht, abfinden. Es ist ja auch zuviel verlangt, nicht zu vergessen. Fünf Jahre aufreibender Strapazen bereiten den Menschen gut zur Nachgiebigkeit vor, durch die Erschöpfung, durch das ewige Einerlei, durch den Wunsch nach einem Ende. Die rauschenden Klänge des Sieges werden die Schmerzensrufe der Besiegten ersticken. Und die meisten Menschen werden an nichts anderes denken, als wieder die alten, schläfrigen Gewohnheiten von vor dem Krieg aufzunehmen. Zuerst wird man auf den Gräbern tanzen, dann wird man wieder schlafen. Vom Krieg bleibt nichts als eine Prahlerei am Biertisch. Und wer weiß, vielleicht wird ihnen dies Sich-nicht-Erinnern so gut glücken, daß sie bald wieder dem Tanzmeister, dem Sensenmann, helfen werden, aufs neue anzufangen. Selbstverständlich nicht sofort, aber etwas später, wenn man gut ausgeschlafen hat... So wird überall Friede sein – so lange, bis überall der neue Krieg da ist, denn Krieg und Friede, meine Freunde, sind im letzten Sinne, wie sie meist verstanden werden, nur zwei verschiedene Etiketten für dieselbe Flasche. Es ist ganz so, wie der König Bomba von seinen tapferen Soldaten sagte: ‹Zieht sie rot oder zieht sie grün an, sie werden doch Fersengeld geben.› Ihr könnt es Frieden oder Krieg nennen, aber es gibt weder Frieden noch Krieg, es gibt nur die allgemeine Knechtschaft, die Bewegung der wie in Ebbe und Flut hingerissenen Massen, und es wird so lange so bleiben, bis sich starke Seelen über den menschlichen Ozean erheben und den scheinbar sinnlosen Kampf gegen das Schicksal beginnen, das diese schweren Massen in Bewegung setzt.»

«Gegen die Natur kämpfen?» fragte Coulanges. «Denken Sie daran, ihre Gesetze vergewaltigen zu wollen?»

«Es gibt», antwortete Clerambault, «kein einziges unabänderliches Gesetz. Gesetze leben, verwandeln sich und sterben wie alle irdischen Wesen, und es ist Pflicht des Geistes, nicht, wie die Stoiker es wollen, sie einfach hinzunehmen, sondern sie zu verändern, sie auf unser Maß zuzuschneiden. Die Gesetze sind die Form der Seele. Entfaltet sich die Seele, so müssen sie mit ihr wachsen. Ein gerechtes Gesetz ist nur jenes, das auf mich paßt... Bin ich im Unrecht, wenn ich fordere, daß der Schuh sich dem Fuße anpasse und nicht der Fuß dem Schuh?»

«Ich sage nicht, daß Sie im Unrecht sind», erwiderte der Graf. «Den Versuch, die Natur zu vergewaltigen, machen wir ja auch in der Züchtung. Wir verändern nicht nur die Form, sondern auch den Instinkt der Tiere, warum sollte das nicht auch beim Menschen gelingen... Nein, ich widerspreche Ihnen nicht, im Gegenteil, ich bin der Meinung, daß es das Ziel und die Pflicht jedes Menschen, der dieses Namens würdig ist, sein muß, so, wie Sie sagen, die menschliche Natur gewaltsam weiter fortzubringen. Das ist die Quelle des wahren Fortschrittes, und es ist ein wirklicher Wert darin, auch wenn man das Unmögliche will. Freilich, das soll nicht sagen, daß wir mit dem, was wir versuchen, auch Erfolg haben werden.»

«Nein, wir werden keinen Erfolg haben, weder für uns noch für die Unseren. Es ist möglich, es ist sogar wahrscheinlich, daß unsere unglückliche Nation, vielleicht unser ganzes Abendland, sich auf einem absteigenden Ast befindet, und ich fürchte, daß der Absturz bald erfolgen wird, infolge ihrer Laster und Tugenden, von denen diese wie jene mörderisch sind durch ihren Stolz und ihren Haß, ihre provinzlerische Eifersucht, durch die endlose Schraube der Revanchen, durch beharrliche Verblendung, durch die erdrückende Treue zur Vergangenheit und jene verjährte Auffassung von Ehre und Pflicht, die sie die Zukunft für Gräber hinopfern läßt. Ich fürchte nur allzusehr, daß auch die letzte Mahnung dieses Krieges ihren lärmenden und zugleich trägen Heroismus in nichts belehrt hat... In früheren Zeiten hätte dieser Gedanke mich niedergedrückt. Jetzt aber fühle ich mich wie von meinem eigenen Leib von allem Todgeweihten losgelöst, ich bin ihm nicht mehr anders als durch das Mitleid verbunden. Aber dafür ist mein Geist brüderlich mit allem, das – auf welchem Punkte der Erde auch immer – das neue Licht empfängt. Kennt ihr die schönen Worte des Sehers von Akka? *Die Sonne der Wahrheit ist wie das Himmelsgestirn, mit vielen Orten des Aufstieges. An einem Tage erhebt es sich im Zeichen des Krebses, ein andermal im Zei-*

*chen der Waage, aber die Sonne ist eine und eine einzige Sonne. Einmal ging der Strahl der Sonne der Wahrheit vom Wendekreis Abrahams auf und ging unter im Zeichen Mosis und entflammte den Horizont. Dann erhob sie sich wieder im Zeichen Christi, glühend und Glanz verbreitend. Diejenigen, die Abraham dienten, wurden blind am Tage, da das Licht über dem Sinai glänzte. Aber meine Augen werden stets – von welchem Punkt immer sie sich erhebt – der aufgehenden Sonne entgegengerichtet sein. Und ginge die Sonne im Westen auf, es wäre doch die Sonne.»**

«Und heute kommt uns von Norden das Licht», sagte lächelnd Moreau.

Obwohl die Vorladung auf ein Uhr lautete und es kaum Mittag war, hatte es Clerambault doch eilig, fortzugehen. Er fürchtete, zu spät zu kommen.

Er hatte nicht weit zu gehen. Seine Freunde hätten ihn nicht gegen die übrigens sehr spärliche Rotte zu verteidigen brauchen, die ihn beim Eingang des Justizpalastes erwartete, denn die Nachrichten des heutigen Tages lenkten von den gestrigen ab. Höchstens hätten einige feige Köter, die sich mehr lärmend als beunruhigend gebärdeten, versucht, ihm von rückwärts die Zähne zu zeigen.

Sie waren an die Ecke der Rue Vaugirard und Rue d'Assas gekommen, als Clerambault bemerkte, daß er etwas vergessen hatte und seine Freunde für einen Augenblick stehenließ, um noch einmal hinaufzugehen und einige Papiere aus seiner Wohnung zu holen. Sie blieben unten, um auf ihn zu warten, und sahen, wie er den Fahrweg überquerte. Auf dem Trottoir gegenüber, bei einem Wagenplatz, trat ihn ein

* *Die Lehren von Akka* von Abd-ul-Behâ, während dessen Gefängnishaft von Laura Clifford Barney gesammelt. Dieser große, allumfassende Geist, dem Geist seines Zeitgenossen Tolstoi verwandt, war das dritte Oberhaupt des persischen Babismus oder Behaismus.

Mann seines Alters an, ein nicht sehr großer und ein wenig schwerfälliger Mann aus dem Bürgerstand. Alles geschah so schnell, daß sie nicht einmal Zeit hatten, einen Schrei auszustoßen: ein Wortwechsel, ein ausgestreckter Arm, ein Knall. Sie sahen Clerambault wanken und liefen hin. Aber es war schon zu spät.

Sie streckten ihn auf eine Bank hin, die Menge – mehr neugierig als erregt (ach, man hatte so viele solcher Dinge gesehen und gelesen) – drängte sich herzu und gaffte.

«Was ist denn?»

«Ein Flaumacher.»

«So, dann ist es schon gut! Die Schurken haben uns genug geschadet.»

«Nun, es gibt schon ein größeres Verbrechen, als zu wünschen, daß dieser Krieg einmal zu Ende ist.»

«Es gibt nur eine Möglichkeit, daß er zu einem Ende kommt, und die ist, ihn bis an das Ende zu führen. Nur die Pazifisten verlängern den Krieg.»

«Sie sind sogar schuld daran! Ohne sie wäre nie einer gekommen, der Boche hat mit ihnen gerechnet.»

Und Clerambault dachte im Halbbewußtsein an die alte Frau, die ihr Stück Holz zum Scheiterhaufen des Johann Hus hinschleppte... Sancta Simplicitas!

Vaucoux hatte nicht die Flucht ergriffen und sich widerstandslos den Revolver aus der Hand nehmen lassen. Man hielt ihn fest bei den Armen. Er blieb unbeweglich und sah nur sein Opfer an, das wiederum ihn betrachtete. Beide dachten an ihre Söhne.

Moreau bedrohte Vaucoux. Aber unerschütterlich und starr in seinem Haßglauben sagte Vaucoux:

«Ich habe den Feind getötet!»

Gillot, der sich über Clerambault neigte, sah, wie er schwach lächelnd Vaucoux betrachtete.

Mein armer Freund, dachte er, in dir selbst ist der Feind.

Er schloß wieder die Augen... Jahrhunderte gingen vorbei...

Es gibt keine Feinde mehr!

Und Clerambault empfand selig den Frieden kommender Welten.

Da ihn das Bewußtsein schon verlassen hatte, trugen ihn die Freunde in das nahe gelegene Haus Froments. Aber ehe sie es betreten hatten, war er verschieden.

Sie legten ihn auf ein Bett in einem Zimmer neben jenem, in dem der junge Gelähmte, umgeben von seinen Freunden, ruhte. Die Tür stand offen, und der Schatten des toten Freundes schien bei ihnen zu weilen.

Moreau ereiferte sich bitter über den Widersinn dieses Mordes, der, statt einen der großen Verbrecher der triumphierenden Reaktion oder einen der bekannten Anführer der revolutionären Minderheiten zu treffen, sich gerade gegen einen ungefährlichen, unabhängigen, allen brüderlich gesinnten und fast zu nachsichtigen Menschen gewendet hatte.

Aber Edme Froment sagte:

«Der Haß täuscht sich nicht. Ihn leitet ein sicherer Instinkt... Nein, er hat sich sein Ziel gut gesucht. Oft sieht der Feind viel klarer als der Freund. Versuchen wir nicht, uns einer Illusion hinzugeben: der gefährlichste Feind der Gesellschaft und der bestehenden Ordnung ist und war in dieser Welt der Gewalttätigkeit, der Lüge und der anderen Kompromisse von je- und immer her der Mann des vollkommenen Friedens und des freien Gewissens. Nicht durch Zufall ist Jesus gekreuzigt worden, es mußte so sein, und er wäre später auch immer wieder zum Schafott geschleppt worden. Der Mann des Evangeliums ist der radikalste Revolutionär von allen, denn er ist die unerreichbare Quelle, aus der durch den Spalt der harten Erde die Revolutionen aufspringen. Er ist das ewige Prinzip der Nichtunterwerfung des Geistes unter den Cäsar, wer immer es auch sei, der ewige Auflehner gegen die ungerechte Gewalt. So erklärt sich der Haß der Staatsknechte und der hörig gemachten Völker gegen den gemarterten Christ, der auf ihn niederschaut und schweigt, und gegen seine Schüler, gegen uns, die ewigen Dienstverweigerer, die Conscientious Objectors wider alle Tyranneien, mögen sie nun von oben kommen oder von unten, mögen sie jene von morgen oder jene von heute sein – gegen uns, die Verkünder dessen, der größer ist als wir, der der Welt das Wort des Heiles bringt, dessen, den sie ins Grab gelegt, des Meisters, den sie zu Tode martern werden bis ans Ende der Welt und der doch immer wieder auferstehen wird – der freie Geist, unser Herr und Gott!»

Siders 1916 – Paris 1920

Übersetzung der fremdsprachigen Textstellen

17 *Ara Pacis Augustae* – (lat.) Altar des heiligen Friedens.
19 *Ave* – (lat.) Gegrüßet seist du [Maria, voll der Gnade]. *Lukas* 1, 28.
25 *doctus cum libro* – (lat.) dem Sinne nach: schwarz auf weiß.
29 *Credo* – (lat.) Glaubensbekenntnis.
62 *cum spiritu tuo* – (lat.) mit deinem Geiste.
70 *Bambino* – (lat.) Knabe, hier: Jesuskind.
71 *Noli me tangere* – (lat.) Rühre mich nicht an. *Johannes-Evangelium* 20, 17.
78 εἴδωλα – (griech.) Bilder, Phantome.
84 *Graeculus* – (lat.) Griechlein; im alten Rom griechischer Philosoph und Rhetor, der sich im Haus eines Reichen zu den niedrigsten Diensten hergab.
leno – (lat.) Verführer der Jugend.
e pur si muove – (ital.) und sie bewegt sich doch!
88 *Clan* – (kelt.) Nachkommenschaft, Stamm, Geschlecht; hier svw.: Sippschaft.
91 *en gros* – (franz.) im Großen.
en détail – (franz.) im Kleinen.
97 *De Viris* – eigentlich: *De viris illustribus urbis Romae* – (lat.) Über berühmte Männer der Stadt Rom; Titel eines an den französischen Gymnasien gebräuchlichen Lateinelementarbuchs von Charles-François Lhomond (1727–94).
100 *Demos* – (griech.) das Volk.
102 *requiescat!* – (lat.) er möge ruhen!
103 *mea culpa* – (lat.) durch meine Schuld.
combinazioni – (ital.) Berechnungen.
111 *Di minores* – (lat.) kleinere Götter.
115 *Kappa* – (sanskr.) Zeitspanne, Lebenskreis eines Buddha.
Bodhisattwa – (sanskr.) Wesen, das sich auf dem Weg zur Erreichung der Buddha-Würde befindet, die nach buddhi-

stischer Vorstellung die höchste Vollkommenheit in sich schließt.

126 *Courtois* – (franz.) Höflich.
Aimé – (franz.) Liebenswert.
Homo homini... homo – (lat.) Der Mensch sei für den Menschen... ein Mensch.

131 *Fili mi!* – (lat.) Mein Sohn!

146 *Tout-Paris* – (franz.) die obere Gesellschaftsschicht von Paris und der Stamm der Kunstkenner, die sich bei allen gesellschaftlichen und künstlerischen Ereignissen einfinden.

184 *Brekekekex koax koax* – das Quaken aus Aristophanes: *Die Frösche*: 209/210.

186 *fuorusciti* – (iatl.) politische Flüchtlinge.

208 *Quartier Latin* – (franz.) lateinisches, d. h. gelehrtes Viertel; hier: Pariser Hochschulviertel.

219 *rari nantes* – (lat.) Wenige sind's, die oben noch schwimmen [am greulichen Schlunde]. Vergil: *Aeneis*, I, 118.

220 *sed victa Catoni* – (lat.) [Göttern gefiel der siegende Teil] der besiegte dem Cato. Lukan: *Pharsalia oder Der Bürgerkrieg*, I, 128.

227 *Samaritaine* – (franz.) Samariterin; hier Stelle am rechten Seine-Ufer in der Nähe des zweiten Bogens der Brücke Pont-Neuf, wo sich von Anfang des 17. Jahrhunderts bis 1813 eine riesige hydraulische Wasserversorgungspumpe erhob, die ihren Namen Samaritaine nach ihrem Schmuck erhielt, einer in vergoldetem Blei ausgeführten Darstellung von Jesus mit der Samariterin am Jakobsbrunnen.

232 *amor fati* – (lat.) das Streben, sein Schicksal hinzunehmen.

242 *Je-m'en-fichiste* – (franz.) Gleichgültigkeitsprotz.

245 *On lui dit: Pauvre bête...* – (franz.)
Da sagten sie zu ihm: «Du armes Wesen,
Siehst nicht, was dir zu Füßen ist, und meinst,
Du könntest droben hoch am Himmel lesen!»
Jean de La Fontaine: *Vom Sterngucker, der in einen Brunnen fiel.*

246 *De ceux qui bayent aux chimères...* – (franz.)
...die, wenn sie von Gefahr bedroht sind,
Nachjagen einem blauen Dunst,
Nicht ahnend, daß sie selbst in Not sind.
Jean de La Fontaine: *Vom Sterngucker, der in einen Brunnen fiel.*

253 *They also serve who only stand and wait* – (engl.) Auch jene dienen, die nur stehn und warten. John Milton, Sonett XVI, 1.
257 *Conquistadores* – (span.) Eroberer.
259 *quem devorent* – (lat.) wen sie verschlingen können.
261 *Commis voyageur* – (franz.) Handlungsreisender.
264 *Bon Marché* – (franz.) Billig; hier: Pariser Warenhaus zwischen Rue de Bac, Rue de Babylone und Rue de Sèvres.
268 *Tu ne cede malis, sed contra audentior ito!* – (lat.) Weiche dem Unheil nicht, nein, mutiger geh ihm entgegen! Vergil: *Aeneis*, VI, 95.
271 *agitat molem* – (lat.) die Masse in Bewegung setzt.
275 *Christian Science* – (engl.) Christliche Wissenschaft; von der Amerikanerin Mary Baker-Eddy (1821–1910) begründete religiöse Sekte.
278 *Unus mihi pro populo est* – (lat.) Einer gilt mir soviel wie das ganze Volk.
280 *Collection Michaud* – (franz.) von dem französischen Geschichtsschreiber Joseph-François Michaud (1767–1839) und Jean-Joseph-François Poujoulat (1808–80) herausgegebene 32 Bände umfassende Sammlung von Denkwürdigkeiten zur Geschichte Frankreichs.
293 *Adveniat regnum tuum* – (lat.) Dein Reich komme.
310 *Sancta Simplicitas* – (lat.) Heilige Einfalt.
312 *Conscientious Objectors* – (engl.) Kriegsdienstverweigerer aus Gewissensgründen.

Inhalt